刘邦传

刘小川 著

长江出版传媒 长江文艺出版社

图书在版编目（ＣＩＰ）数据

刘邦传 / 刘小川著. -- 武汉：长江文艺出版社，
2020.12
　ISBN 978-7-5702-1761-8

　Ⅰ．①刘… Ⅱ．①刘… Ⅲ．①汉高祖（前 256-前
195）一传记 Ⅳ．①K827=341

中国版本图书馆 CIP 数据核字(2020)第 169340 号

策划：张远林

责编：黄海阔　　　　　　　　　　责任校对：毛　娟

封面设计：周佳　　　　　　　　　责任印制：邱　莉　杨　帆

出版：长江出版传媒　长江文艺出版社

地址：武汉市雄楚大街 268 号　　　邮编：430070

发行：长江文艺出版社

http://www.cjlap.com

印刷：武汉中科兴业印务有限公司

开本：640 毫米×970 毫米　　　1/16　　印张：21.75　　插页：1 页

版次：2020 年 12 月第 1 版　　　　2020 年 12 月第 1 次印刷

字数：273 千字

定价：36.00 元

刘邦与嬉皮精神（代序）

刘邦开汉四百年，在中国历史上的地位不言而喻。但此人早年是个无赖，三十岁还不务正业，一味斗鸡走狗、呼朋引类，是个十足的二流子。

刘邦善交友，由朋友举荐，做了个泗水亭长，相当于后来的保长。他照例交些三教九流的人物，方圆百里，号称小孟尝。每日狂饮，三五成群，没有孟尝的财力，却练就了一身嬉皮本领，喝酒不付钱是常事。酒肆老板怕他，乡村父老恨他，一大帮后生倒趋之若鹜：刘邦的造反精神，赢得了他们的一致钦佩。

刘邦早年领导一群无赖，为日后驾驭一帮精英打下了基础。

在中国历史上，秦末汉初是一个大时代，大时代总能造就一批了不得的人物。秦始皇死后，权力实际上处于真空状态，于是豪杰蜂起，都想把偌大的中国版图纳入自己的掌心。痞子刘邦何以称大？凭什么摆平所有对手而居帝位？历史学家们早已得出一致结论：刘邦善用人之长。

男人欲做大事，成大业，良师益友至关重要，刘邦在这方面堪称天才。一个好汉三个帮，助刘邦一统天下的，恰好是三个人：

刘邦智谋平常，于是有老谋深算的张良；刘邦专打败仗，于是有专打胜仗的韩信；刘邦不问后勤和一般政务，于是有一代名相萧何。这样，刘邦等于把三个杰出的脑袋扛到了自己的颈上。

刘邦的现代性，还在于不重面子，当耍无赖时，决不充正经。

吕后原是大家闺秀，年轻漂亮，嫁给二流子刘邦，沛城人足足笑了半年。订婚的过程说来有趣，富豪吕公初到沛县，于县衙大宴宾朋，各色人等争相趋附，但县令有规定：贺千钱以上者，方可入内厅。可见古人亦势利，好处是摆到桌面上。刘邦号称贺万钱，昂然而入，吕公只道来了个大款，满脸堆笑迎上去。席间，刘邦大吃特吃，旁若无人。有人抬举他，说他生有异相，刘邦立刻抓住机会做广告，推销自己，当众展示左腿上的七十二颗黑痣，连同他的高鼻子长颈项。吕公看得呆了，脑袋一阵发热，宣布把他的宝贝女儿许配给刘邦，而事后他发现这女婿原是个穷光蛋，当然，再后来这个穷光蛋混成了皇帝。

另一件事，刘太公落入项羽之手，两军对阵，项羽扬言要把老人熬成一锅汤。项羽满以为这一招足以将刘邦吓得屁滚尿流，殊不知后者嘻嘻一笑，说道："项羽，你我曾为兄弟，我父即为你父，你要烹他，好啊，且分我一杯羹，如何？"

这算是无赖到家了，实非正人君子所为。

刘邦不要面子，因为他本来就没面子。项羽可不同，他是楚国旧贵族，面子大大的要紧。西进入关，有高人以战略计，劝他定都咸阳，但他偏要东归，一个堂皇的理由是："富贵不归故里，如衣锦夜行。"这是项羽的名言，而且付诸实践，衣锦昼行去了，终于导致日后的四面楚歌。

鸿门宴上，项羽对刘邦手软，任他溜之大吉，同样是面子思想在作怪。良机坐失，范增仰天长叹："竖子不足与谋！"

项羽最大的一次死要面子，是垓下大败之后，不肯过江东，宁愿抹脖子。时隔千余年，那位南宋女诗人大发感慨："生当作人杰，死亦为鬼雄。"女诗人的感慨又感动了后来的许多人，而易安居士不过是自况身世罢了。

项羽还有个毛病：吝啬。夺下的城池、抢来的珍宝，不肯轻易赏人，这副德性跟刘邦差得太远。刘邦出手阔绰是出了名的，这使许多能人愿意替他卖命。反观项羽，一到关键时刻便众叛亲离，连叔父项伯都跑掉了。

项羽有他可爱的一面。他天真、率性，虽然天真的杀人狂更可怕；他有骑士风度，尽管这种风度使他一败涂地。张中行老先生称之为痴，或叫做古典性。太重面子，太骄傲的人，实难成大器。

项羽的红尘伴侣虞姬也是非常古典的一位，夫君战败，她先洒热血，一代红颜委于尘土。如果她有点现代观，而又生于现代的话，她大可以效法美国肯尼迪总统的遗孀杰奎琳，凭自己的姿色魅力另栖高枝。

刘邦宽厚、狡猾、嬉皮、大方、从善如流；项羽天真、痴情、骄傲、吝啬、杀人如麻。两相对照，在伦理价值上各有短长，而伦理是一回事，历史的发展是另一回事。今天，刘邦式的人物日见其多，项羽式的人物越来越少，这是事实，是大势所趋，是人类社会的进化。

当然，也幸亏历史舞台上有了这样两个性情截然不同的人物，才演绎出秦末汉初那一段精彩纷呈流芳百世的故事。

读史的一点心得，发而为文，是为序。

一九九九年元月于成都

目　录

穿梭于深宫密帏间，诛杀重臣，玩弄秦二世于股掌之上，赵高指鹿为马，众臣齐声附和道："那确实是一匹马！"

项羽提了人头兴冲冲闯进议事大厅，在座皆以为天降神人，项梁问："有多少降卒？"项羽答道："一万余人，都被我活埋了。"众人不由毛发倒竖，刘邦心头战栗，只有张良在一旁不动声色。

楚怀王与诸将约定，先入关中者王之；项羽破釜沉舟，与秦大将章邯血战；宦官赵高杀秦二世，子婴又杀赵高；刘邦袭破武关，秦王子婴素车白马，手捧印玺，向刘邦投降。

初入咸阳，刘邦直扑后宫，如云美女令昔日中阳里的登徒子心醉神迷，乐而忘返，直性子的樊哙仗剑闯宫，张良又在一旁提醒一番，刘邦才幡然醒悟，还军霸上。

一场杀机四伏的盛宴，项庄舞剑，意在沛公，刘邦的表演天赋再一次挽救了自己的性命，望着刘邦远去的身影，老谋士范增怒摔玉斗，仰天长叹："将来夺项氏天下者，必是沛公！"

　　庆功酒会上，刘邦向父亲祝酒道："当初父亲大人一直认为我没有出息，不如二哥，今天我这份产业与二哥相比如何?"刘邦衣锦还乡，设盛宴招待父老乡亲，感慨万千，高歌"大风起兮云飞扬"。

第一章　嬉皮生涯

当秦始皇派人四处寻仙、做他的万世帝王的美梦之时，在远离京都咸阳的沛县，出了一件怪事，确切点说，是出了一个怪人，这个人后来成为秦王朝最大的克星。

这人就是刘邦。

刘邦的出生地，是沛县丰乡中阳里。那是一个依山傍水的小村。

刘邦的父亲叫刘执嘉，世代务农。他继承了祖上的一点财产，并生性节俭，所以家道还过得去，在中阳里属上等人家。村里人大都尊敬他，称他太公，尽管他只有三十多岁。他是个中等身材的汉子，相貌堂堂，鼻子尤其生得不同凡响，既高又直。

不久，这个鼻子将准确无误地遗传给他的第三个儿子，作为一代帝王的象征，在刘氏汉朝的四百年间，被无数上流和下流人家传为美谈。

值得一提的是刘执嘉的妻子。

她叫王含始，不过村里人知道她的姓名的人并不多，按照习惯称谓，她被称作刘媪。她十八岁嫁给执嘉，是个称职的女人，接连为丈夫生下了两个儿子，分别取名为刘伯和刘仲。有史料记载，中阳里的女人当中，连生三胎男婴的，仅她一人而已。

她为此感到骄傲。刘太公也因此而待她不薄，她时常是笑眯眯的。

刘媪除了能生男孩，姿色也过得去。她偶尔下地干活，更多的时候是待在家里，织布、照料孩子，并安排一日三餐。头两个儿子渐渐长大，她轻松了许多。怀上刘邦的那一年，她刚刚三十岁，白净、结实，眉眼之间尚有妙龄时代的韵味。她是村里仅有的几个俏媳妇之一。

活该她有一桩风流韵事。

这年四月的一天傍晚，两个儿子放牛未归，她不放心，出门寻找。她走出村头，往山脚下走去，她知道儿子喜欢在那儿放牛。她穿着素绢做成的襦裙，在长满青草的小路上迈动着双腿。地平线上的圆圆的落日照着她，使她的背影显得有几分动人。

到了山脚下，却不见两个儿子的踪影。也许他们绕道回家了，她想。她原路返回，心里想着儿子。路过一个大泽时，她的身体忽然有一种异乎寻常的感觉。

她先是听见水声淙淙，继而看见水色溶溶，水声和水色仿佛是性事前奏，她浑身酥软，身体内部泛起一股前所未有的渴求。她晕晕糊糊地坐到一棵大树下，背靠树干，伸直两条圆润的长腿。

放牛的儿子从意识中消失了，竟有个男人出现在她面前，面如冠玉，举止飘然，像是传说中的神仙。

这人微笑着对她说："我与你们刘氏有缘，此来别无他意，只想授你一个龙种。"

说着，他靠近她，并伸手解她的裙子。

刘媪羞得满脸通红。她试图阻止这个神仙似的男人，却挥不动手臂。伴随着羞涩而来的，是一阵阵身体的快意，它把她淹没了。

刘媪兀自靠在那棵树上，双目微闭，回味着刚才的事，笑容挂在她的嘴角上。这一挂，少则十天半月，多则经年不散。

偌大的中国，成千上万的女人，而这场奇妙的性事偏偏落在刘媪身上，可见她是个非凡的女人。她怀上的儿子，远不是在民间自生自灭的阿猫阿狗，而是人间至尊，赫赫有名的一代开国君主。

比较奇怪的是，当她睁眼时，发现周围一切未变，太阳倒是退下了，但西边的晚霞还在，夕阳的余晖染红了白云。

她想：或许我刚才是做了一个梦。

这时，她看见一个布衣男人朝她走来，她认出那是刘太公。她记起她是出来寻找儿子的，现在，丈夫又出来寻她。她欠起身，下意识地瞥了一眼两腿之间，见裙子系得好好的，她再一次感到诧异。

太公走近了，扶住她的身子，嗔怪地说："我找你半天，你却在这儿歇息，就不怕狼把你吃了？"

夜里，夫妻二人躺在床上，刘媪将她在大泽旁所历之事从头到尾讲了一遍，是梦非梦，是吉是凶，全凭丈夫拿主意。太公望着屋顶出了一会儿神，然后说，梦是无疑的，至于凶吉，他很难判断，因为他于占卜之道向来是外行。接着，他操起平日的口吻教训妻子：

"梦幻无凭，何必去管它！我们务农人家，只要上不欠皇粮，下不欠私债，吉也吉不到哪里，凶也凶不到哪里。你以后别再胡思乱想。"

刘媪道："可是他亲口说过与刘氏有缘，要授予咱们一个龙种。"

太公赶紧捂住她的嘴："快别乱说。此话若被别人听了去，将有灭族之灾。你我只望平平安安地过日子，把两个儿子拉扯成人，娶媳抱孙，已是天大的福气，龙种之类的话，日后休要提起。"

刘媪被丈夫的一席话吓住了，作声不得。

来年二月，刘媪果然养下一个男胎，却与头两胎大不相同。此子一下地来，声音洪亮，已像三五岁小孩的啼声；又生得长颈高鼻，左边大腿上有七十二粒黑痣。太公偶然记起龙种之语，暗忖他的确有些不同寻常，于是取名为邦。

刘邦排行第三，又名刘季。他是最小的儿子，受宠是自然的。两个哥哥都没有正式的名字，刘伯刘仲，类似阿猫阿狗，唯独他叫刘邦，可见太公暗里对他寄予厚望。乡里中人，做起白日梦来往往漫无边际，或许太公真的希望他这个宝贝儿子有一天能坐上龙椅。

刘媪牢记丈夫的教诲，只字不提去年春天的那个梦，但不提不等于不想。事实上，她想得很厉害。她把刘邦视为掌上明珠，处处溺爱他。太公知道她的意思，也不来干预。夫妇二人心照不宣，一味关注着刘邦的成长，年复一年地在他身上寻找龙种的迹象。

然而，逐渐长大的刘邦令人失望。

刘家世代都是农民，春耕夏耘、秋收冬藏是每年必做的功课。太公是种田好手，又有两个儿子追随左右，日子便越过越滋润。刘邦在这样的家境中，备受宠爱，俨然是个大户人家的公子哥儿。

他颇有造反精神，首先是造父亲的反。他不屑于继承祖业，从不下地干活，稼穑之事，一概不闻不问。其他人家的男孩，像他这样的，通常到私塾读书，以备日后求取功名。刘邦一度对那些竹简产生了兴趣，太公不禁心中暗喜，可惜好景不长，刘邦识了几个字，便把书籍抛到脑后。

长到十七八岁，刘邦露出一副浪子相，专爱斗鸡走狗，狂嫖滥赌。但他并非一般意义上的市井无赖，他讲义气，肯为朋友两肋插刀，在中阳里一带的村落中渐渐混出了名头。打抱不平，裁决私人纠纷，以及仗义疏财，总有他的份。他即使闭门不出，来找的阿猫阿狗也从不间断。

应该说，这就是一种帝王之相。对帝王来说，至关重要的是驾驭别人的本领，刘邦从小就表现出这方面的天赋。而在乡里之中，他所能结交的只能是一帮无赖，他驾驭一群无赖，为日后驾驭一群精英打下了基础。事实上，无赖可能比精英更难驾驭。

不务正业的刘邦遭到乡亲父老的一致谴责：这个游手好闲的后生实在令人看不顺眼，他成天东游西荡，呼朋引类，像个二流子。正经人家的子弟被禁止与他交往，然而刘邦的魅力是挡不住的，他只需吹一声口哨，院墙内的少年朋友便会翻窗子跳墙，拥到他身边，他的威信远远大于这些朋友的父亲。

太公对他很失望，时常教训他，可他哪里听得进去。

刘邦的两个哥哥先后娶了妻子，一大家人合住刘家老宅，难免生出是非。身长八尺的刘邦食量如牛，却不事生产，两个女人便开始说东道西，大多是坐吃山空一类的话。刘邦气不过，有时和她们顶撞几句。争吵的结果，是太公在一怒之下分了家。老大老二迁了出去，刘邦未娶，仍随两老度日。

刘邦二十岁了，仍是旧性不改，终日游荡。他一个人的花销已经够大了，还要招引朋友，以小孟尝自居，每隔数日，便满屋子三教九流，这些人猜拳喝酒，通宵喧哗。太公透过门缝打量刘邦，见他端坐屋子中央，俨然是一帮泼皮无赖之首，太公差点气得晕过去。

刘媪却坚信她的儿子会有大出息，二十年前的神秘启示始终深藏在她的记忆中。她私下给他钱花，不惜变卖金银首饰，无奈财力有限，很快贴个精光。

刘邦年长无成，太公对他彻底失望了，动不动就训斥他。父亲对儿子的厌恶，使刘邦难以忍受，他终于离家出走，寄居到大哥刘伯家中。

刘伯不顾妻子的反对，待他甚厚。不过，刘伯命不好，刘邦住进来不久，他就一病归西了。刘邦被大嫂视为丧门星，也无脸住下去，于是再度夺门而走。

刘邦钻进了一家酒肆，这家酒肆的主人是个名叫武负的寡妇。

武负三十多岁，难守寂寞，平日便有勾搭刘邦的意思。刘邦爱理不理，弄得她心头发痒。如今，刘邦自动送上门来，声称要在酒肆住上十天半月，她乐得眉开眼笑，当即洒扫庭院，为刘邦收拾一间干净整齐的屋子。

刘邦公然与寡妇同居，在中阳里村曝出一大丑闻。他照旧我行我素，太公也奈何他不得。不久，村里流传着一个更大的新闻：刘邦不是凡人，而是一条金龙！

事情的原委是这样：这年夏天的一个晚上，有个后生到酒肆寻找刘邦，其时刘邦喝得烂醉，正躺在床上酣睡。后生掀开蚊帐，看见的竟是一条金龙，不禁吓得倒退几步，待再往前时，又见是刘邦侧身而卧。后生大感惊异，急忙退了出去，将这事告知众人。众人论议一番，一致认为此乃异相，不可等闲视之。几个老者也改变了对刘邦的看法，由他们牵头，凑集了一笔银子，替刘邦运作了一个泗水亭长的职务。

秦时十里设一亭，每亭有个亭长。亭长的职权范围相当于后来的地保，主要是处理民间纠纷和缉捕盗贼。刘邦上任后，搬出了酒肆。他现在大小是个吃公家饭的，武负不敢强留他，任他去了。

此时的刘邦，大约二十五岁。

刘邦在亭长的任上，每天办几件里人的讼案，大的公事，自然详报县里。他善于结交朋友，不久便与沛县几个吃衙饭的人物混熟了：功曹萧何，捕役樊哙，书吏曹参，刽子手夏侯婴。这四个人，后来为刘家天下立下了汗马功劳。

萧何等人每过泗水，必与刘邦开怀痛饮。刘邦一介亭长，俸禄极其有限，不过他倾其所有，也要让县上来的朋友吃饱喝足。这是情感和钱财的双重投资，日后的回报当在情理之中。

回报很快就来了。

这一年，刘邦受县衙门的差遣，西赴咸阳。由于路途花费较大，一帮吃官饭的朋友便纷纷赠钱。一般是三百钱，也就是百钱三枚。唯有萧何，悄悄递给刘邦五枚。刘邦暗喜，从此把萧何视作知己。

刘邦在秦都咸阳办完公事，一个人在宫外闲逛。恰好这天秦始皇正带了一群嫔妃在九霄楼上饮酒取乐。宫乐飘然而起，随风吹进刘邦耳内。他凝神谛听，又翘首仰望，远远看见那座御楼上塞满了粉白黛绿。他羡慕得不得了，脱口而出：

"大丈夫当如此矣！"

这一豪言壮语，确定了他一生的奋斗方向。

刘邦回到沛县，仍做他的泗水亭长。和以往不同的是，这回他做得很索然无味。他心中老是想到秦始皇，记不清容貌，却记下了威严，并在脑子里日复一日地加以发挥，秦始皇成了他的白日梦。相比之下，一个小小的亭长算什么呢？

有时萧何过泗水与刘邦叙谈，刘邦言谈中露出这层意思。萧何扫他一眼，目光如电。萧何的年纪和他相当，但为人沉稳，并富于心计。萧何倒没觉得刘邦是口出狂言，他知道村里关于刘邦的传说。刘邦是一条龙！这条龙困了一时，却总有翻江倒海的一天。

刘邦能说大话，却不能在大话中过日子。日常生活是极其平淡的，没有任何迹象表明刘邦将要翻江倒海。萧何再来晤谈时，他不提秦始皇了。

一晃又是几年过去，刘邦三十岁了。三十当立，而刘邦只能立在村头的那棵大榕树下，呆望着通往县城的那条小路。他希望外面的世界发生点什么，最好是天下大乱。乱世英雄起四方，他这条卧龙便会横空出世。

当然，他每回都失望。始皇末年，尚未露出明显的败象，除了北方的匈奴时有骚扰，宇内大致是太平的，秦始皇还忙着寻找神仙。

日子没什么盼头，刘邦便在酒色中打发时光。他原本是个无赖，又有许许多多的狐朋狗友，吃酒不付钱是常事。一般人家都惧他三分，躲着他。他娶不成老婆，因为没人愿把女儿嫁给他。

不过，刘邦倒是不缺女人，他有自己的路数。秦始皇筑长城，修陵墓，拉走了成千上万的男人。许多人一去不复返，他们的妻子便成了寡妇。中阳里也不例外，每年都要新增一两个独守空房的女人。刘邦专打这类女人的主意，今天这个明天那个，搞得很红火，比之有妻室的男人，有过之而无不及。据说他很少碰钉子，泡女人是他的长项。软泡硬磨，或软硬兼施，他总能把想要的女人搞到手。

这一天，他在一个姓曹的女子家中闲坐。他席地而坐，面前的长案上摆着一壶酒，曹女坐在他身边，手上拿着针线活。她比刘邦年轻，二十五六岁，脸上有雀斑，五官倒还整齐。她垂着头，长时间一声不吭；刘邦也不说话，望着门外的那棵榆树。这是夏季炎热的午后，两人静静地待着，像两尊泥塑。

对刘邦来说，激情已成为过去。一个多月前到手的曹女，此时在他身边，更像是他娶了十年八年的老婆。没日没夜地交欢，仿佛是一件十分遥远的事，他把她遗忘了，脑子里忽东忽西地想一些事情。

她偶尔抬头望他一眼，见他不吭声，又埋下头去做她的针线。她也在想心事，想刘邦日后的飞黄腾达，想跟着他享点儿福。这自然是空想，却也并非毫无凭据。

没有一丝风，户外是大毒日头。刘邦虽是静坐着，身上仍不断冒出汗水。他起身光着脚走到后院，脱得赤条条的，提了一桶水从头浇到脚。他系上短裤，复又回到前堂，在原来的位置上坐下。

"你也去冲一冲，"他对曹女说，"冲了就凉快多了。"

曹女瞥他一眼，摇了摇头。

刘邦又说："去呵，瞧你脸上的汗。"

曹女这才启口："光天化日的，冲什么澡！亏你说得出口。"

刘邦说："这倒怪了，在自己家中不能冲澡，又没人偷看你。"

曹女开始犹豫："万一有人撞进来呢？"

恰巧萧何这时来了。

"大白天的，关了门做甚？"萧何说。他坐下，又问："嫂夫人不在？"

曹女在里屋应了一声。少顷，她穿戴整齐，堆了一脸笑容出来。萧何称她嫂夫人，她听着很受用。她为萧何沏了一杯茶，"先生请用。"

萧何拱手谢过。自从刘邦与这位曹女有染，他也成了她家的常客。

刘邦同萧何已是多年老友，说话不忌讳的。刘邦说："你来得不是时候，迟来半个时辰就好了。"

萧何接过曹女递给他的一把扇子，使劲挥动，驱赶着热浪，一面问："这又为何？"

刘邦笑而不答。曹女红了脸，瞪他一眼。萧何是个明白人，心下已猜了八九分。不过他素来正经，不善于开这方面的玩笑。他换了个话题，对刘邦说：

"此来有一事相告。前几天，来了一位吕公，与我们县尊有旧，带了妻室子女一大群人，托县尊随时照应。他住在城里。县尊说，凡为县吏，都该出资往贺，这也是县上多年的惯例。"

刘邦听罢，沉吟不语。萧何奉县尊之命来通知他，说明他是个有身份的人物。他也喜欢那样的热闹场面，只是出钱令人费踌躇。他区区一个亭长，能有几个钱？

萧何又问他："你去还是不去？"

"去，当然去。"刘邦打起精神，笑着对萧何说。

"那就好，明天你须到县城走一趟，我和曹参、樊哙几个都在的。"

萧何又坐了坐，便起身告辞。他大老远地赶来，说几句话就走，刘邦和曹女都甚觉过意不去，刘邦留他喝酒，萧何说，天太热了，他想回家歇着。刘邦也就不强留，顶着太阳送他出去。在村头的榕树下，两人拱手而别。萧何骑上一匹瘦驴，头戴草帽，悠悠晃晃地去了。

刘邦倒背了手，踅回曹女家中。

曹女迎着他，嫣然一笑，而刘邦忽视了她的笑容。他在想心事。

曹女有点失望。不过，她很快发现她自己的欲望也被热浪化为无形。

她对刘邦说："明天你到县城，拿什么去赟敬这位吕公呢？"

"是啊，我正考虑这件事。"

"通常情形，一人出多少？"

"一千钱左右吧。"

"这么多？！"曹女吃了一惊，她原以为大不了一人拿出三百钱。她劝刘邦干脆不去，素不相识的什么吕公，出手就给他一千钱，凭什么呢？

刘邦笑笑，说不凭什么，就凭县令的面子，凭他说出了一句话。

曹女急了："可你上哪儿去找一千钱？我有言在先，你别跟我借，我也是穷得揭不开锅了。"

刘邦笑道："你放心，我跟谁借也不会跟你借，借女人的钱，哪是大丈夫所为。我自有办法的。"

刘邦的确自有办法。而这个办法，使他在一夜之间成为沛县的大名人。

第二天，刘邦天没亮就上路了。他无马可骑，只能步行。

他要赶在上午进入沛县县城。沿途路过一些水草丰美的沼泽地，沼泽地散布在一望无际的大平原中。沛县丰乡，名副其实，一年四季雨量充沛，乃是长江之北的一块宝地。

两手空空的刘邦健步如飞，远远看去，他的身形真有点异于凡人。

上午十点左右，刘邦进城了。他访得吕公寓所，昂然而入。在大门口恭候客人的吕家总管问他的尊姓大名，他轻描淡写地说："丰乡刘邦。"

"原来是亭长大人，"管家毕恭毕敬地说。"你的朋友萧何先生和我家主人已等候你多时。"

刘邦知道，亭长是很难被称作大人的，这管家高看他，完全是看在萧何的面上。萧何是县衙的功曹，比亭长大多了。

其时萧何正忙得不可开交。他奉县令之命，主管人们进献的贺礼，并安排祝贺人的座席。沛县有头有脸的人物来了许多，争先恐后地同吕公交朋友。吕家门第俨然成了龙门，一经踏入便身价十倍。

吕公和县令待在内厅，人们便往内厅拥，一时人满为患，有些乱套了。县令向萧何示意，萧何提高了嗓门宣布说：

"各位请注意：座次按上中下三等排列，贺礼不满一千钱的，不要到内厅的正座上来，就请在堂下就座。"

座次按出钱多少来排列，这办法简单易行，省事多了。这样一来，贽敬菲薄的人，自觉低人一等，纷纷退出内厅，秩序很快好起来。留在内厅的人则神气活现：他们才是有钱阶层，有资格向有钱兼有势的吕公靠拢。

这种情形，按说会把刘邦置于尴尬的境地。但刘邦毕竟是刘邦，他毫不经意地探手入怀，旁人以为他要取钱，不料他取出的是一片木简，上面写着几个字：刘邦，贽敬万钱。

萧何接过刘邦的木简，笑了笑，转呈吕公。吕公一看上面的数字，吃了一惊，立刻说："快请!"

刘邦一进内厅，吕公就急忙站起身来，迎了上去，领刘邦到上座位置坐下。这时，萧何走过来，半开玩笑地说："刘邦这人，喜欢说大话，却很少办成正事的。"刘邦瞪他一眼，他嬉笑着一边去了。

吕公只顾端详刘邦的相貌，没太注意萧何说的话，他被刘邦的面相吸引住了。刘邦的面相比他空口抛出的万钱更使吕公感到惊异。

宴饮开始了，吕公频频向刘邦投去目光。刘邦的美髯长颈，尤其是那只不同寻常的鼻子抓住了吕公的视线。吕公朝刘邦看，众宾客自然也朝刘邦看，众目之下，刘邦浑无知觉，兀自吃肉喝酒。应该说，这既是流氓本色，也是帝王本色。萧何看了直摇头，心想：这家伙吹牛也罢了，还如此托大!

宴罢，宾客相继离去。刘邦也要走，被吕公悄悄拉住。吕公说："先生请留步。"

刘邦心下惴惴，以为吕公要讨账，便道："万钱不便随身携带，明天我一定派人送到府上。"

吕公笑道:"那是小事一桩,你不必挂在心上。你听我讲,我年轻时就喜欢给人相面,我相过面的人成百上千,但我敢打赌,没有一个能同你的面相相比。这么说吧,依我看,你的面相贵到不可明说的程度。"

刘邦心中一凛,联想到龙种,暗自欢喜。表面上却谦虚着,说自己其实生得不怎么样。

吕公思前想后,忽然问道:"你可曾婚配?"

刘邦说:"尚未娶妻!"

吕公说:"我倒有个亲生女儿,虽然不很出众,却也贤惠有姿色。如不见弃,愿奉箕帚。"

愿奉箕帚是自谦的说法,以吕家的千金小姐下嫁刘邦,照一般人的眼光看,简直是鲜花插到牛粪上。也许吕公确实是独具慧眼,看准了这个未来的帝王。这件事,既见于正史,又见于野史,令人难辨真伪。若是真的,神奇的就不是刘邦,而是这位见一面就急于把女儿嫁给刘邦的吕公。

刘邦兴奋之至,嘴上还得谦虚:"鄙人不才⋯⋯"

吕公说:"这事就这么定下了。你和小女择日成婚吧。"

从吕公寓所出来,刘邦乐得一颠一颠的。

几天后,刘邦与吕公的女儿吕雉成婚,轰动了整个沛县,于是,关于刘邦的面相的传说不胫而走。至于吕雉,大家知道,她就是后来大名鼎鼎的吕后。

眼下的吕雉尚在二八妙龄,漂亮而且风骚,正合刘邦的胃口。洞房之夜,二人颠鸾倒凤,不提。一年之后,吕雉生下一女,即是后来的鲁元公主。又过一年,再生一子,取名刘盈,即是后来的惠帝。

这几年间,刘邦过得颇为滋润,上天为他安排了一段平静而又富足的生活。有吕公这样的岳丈作后盾,他在各方面都得心应手。他仍做他的泗水亭长,据史书记载,还干得很投入。他继续与沛县的三教九流厮混，暗中仍与曹女往来，生下了一个儿子，取名刘肥。

风云未起之时，刘邦就这么打发时日。闲来无事，他自做了一顶竹皮冠，高约七寸，上平如板，式样奇异，自称为刘氏冠。有人说刘邦早有帝志，此冠便是证据。

吕雉和刘邦不同。从她的早年生活看，她是一个务实的女人。她嫁给刘邦后，便住进了中阳里。刘邦在泗水公干，她就在田里侍弄庄稼，并不因为父亲有钱就坐吃现成。她把两个孩子也带到了田间，并对他们讲道理：

"做人，在没有任何依靠的时候，要仁慈，要做些好事；在得到高位的时候，要狠，要把来夺位的人统统除掉！"

她又教给孩子种田、锄草、施肥等方法，然后说："除掉影响你发展的人，就像除掉禾苗旁边的草一样，不要可惜，这叫做恻隐非男子，无毒不丈夫。"

上述两段话均见于史籍，听上去像是文人的编造，但吕雉早年务农，大概是事实。

这年春天，发生了一件事，改变了刘邦的命运。

秦始皇在骊山大修陵寝，征集七十万人充作劳役。这项费时三十余年的巨大工程，如今已进入堆土筑台和挖掘地下空间的阶段。秦始皇希望在死前亲眼看到自己的这座万年屋，于是下令加快工程进度。

征集劳役的工作，在全国各地展开。沛县征集了五百名民夫，需由一个能干的官吏送往咸阳，差事落到了刘邦头上。

这是一桩苦差事。沛县距咸阳千里之遥，途中风餐露宿、日晒雨淋且不谈，最麻烦的是民夫逃走。偌大的一支队伍，今天跑一个，明天跑两个，防不胜防。这些年，秦始皇修长城，修阿房宫，修咸阳通往各处的驰道，刘邦曾多次往咸阳押送民夫，深知其中甘苦。这一次人数最多，难保不出差错。

果然，从离开沛县的第一天起，民夫就开始逃跑。他们当中纷纷传言，说是修好了陵寝，并不能回返故乡，而是要被始皇帝当成殉葬品。传言的影响是巨大的，几天后，民夫跑了一半，到河南境内的芒砀山附近时，只剩下三分之一，刘邦索性把这三分之一的民夫统统放走。为此举他付出了代价：由泗水亭长一变而为县衙通缉的犯人。他获得的好处是赢得了被遣散民夫的一片欢呼声，为他日后举事打下了群众基础。

他不敢回沛县，只身躲进了芒砀山。

在芒砀山中，刘邦有一桩奇缘。确切点说，是一桩艳遇。

芒砀山是芒山和砀山的合称，两山相连，当时的海拔高度在一千二百米左右，山上有虎狼出没。有一些猎户住在山脚和半山腰上，人数不多，通常十余里之内不见人烟。

刘邦背了一把剑闯进山林中，他希望找个山野人家投宿，避避风声，一年半载之后再作打算。

这是下午四五点钟左右，太阳尚未落山，林中的光线已显得暗淡。刘邦学过几天功夫，又有宝剑在手，倒也不惧野兽。他穿行了一会儿，来到一条小溪旁。顺着小溪前行，或许会找到一户人家的。他捧起溪水洗了脸，然后靠在一块巨大的青石上歇息。

这时，忽听身后传来霍霍的风声，刘邦预感不妙，正欲拔剑，一只虎爪已搭上他的肩头。回头一看，竟是一只白额大虎，他差点吓得晕过去。

我命休矣！他想。他动弹不得，根本不敢拔剑，老虎一口就可以咬下他的脑袋。

奇怪的是，老虎像是跟他戏耍，并无伤他之意。它用鼻子嗅他的脸，似乎还有几分亲热。刘邦正惊异间，只听一个女子的声音在耳边响起："逆畜，走一边去，不可伤害将军性命。"

刘邦循着声音望去，见一个十八九岁的女子笑吟吟地站在几步开外。

她很漂亮，这不言而喻。面孔和身段都是第一流的，而且不像是山野之人，皮肤很白，又穿一件白色的绕襟深衣，越发显得冰清玉洁。

刘邦傻了眼，他可从未见过如此漂亮的女人。他的老婆吕雉够靓了，却也没法同眼前这位姑娘相比。

刘邦倒身下拜，口称救命恩人。那女子慌忙上前扶起，一面说："将军不必行如此大礼。小女子姓袁名姣，居此山已有数年，这只虎曾是家母的坐骑，去年家母仙逝，它就随了我。刚才吓着将军了，真是万分抱歉。"

袁姣一口一个将军，刘邦听着很受用。他何曾是什么将军，一介亭长而已。

刘邦说："在下……"

"你叫刘邦对不对？"袁姣笑着打断他，"你排行第三，所以又叫刘季。"

刘邦大奇："我与姑娘素昧平生，也从未踏上过这座宝山，姑娘怎么会知道我的姓名？"

"我知道的不止这些呢。"袁姣说。她转过话题，指着白云缭绕的山顶，又道："寒舍就在那儿，将军同小女子到了寒舍，自当细细奉告。"

刘邦说："此去恐有不便。"有些事，他已经预先想到了，心里巴望着，嘴上却客气。这是试探口风。

袁姣一笑，仿佛洞察了刘邦的心思。"有什么不便的？将军是正人君子，想必不会对小女子有所非礼。"

"那当然，姑娘是我的救命恩人。"刘邦一味奉承。

袁姣沿一条羊肠小道拾级而上，刘邦跟在她身后，渐渐感到吃力。袁姣身轻如燕，登山如履平地，刘邦却爬得气喘吁吁，袁姣不时停下来等他。刘邦不禁暗自惭愧：七尺男儿竟不如一个红颜女子。

到了山顶，果然看见几间茅屋，篱边墙下盛开着野花。门前一溪流水，屋上半抹斜阳，如此幽景，刘邦不觉神清气爽。刘邦正欲进屋，却见那只白额大虎从屋后转了出来，又吓得倒退两步。

袁姣说道："将军不必害怕，它是来欢迎你的。"

刘邦战战兢兢地走进室内，但见布衾纱帷，竹椅板凳，甚是雅静。看情形，这茅屋只有袁姣一人居住，有那老虎相伴，倒也安全。只是她孤身一人住在这山峰之上，不免令人生疑。

莫非她是个仙女？刘邦想。能驯服老虎的人，哪能是寻常之辈？

刘邦这么想着，拿眼去看袁姣，越看越觉得她像个仙女，行动举止，分外飘逸。这位仙女请刘邦坐下，从墙上取下弓箭，出门去了。不多时，她回来了，手上拎着野兔和山鸡，还有一壶酒。

刘邦问："这附近渺无人家，你在何处买的酒？"

袁姣说："将军原有不知。离此地不远，有一个小小的村落，都是打猎谋生的人家。寻常用品，那里都有，买东西很方便的。"

晚餐是野味下酒。刘邦转了大半天，肚子早已饿得呱呱叫。他向来是不顾吃相的，纵有靓女在前，也顾不了许多，兔肉鸡肉，只管往嘴里塞。狼吞虎咽，大嚼了一回，才抬起头来，问及袁姣的身世。

袁姣沉吟片刻，讲了一段故事。

她原籍冀州，先父曾在秦廷担任御史大夫。一日，秦始皇大宴群臣，兼及命妇。男席设在偏殿，女席设在后宫。酒过三巡，秦始皇忽然转入后宫，与各位大臣的夫人共饮，局面一时很尴尬。袁姣的母亲袁夫人姿色出众，引起了秦始皇的注意。秦始皇要她陪饮，她无法推辞；听说她善于舞剑，又让她当众舞了一回。嬴政看得眼花缭乱，看得欲火升腾。宴罢，他命袁夫人暂缓出宫，袁夫人迫于圣旨，只得留下。

接下来，这位不可一世的皇帝要同臣下的妻子睡觉。袁夫人柳眉倒竖，却不便给他当面难堪。她借口更衣，悄悄地飞身上屋，逃回家中。

她把宫中被逼的事告诉了丈夫。夫妇二人商议，认为秦帝决不会善罢甘休，他看上的女人，无论如何要弄到手，袁夫人与其留在咸阳招祸，不如远走他乡。于是，她携带年龄尚幼的袁姣来到芒砀山中。她有武功在身，不怕野兽，也不怕别人欺负。

三个月后，她得到凶信：丈夫被秦帝杀害了。

说到这儿，袁姣流下了眼泪。

其后的十余年，母女二人就住在山顶上。袁夫人把剑术传给女儿，期望她有朝一日能为父亲报仇，为母亲雪耻。当然，她一个女子，刺杀秦帝的可能甚小。有神算之称的袁夫人料定有个叫刘邦的人将到山中避祸，此人正好是秦帝的克星。去年秋天，袁夫人染疾在身，自知将不久于人世，便嘱咐女儿，一定要善待刘邦，必要时，做他的小妾也行。

袁姣讲完这段话，一张粉脸已臊得通红。

刘邦则听得心花怒放。他到山中避祸，有人管吃管住不说，还自动送上来一个如花似玉的女子，这就叫福星高照。看来他的确不同凡响：关于他的来历的传说竟已远播京都咸阳。

窗外月光如水。刘邦忽然有了抒情的兴致，拉了袁姣的手往外走，袁姣由着他。她已是他的人了，今生今世都将由着他。

月光下的山峰一片银亮，万籁俱寂，连野兽都入眠了。远处隐约传来山中溪流的声音，再远处，是山下的那片沼泽地。芒砀山一带，雨水奇多，今夜却是个大晴天，一轮皓月静静地挂在天幕上。

刘邦有理由想：这是上苍专门为我安排的。他是龙种嘛。

袁姣向他指点着，哪儿是村落，哪儿是下山的小路，娇声软语，款款动人。刘邦不时看她一眼，意荡神驰。他喝了几杯酒，有几分醉意，满脑子颠鸾倒凤的想象，什么诗情画意，他才不管呢。

他一把揽住袁姣。不难想象，他的动作很大套，显示出帝王风度。而这动作的起源，却是他在沛县的漫长的嬉皮生涯。

出于本能，她推了刘邦一掌。

这一掌，刘邦被推出几步远，险些跌倒。他这才意识到，眼前这位娇艳的姑娘原是习过武的。

他不能以力相逼，作为男人，便失掉了最大的优势。

　　他折了兴头，沮丧地回到茅屋。袁姣过来安慰他，并暗示，交欢须待以时日。刘邦苦着一张脸，只不做声。他想用这副苦相来打动对方。

　　这一招奏效了。袁姣终于做出让步：可以和他同床共枕，但不能行男女之事。刘邦转嗔为喜，心想：上了床再说吧。

　　两人上了床，拉开了一点距离，脸对脸地说话，主要是讨论报仇的问题。这是一件遥远的事，可谈的并不多；再者，刘邦一心想着对方的身体，常常走神。渐渐地，袁姣受他的影响，也有些走神了。

第二章　斩蛇造反

这段时间，刘邦过得很快活。他和袁姣在一起，白天同出打猎，夜里同床睡觉，风中狂歌，月下醉舞，真有点世外高人的味道。他几乎忘了沛县还有一个家，有老婆吕雉和两个逐渐长大的儿女。

他忘了老婆，但老婆没有忘他。

刘邦逃走后，吕雉带着孩子，回了沛县的娘家居住。丈夫犯罪，按秦法她应当受到株连，仗着吕公与县令的关系，她没遇到什么麻烦。有一种说法是：她一度被关进县衙，失身于狱吏，后来的淫乱生涯由此发端。这种说法不可信。吕雉并非寻常妇人，除了县令，她在县衙还有丈夫的一帮子朋友，例如萧何、曹参，他们断不会坐视她受辱。

吕雉决定到芒砀山寻找丈夫。从逃回沛县的民夫口中，她大致知道刘邦的隐藏之地。

这一天，袁姣骑虎到后山打猎，刘邦一个人闲居家中，忽见门外匆匆走进一位娇滴滴的少妇。定睛看时，不觉吃了一惊：这少妇竟是他的老婆吕雉。

刘邦感到奇怪，问道："你是怎么寻到这儿的？"

吕雉说："夫君所住的地方，常有云气缭绕，顺着云气就找到了。"

刘邦又问："此话当真？"

吕雉笑道："我什么时候骗过你了？"

刘邦高兴得大拍脑门：看来我的确不同于普通人。

他向吕雉讲述了山中的遭遇。提到袁姣时，他偷偷察看吕雉的脸色。吕雉非但没有愠怒，反而显得高兴，她对刘邦说："只要你日后真能富贵，娶个三妻四妾也不在话下！"

不多时，袁姣打猎归来。两个女人相见，倒也亲热。两人同是出身于大家门第，举止谈吐，自非寻常村妇可比。吃饭时，她们争着往对方碗里夹菜；夜里睡觉，又把刘邦推来推去，推进对方的怀抱。这场面使刘邦暗自感慨，他想：我不过是个农夫的儿子，却在这儿锦衣玉食，被佳人双双环绕，这难道不是上苍的特殊照顾？

刘邦越来越相信自己是个龙种。这点很重要：他为自己树立了一个奋斗目标。

刘邦王气升腾之时，秦始皇日益走向穷途末路。

秦始皇三十六年，在东郡的上空，有一颗被众星撞毁了的星辰迅速下坠，落到地面就是陨石。于是，人们纷纷传言：始皇帝快要驾崩了！

在陨石坠落的地点，东郡的百姓围着陨石看个不休。有人边看边说："这星星在天上树敌过多，所以被撞得粉碎。"

谁都明白，这是暗喻秦始皇。有更大胆的，甚至在陨石上刻下几个字："始皇一死，天下将重新分裂。"

秦始皇统一六国，是顺应了历史潮流，但他的残暴统治和严酷赋税搞得天下不宁。尤其是晚年，百姓怨声载道，暗中诅咒他早日死亡。

消息传到咸阳，秦始皇大怒。立刻命令御史调查此事。御史到东郡走了一通，未能查出结果。陨石是找到了，上面也的确刻了几个字，和传闻的差不多，只是刻石的人无法寻找。民间是一片汪洋大海，从中找一个人，等于大海捞针。

御史派人回京复命，秦始皇越发恼怒。他拥有至高无上的权力，却连一个诅咒他的人都抓不到，真是一种讽刺。他责骂御史无能，又命令御史把陨石旁的居民都抓起来，一一加以拷问。

御史别无选择，只能照他的话办。拷问仍然没结果，百姓在始皇眼中，成了十足的刁民，他下令把这些人全部杀了。

这一杀，就是数百口人。

接着又将那块陨石当众焚烧。烧过之后，该万事大吉了，岂料民间又传出更刻毒的话：始皇自焚了！

秦始皇终于意识到：杀人无济于事。如果天下人都怨他，他总不能把天下人都杀尽。

他换了一个招数，让博学之士作仙人歌，歌颂他的丰功伟绩。在朝廷上，在后宫中，配了乐的颂词不绝于耳。秦始皇听着格外舒坦。

然而，凶兆纷至沓来。

秋天，秦国使者从函谷关归来，经过华阳的平舒道时，有个人拿着一块璧玉，拦住使者说："替我把这块璧玉送给周武王！"

使者茫然无对。这个神秘的人物又说："今年祖龙死！"

使者想：武王伐纣，已过数百年，今天说送给武王，是送给谁呢？莫非有个像武王那样的人来伐秦？他说"今年祖龙死"，难道祖龙就是始皇？

使者欲再问时，那人已消失了踪影。

回到咸阳，使者不敢隐瞒，把事情的详细经过报告了秦始皇，并呈上那块璧玉。

始皇开始是沉默，过了一会儿才说：

"朕不怕！湘山之神已被我用火烧了，这事不能证明什么。"

话是这么说，但心里终究放不下。他又说：

"那人大概是个山鬼。山鬼的话是不可信的，因为山鬼的话只能在一年内管用。"

他命令掌管财宝的官员察看璧玉，认出是八年前他过长江时掉到水中的。旧物归还，吉凶难卜。卜者算了一卦，卦辞上说：

"皇帝出游或是迁移民众，两件事都吉利。"

秦始皇放心了，卦辞上的话通常不会错。他首先按卦辞的要求，往北河、榆中一带迁去了三万户。次年，他外出游历。出游可避免死亡，求得长生。

秦始皇带着小儿子胡亥、左丞相李斯等人出发了。十一月，巡游队伍到了云梦，秦始皇站在九嶷山上，向着远方拜祭了虞舜帝。这回他比较谦虚，不像去年烧湘山祠那么狂妄。他不但拜祭了舜帝，而且想：

舜帝已是仙人，我拜祀他，就能保佑我长生，躲过民众的诅咒。

接着下山搭船，沿江而下。到达籍山时，他观赏了高大的柯树群，想到建骊山墓的需要。他又从海滨渡过诸水，再过丹阳，到了钱塘江。到浙江时，水势汹涌，波浪滔天，始皇害怕了，于是改道西行约一百二十里，才从余杭渡过。他登上会稽山，祭祀了大禹，面向南海遥望，立石刻上颂词，似乎在盼望仙人的到来。

始皇从会稽山上下来，就准备回咸阳。渡过长江后，靠海北行到了琅玡山。晚上，他做了一个梦，梦见跟海神交战。醒来问卜占梦，占梦的博士说：

"水神是不能见到的，它常借着大鲸鱼、蛟龙的出现为征候。皇上祈祷神祠完备而又恭敬，却有这种恶神出现，应当加以铲除。铲除之后，善神就可以到来。"

始皇于是下令，给入海的人员送去捕大鱼的器具，他自己亲手用连弓等候着，一旦有大鲸鱼出现，就立刻射死它。

他从琅玡山向北走，直到荣城山也没见到大鲸鱼。又继续前行，方见到几条鲸鱼在海水中出没，始皇发连弓一阵猛射，结果射中了一条。他很高兴，便靠着海边向西而行。恶神已被射死一条，其余的都畏惧而逃，仙人就要来了，民众的诅咒也将归于无效。

不过，他高兴得太早了。

到平原，他一病不起。他讨厌死亡，但死亡终于来了。尽管群臣都缄口不谈，他的病却越来越重，出游吉利的卜辞看来像一个圈套。七月丙寅那天，不可一世的始皇帝终于病死在沙丘平台。

皇帝死在外地，容易生变，左丞相李斯便秘不发丧。他命人把始皇的棺材放在宽大的丧车中，车有门窗，又有帷幕遮着，只有从前宠幸的宦官、参乘官以及给皇上送饭的人，在丧车中陪着。百官向皇上请示，一如往常，宦官就在丧车中答复。

当秦始皇的丧车被拖回京城后，他的尸体已然腐烂，不成形状。九月才下葬，豪华的骊山墓，埋下的只是一堆骨架。

其后，即是胡亥继位和赵高专权。

秦二世是个标准的亡国之君。他和他父亲一样频频出游，回朝就继续修阿房宫，向全国征发徭役超过劳动力的三分之二，向民众征税超过人们收入的百分之六十。普天下的百姓，啼饥号寒，再也没法忍耐了。

于是，有了著名的陈胜起义。

陈胜，字涉，秦末阳城（今河南登封县）人。家里很穷，以替人佣耕为生。

这是一个血性汉子，有些头脑，不甘世代贫穷。对秦末山雨欲来风满楼的局势，想必有所感应。当然，他没料到会由他来首先发难。

秦二世元年深秋的一天，地里的庄稼早已收尽，晴朗的阳光照耀下的原野，显得格外广阔。村外的一棵大树下，站着一个身材魁梧的汉子，他望着大片沃土，想着心事：这么多土地，为什么都属于富人？难道这真是上天的安排？

能如此发问的人，显然不同于一般的农民。

这就是陈胜。据说他读过几册书。"苟富贵，勿相忘""燕雀焉知鸿鹄之志"，这些豪言壮语就出自他的口。

和刘邦一样，陈胜在一群男人当中颇具威信，这是举事的先决条件。

第二年七月，一道圣旨颁到阳城，征调闾左贫民，出戍渔阳（今北京市密云县西南）。按秦时的习俗，富人权贵居右，平民百姓居左。富人输财可免役，穷人无钱只得冒死服役。

阳城县令派人四处征调，一时鸡飞狗跳，搅得百姓昼夜不宁。好不容易征得九百人，在这九百人中，陈胜和阳夏人吴广被县令命为屯长，他们由两名秦军将领督率着前往渔阳。

渔阳距阳城有数千里之遥。陈胜、吴广一行走了几日，方至大泽乡（今安徽宿县东南），忽遇大雨，道路泥泞，尤其是大泽乡这个地方，地势低洼，雨水一下，一片汪洋，行人根本无法通行。这批戍卒只得停下来，等待天晴，方可启程。

然而，大雨下起来就没个完。

陈胜心急如焚。到渔阳是有期限的，如此等下去，非误期不可，而按照秦律，误期当斩。他找到吴广商议此事，吴广一听就跳了起来：

"与其送死，不如逃走！"

陈胜摇了摇头。逃走并非上策，因为逃到哪儿都可能被官府抓到，到头来仍是一死，倒不如另图大业，或许能死里逃生。

陈胜说出了自己的想法。这也是他多年来深藏于心中的念头。

吴广也是个血性汉子，反就反，怕什么呢？他当即同意了。

名目却是个问题。没有名目，就不会有人响应，单凭陈胜、吴广两人，显然寸步难行。陈胜思虑良久，然后对吴广说：

"天下苦秦已久。我听说秦二世乃秦始皇的小儿子，按照规定，不应该登基即位，应登基的是公子扶苏。扶苏因多次进谏，秦始皇将其派至长城监军。如今风闻扶苏并无罪行，秦二世却置之于死地。百姓只闻其贤，不知其已死；而项燕是楚的将军，多次立过战功，此人爱士卒，故楚人怀念他，有人以为他仍在世。如今我们将这支队伍诈称公子扶苏、项燕的队伍，以此号召天下，天下必多响应者。"

这席话，吴广听了连声叫好。

事实上，这个名目错得离谱，因为楚国遗臣大将军项燕和秦国故太子扶苏，是两个毫不相干的人，陈胜把他们扯到一起，以为旗号，只能哄一般百姓。

能哄就行，而且哄的方式多种多样。这令人想起一句现代格言：只要目的合理，手段可以不必计较。

接下来的几天当中，这支滞留大泽乡的戍卒队伍接连发生怪事。

一个戍卒奉陈胜之命，外出购鱼。戍卒购回数十尾大鱼，经由陈胜过目后，交给厨房处理。烹鱼的师傅见其中一条腹部甚为膨胀，感到奇怪，他用刀剖开鱼腹，不禁大吃一惊：里面竟有一封帛书。

帛书上写着三个大字：陈胜王。

头脑简单的厨师扔了刀，惊呼起来。

此事自然惊动了陈胜。陈胜听了，也露出惊恐的模样：

"不可胡说！鱼腹中哪来什么帛书？"

"这是真的！兄弟们正在观看。"

"果有此事？这倒怪了。"陈胜佯装不解。又沉吟着说："快把那帛书烧了，不可叫将尉得知。让他们知道了，我非灭族不可。"

帛书烧掉了，这件奇事却在营中不胫而走。陈胜的头顶上罩上了一圈光环，他不再是一个普通的屯长了，他的身上负有了某种神秘的使命。

当天夜里，在营帐之外不时传来狐狸的叫声，其中隐约夹杂着人语，所有的戍卒都竖起了耳朵。那声音开始模糊不清，后来渐渐分明，第一句是"大楚兴"，第二句是"陈胜王"，时断时续，一直重复到深夜。

戍卒们又议论开了。预兆一个接一个显现，陈胜称王，看来是上苍的旨意。

人心已动，举事的时机到了。

两个烂醉如泥的将尉被陈胜吴广刺于血泊中。接着，他们召开戍卒大会，慷慨激昂地宣布：

"兄弟们！我们在此被大雨所阻已有多日，就是天晴后我们继续赶路，到达渔阳也已误期。秦律严酷，不问缘由误期当斩。即使不死，北方夏日炎热，冬天酷寒，再加上胡人犯边，古来戍者能有几人回？同样都是死，大丈夫不死便罢，死也要死得壮烈，如果举大义，也许还能寻一条生路。王侯将相，宁有种乎？"

这一番话极富煽动性，而且，情势所逼，戍卒们不得不反。

陈胜吴广遂建队立旗，陈胜自称为将军，吴广为都尉，并任命了几个领队的头目，他们做成一面大旗，上书一个巨大的"楚"字。

这支起义队伍首先向大泽乡以北的蕲县发动了进攻，一举而下。

不久，陈胜率军攻下陈县，并在陈县称王。起义队伍如雪球一样越滚越大，到九月，已有战车六七百乘、骑兵千余、步卒数万人，陈胜于是传檄四方，号令天下反秦。

沛县与蕲县相距不远，沛县县令慌了，因为陈胜的军队随时都可能兵临城下。

天下大乱，却给刘邦提供了契机。

陈胜在大泽乡举事之初，对刘邦的触动并不大，他在芒砀山中过得很快活。青山绿水，娇妻美妾，简直是神仙过的日子。所谓胸有大志，对这个三十多岁的男人来说，实是过誉之辞，是后人杜撰来抬举他的。打天下无非是为了享福，眼下刘邦享不完的艳福与清福，他何苦去动那个心思？

从各方面看，刘邦都是个惰性很强的人，这也是一种无赖本色。

倒是两个女人不甘于现状。袁姣跟随刘邦，原是受了母命，她要报仇，她要亲手血刃害死她父亲的秦始皇，如今，那暴君已死，她把账记在了秦二世胡亥头上。吕雉则是素有野心，她可不愿看到丈夫始终藏于山中，过流亡的日子，她希望他成大器。

两个女人的劝告，刘邦只当成耳旁风，在山中，快活一日是一日。他还想把儿子和女儿都接进山来，和他一般逍遥，反正袁姣有的是钱，养活几口人不在话下。

他回了一趟中阳里，没能接到儿女，却鬼使神差地做了一件大事。

这天黄昏，他潜回故里，在一家小酒肆喝了几杯酒，有了几分醉意。在酒肆里，恍惚听见有人说什么大白蛇，他也没去深究，竟自出了酒肆，摇摇晃晃地走在通往中阳里的小径上。

八月天气，秋高气爽。风从树梢上拂来，刘邦顿觉舒畅。他发现自己是个独行者，前后都不见行人，这使他产生了一种独立于天地之间的感觉，他的身形似乎变得高大起来。

这时，他看见了那条大白蛇，很难说这一切不是命运的安排。

那蛇至少有碗口粗，一丈多长，它横卧在小径当中，昂头吐信，两只小眼睛死死地盯着刘邦。它知道，它命中的克星正朝它走来。

刘邦原本胆小，此刻忽然有了勇气。命运在瞬间的昭示，使他充满了神奇的力量。他拔出佩剑，奋力向那白蛇砍去，只听咔嚓一声，鲜血喷起了几米高，刘邦闪身一旁，看那巨蟒，已然被砍成两截。

接下来的事情很奇怪，刘邦往前走了几步，居然走不动了，他躺在路旁，呼呼地酣睡起来。

醒来时，已是第二天早晨，秋日的太阳正徐徐上升。刘邦未及睁眼，先听见一个老妪的哭声，哭声很近，几乎就在他身边。

老妪在哭那条白蛇。

渐渐有行人围上来，老妪边哭边诉说，她说，白蛇原是她的儿子，也即是白帝之子，它在这沼泽里吐纳修炼，遇上了赤帝之子，被斩成两段。

众人循着老妪手指的方向望去，看见了躺在路边的刘邦。有人认得他，于是惊呼起来：这不是消失了一年多的刘亭长吗？

刘邦是龙种，尽人皆知，如今又有老妪的话加以证实。人们围上来，用敬畏的目光打量这个高鼻长颈的汉子。有熟悉阴阳五行的人当即阐释说：秦廷祭祀，向以白色为主，白帝即为秦廷之象征，眼下白帝为赤帝所杀，表明新的天子将要横空出世了。

这人说得煞有介事的，人们对刘邦越发敬畏了，他们围着刘邦，七嘴八舌地议论着，而刘邦兀自坐在地上，望着众人发呆。

他在想：难道我真的是……

"刘亭长，县令要捉拿你哩。"有人说。

"县令算什么东西！亭长是龙种，将来会坐上龙椅！"另有人对刚才说话的那人加以反驳。是呵，县令算什么东西呢？

"别胡说！"一个老者立即制止道，他是见过些世面，知道厉害的。"什么龙种不龙种，你小子不怕灭族？"

老者话一出口，刚才说县令不是东西的汉子伸了伸舌头，左右瞧瞧，并及时把脑袋缩回去，隐藏在人群中。

刘邦仍然坐在地上，一脸呆相。

众人依然围着他，却没人吭声了，龙种似乎有些吓人。

"老妪没了！"有人惊呼。于是大家掉过头去，自称有个白帝儿子的老妪果然不见了，白蛇的尸身在初升的阳光下化为一摊血水。

"没了，没了！"众人异口同声，他们同时抬头望天，想在云气中搜寻老妪的身影，望了半天，云还是云。

刘邦直起身子，拍拍衣衫上的泥土，拔腿便走，他没朝中阳里走，而是原路返回。认真说来，他脑子里晕乎乎的，并无一个明确的念头。

这时，十多张嘴同声发问："亭长何往？"

刘邦不得不停下，因为有人拉扯他的衣衫。"回芒砀山。"他没好气地说。看得出这些人对他怀着某种意图。

"想拿我送官领赏不成？"刘邦愤愤地说。

"岂敢岂敢！"几个后生面色惶恐，又竭力往脸上堆笑。其中一个大着胆子抛出一句：

"我们也去芒砀山，跟随亭长。"

"豁出去了，将来坐天下……"另一个后生胆子更大，掏出肺腑之言。那老者急忙瞪他，他佯装不见，一味挖着圆圆的鼻孔。

"你们进山吃什么？"刘邦有些不耐烦了。

"我们自己寻吃的，不劳亭长。"又是异口同声。

这场面也有几分感动人。天下苦秦久矣，看来秦朝确实气数已尽。改朝换代者，舍我其谁？刘邦胸中忽然涌出一份慷慨激昂。

他拔腿就走，不再说什么，一旁的树木和另一旁的沼泽地飞也似的向后退去。

一群衣衫不整的汉子跟在他身后，俨然一支队伍。

刘邦带人进山，两个女人欢喜无状：她们共同的夫君终于要出人头地了。她们弄好吃的，替他擦身，又轮番侍夜，宠得他晕晕乎乎，以为身在后宫，以万金之躯抱了皇后又抱皇妃。翌日醒来，环境依旧，不禁发狠：有朝一日，必定住进咸阳的巍峨宫殿。

还是吕雉熟悉丈夫。她惊喜地对袁姑娘说：他目露精光，这可是头一回哩。

那帮穷汉在山中扎下营寨，少不了干点剪径的勾当，以为生计。他们每日必向刘邦及二位夫人请安，暂时把刘邦尊为山大王。刘邦也不管，任他们闹去，任他们自行壮大。而他本人一如既往：只管喝酒，与两位丽人周旋。

赤帝斩白帝的故事，却在山外传得沸沸扬扬，不到半月，几十人的队伍已发展成两三百人，而且收来破铜烂铁，开始铸造兵器。

穷人要翻身，这是挡不住的历史潮流，古今皆然。

且说沛县县令日夜惶恐，担心陈胜打来。这一日，他召来萧何与曹参商议对策。

萧何是个老鬼，知道县令迟早会为这事找他，他早就同曹参商量妥了如何对答。眼下的形势很微妙，若是秦廷将倾，他们就没有必要为县令卖命。

县令的开场白有板有眼："今陈涉兵起，天下混乱，我欲献城降涉，不知二位意下如何？"

这分明是试探，萧何如何不知？他想了想说：

"万不得已时，这也是一条路。只怕陈涉敌不过朝廷，那时，县尊大人就交不了差了。"

曹参点头，表示同意萧何的意见。

县令又说："非降即守，舍此别无他途，而守城就需要扩充县军。请先生为我图谋。"

这话是对萧何说的。萧何略一沉吟，说道：

"依属下的拙见，不如召沛人刘邦回县。他自逃亡以后，隐匿深山，据说手下已聚集了数百人。县尊免了他当日释放役犯的罪过，他必定感恩，为本县效力。"

县令道："旧罪可免，但不知刘邦是否愿意为我所用。"

萧何笑道："先试试，再作计较。"

县令想了半天，想出一个合适的人选，前往芒砀山与刘邦联系，这人就是捕役樊哙。樊哙是他的手下，又是刘邦的朋友，此人前去，最为恰当。

樊哙是丰邑人，与刘邦是同乡，进县衙公干之前，以屠狗为业。他的形象类似后来三国时期的张飞，豪爽，满脸胡须，而且据说粗中有细。

樊哙进山，见了山中的热闹景象，索性投了刘邦，连官饭都不吃了。天下纷扰，强者为王，几口官饭算什么？跟县令不如跟刘邦，刘邦是有大出息的人，或许真是一条龙呢！区区县令岂在话下。

两个女人整日相劝，如今又来了一个樊哙，三个人合力鼓吹，刘邦便心动了。他决定起事，"大丈夫当如此矣！"他雄心勃勃，指望有一天能打进咸阳，在九霄楼中饮酒作乐。

几天后，刘邦的队伍向沛县进发。第一步，自然是杀回老家，既能抖威风，出恶气，又能以之为根据地，壮大势力。这主意不用别人替他拿，审时度势，刘邦自非庸常之辈。

刘邦骑在一匹栗色大马上，回首望时，但见蜿蜒的山路上，密密麻麻满是他的人马，他得意地捋须而笑。尽管他的军队实在是一支叫化子军队，衣冠不齐，兵器简陋，有人打哈哈，有人哼小调，倒是快活得如同刘邦。

行到半途，远远看见一辆轩车疾驰而来，车后扬起一路尘土。轩车在不远处停下，从车上跳下来几个人，刘邦定睛看时，不觉大喜，来人是萧何、曹参、周勃。

刘邦滚鞍下马，奔将过去，一把抓住萧何的手："啊哈，老兄，我们又见面了！"

萧何抹一把脸上的汗，有些不自然地说："从今往后，我就是你的部下了。"

"此话怎讲？"

萧何说，自樊哙投奔刘邦后，县令就对他和曹参不放心，暗中派人盯他们的梢，并随时准备缉拿。萧何是何等精明的人，早已察觉，便与曹参、周勃商议，决定干脆一并投到刘邦帐下。

有萧何相助，天下几乎就得了一半。刘邦高兴昏了，说话都有点颠三倒四的，忽然大谈起他在芒砀山中的艳遇：他如何遇见猛虎，而猛虎背后又如何闪出一位佳人来。萧何用眼神制止他，他浑无知觉，犹自说得手舞足蹈，还要让袁姣走下香车，与萧何等厮见。萧何只得拉他的衣袖，提醒他说：

"你现在是将军，要有将军的威严，嫂夫人改日再介绍吧。"

刘邦哈哈大笑，那副情态，倒有点猛龙出水的味道。

队伍拉到沛县城下，城门已关，守城者多为城中百姓，若刘邦下令攻城，几百人一拥而上，得手并不难，但萧何、曹参、周勃等人的家眷都在城中，恐遭不测。刘邦于是修书一封，将书信绑在箭头上，弯弓搭箭，大喊一声：

"请看我书，不可为沛令白白送死！"

话音未落，只听"嗖"的一声，箭已射入城内。

城头上的守军急忙拾起书信，围拢观看，但见信中写道：

"天下苦秦久矣，今父老兄弟，虽为沛令守城，然诸侯并起，必有一日屠城。为全沛县百姓着想，不如共诛昏令，择能者立之，以应诸侯，如此，方可城好家全，否则，妻子父母将死无葬身之地。"

这封信被一个叫任敖的守将拿去四处宣扬，此人素与萧何交厚，且对县令不满。他向城中父老陈说利害，劝他们放弃抵抗。父老被说动了，因为刘邦信中所言，并非恐吓之辞，他要攻城，易如反掌。

按秦时习俗，父老的威信并不在县令之下。三个白发苍苍的老人，乃是另一种权威的象征，类似西方的元老院，只是较为散漫而已。他们连夜密谋，几张打皱的老脸凑到烛光下，表情严肃，掉光了牙齿的嘴嚅动着，发音模糊，却字字有力。

他们终于决定，要做一件惊天动地的大事，与朝廷对抗，投靠刘邦。应该说，这几个老者颇为明智，顺应了历史潮流。

在他们的怂恿下，第二天，一群后生冲进县衙，按倒县令，割了他的脑袋，高悬于城头，并大开城门。这样，刘邦不战而屈人之兵，以仁者之师，浩荡入城。城中百姓呼喊着他的名字，仿佛一夜之间，他就成了万众拥戴的英雄。

接下来，推举新的沛令。这事有些微妙，刘邦自然想做，表面上却要推辞一番。有人顺势推荐萧何，理由是：萧何官居功曹，又有很高的威信，由他担任沛令，对各方面都有好处。其他人想想也是，便纷纷附议。形势突然倒向萧何，这是刘邦始料未及的。他暗自心焦，嘴上还得说一通萧何的好话，表明他同样看好萧何。

这时候，若是萧何点一点头，沛县令之职便会落到他头上。

那样的话，历史可能就改写了，不单没有后来的刘家天下，能否有四百年汉朝，也要打上问号。以此往后推，中国历史教科书将有若干章节不会是现在的这种写法。

这就是所谓"历史的紧要关头"，看似不起眼的场景，干系甚大。把玩历史的人，常常为之长吁短叹。

所有的目光都落在萧何脸上。这是一张国字脸，一样的浓眉高鼻，只不及刘邦的醒目而已。萧何笑了笑，刘邦不禁心中一紧。

萧何又咳嗽一声，像是故意兜圈子，逗刘邦玩玩。后者直直地盯着他，脸上的嬉皮相荡然无存。

萧何终于开口，刘邦也终于松了口气。

萧何力辞沛令，同时力荐刘邦担任此职。他洋洋洒洒发表了一大通议论，简直是一篇对刘邦的颂词。大意无非是刘邦生有异相，豪爽讲义气，德能服人，威能制众，最近又斩了白帝之子等等。他的描述使刘邦的头顶罩上了一轮光环，舆论的重要性由此可略见一斑。

刘邦自感不凡，表情随之肃然。十几双眼睛又一齐转向他，并发现了这种不凡。群众的激情重新把刘邦圈定，这次，他是想推也推不掉了。

刘邦出任沛令，以他为首的权力集团诞生了。于是，择日就职，祭黄帝，祭蚩尤，杀牲衅鼓旗，以求福祥。刘邦有赤帝子之说，故立赤旗、赤帜，张挂城中，表示顺天灭秦。

从此，刘邦又称沛公。这一年，他大约三十八岁。

就职仪式上，刘邦宣布了一批属下名单。萧何为丞，樊哙为将军，曹参、周勃为中涓，周昌为舍人，夏侯婴为太仆，任敖、周苛、卢绾等以客相随。同时张榜安民，征召沛县子弟，共伐暴秦。

诸人当中，周勃也是个人物。他是沛城人，善于吹箫，一般人家办丧事，总能听到他的箫声，他也以此混一口饭吃。他长得高大，自幼嗜武，拳脚弓马无一不通，和樊哙一样，他后来在刘邦帐下南征北战。刘邦称帝，周勃被封为太尉。

樊哙、周勃、夏侯婴日夜操练兵马，准备向胡陵、方与（两地均在今山东金乡县）进军。

这年十月，樊哙带两千人马东进，直逼胡陵城下，正欲攻城，忽接沛公之令，命樊哙退守丰邑，樊哙不知何故，只得引兵返回。

原来，刘邦的母亲刘媪突然去世。这位曾与神龙交合的非凡的女人，未能亲眼看到自己的儿子称王称帝，便一命鸣呼，她死在中阳里的老家。

刘邦悲痛不已。萧何进言道："丧期不宜进兵，可召樊哙回。"

刘邦遂下令退兵。同时带了袁姣，匆匆奔中阳里而去。

这次奔丧，刘邦一味沉浸在悲痛中，对丧事之外的一切浑无知觉，倒是袁姣发现了吕雉的一件秘事，而这一发现，使她不得不悄然出走。

第三章　吕雉与审食其

时间得倒溯个把月。

刘邦在沛城做了县令，忙得不可开交，老家的事便一并托与吕雉照料。其时，刘太公患了轻度的痴呆症。当初刘邦犯案，他受惊不小，现在刘邦居然拉起人马反抗朝廷，他又是一惊。这个向来安分的老农在惶恐中度日，反倒失去了往日的平静快乐。

刘媪卧病在床，太公整日守着病榻，长吁短叹或沉默不语，老两口闭门不出，家中大小事，都交给吕雉。吕雉上要侍奉老人，下要照看两个逐渐长大的儿女，便向刘邦抱怨：她太累了，如此熬下去，不消几年，她就会青春尽失，熬成个黄脸婆。她不过三十出头，日子还长着呢。

刘邦体谅她，在家中添了丫头，但丫头不懂事，对吕雉帮助不大。吕雉复又抱怨，刘邦便派了一个小卒到中阳里，做她的助手。

这人叫审食其，十七八岁年纪，生得眉清目秀，吕雉见了很是喜欢，从此不再向丈夫抱怨了。刘邦一天到晚千头万绪，偶尔问起这个小卒在家中的表现，吕雉就说，他表现得很不错。

审食其的确表现不错。他不单人长得俊，而且伶牙俐齿，讨人喜欢。他在刘邦身边，原也充当勤务兵的角色，鞍前马后地跑，蹦蹦跳跳，且能唱几支曲子，逗主子开心。如今伺候长官夫人，他越发显得出色。启齿唱歌，红口白牙；开口笑时，脸上还有两个小酒窝，吕雉望着他，时常走神。

她几乎大他一轮，但这不要紧，他已是个发育成熟的男人，体格健壮，精力充沛。劈柴担水，举重若轻，连干活都哼着曲子。他围着吕雉转，吕雉也围着他转。几天工夫，便亲昵得如同姐弟，须臾不见，心就发慌。尤其是吕雉，一个劲儿地呼唤审食其，那声音听上去像是呼唤她的宝贝。

初始阶段，尚属正常，渐渐地，就有些邪味了。吕雉向审食其投去的目光，已含有男女之欲。也许，这仍是不经意的，是情欲在自然状态下的喷发。

刘媪病故，刘邦带了袁姣从沛城赶回家中。悲痛之余，心中仍挂念着他的军机大事，倒是袁姣心细，察觉了吕雉与审食其有些眉来眼去的。她行事谨慎，在没有确切的证据之前，也不便向刘邦透露什么。

丧事办妥后，刘邦立即离开老家，他决定亲率大军东进。他要袁姣暂且留在中阳里，帮助吕雉处理家事。

袁姣留下了，不过，刘邦临行之前，她忽然有一种预感：他们之间的缘分已到尽头。

袁姣在刘邦身边待了一年多，不能说没有感情，但感情是一回事，缘分是另一回事。中断他们的缘分的，并非他们自己，而是另一个人。

她就是吕雉。

刘邦此番回家，住了十余天，这十余天对吕雉来说，无疑是一种煎熬。她和审其食正在兴头上，一日不寻欢，便难受得不得了。刘邦一走，欲火再也难捺，纵有袁姣在，她也顾不了许多了，当了袁姣的面，她竟然与审食其嬉笑调情。袁姣眼睁睁地瞧着，心里不是滋味，嘴上却不便说什么。

在芒砀山中，袁姣曾与吕雉处过一些日子，深知对方的性情。

这是一个霸道的女人，刘邦也得让她三分。日后刘邦事业有成，她们势必长期待在一块儿，一正一庶，颇难谐和，不如趁早抽身。

袁姣动了抽身的念头，恰好这时发生了一件事，促使她把念头变成行动。

这天黄昏，她闲着没事，在自己的房中独坐。有人敲门，她起身把门打开，见门外站着审食其。这美男子衣冠整齐，像是刚刚化过妆，面上有一层薄薄的脂粉。他借口借一样东西，然后赖在房中不走，东一句西一句，绕着弯子恭维袁姣。这是他的拿手戏，一般女人都会动心的。何况他生得如此标致，唇红齿白，面如敷粉。

袁姣听他说着，少不了应酬几句。平心而论，她对审其食并不反感。她的年龄与他相近，青春男女，言语容易投机，她只是自重身份，并预先存了戒心。

审食其扔下一大堆好听话，抬腿走了。走到门口，忽又掉过头来，一对亮眼望着袁姣，启齿说道："嫂夫人若有驱遣，叫一声就是，食其随时都乐意为嫂夫人效劳。"

话很甜，一如他的长相。然后，他躬身退出。那张俏脸隐入黑暗之前，又对袁姣笑了笑，笑容中蕴含了某种弦外之音。

袁姣发了一回呆，自觉身子懒懒的，她打算熄灯睡觉。这时有人来敲门，她心中一紧：会不会又是他？

来者却是吕雉。

吕雉坐到床沿上，执了她的手，亲热地问一些家常。袁姣心里正纳闷，吕雉忽然话锋一转，问起她对审食其的印象。

袁姣一怔，脱口问道："姐姐此话是什么意思？"

吕雉笑道："你不觉得他生得很英俊？方圆百里，挑不出比他更俊的男子。"

袁姣正色道："我仍不明白姐姐的意思。"

吕雉复又笑道："别哄我了，我的好妹妹。你二人刚才促膝交谈，我在窗外已看得一清二楚。"

袁姣红了脸："姐姐这话，越发说得不像了。他是谁？我是谁？

凭什么说我与他促膝交谈？"

吕雉在袁姣的脸颊上轻轻一拍："我只知道你是美貌女子，而他是美貌男子。"

袁姣被激怒了，她忿然道："姐姐何不将此话向沛公说去？"

袁姣抬出了刘邦，以为能将吕雉镇住，不料吕雉只微微一笑。她说："我与沛公十余年夫妻，轮不到你来说我。他称了王，我是王妃；他做了皇帝，我便是皇后。哪怕我老了，颜色尽失，你也得服从我，这是命。凭你是什么大家闺秀，姿色超群，也逃不出这个命字。实话告诉你吧，我喜欢审食其，喜欢就是喜欢，我这人可不善于绕弯子。你是个聪明人，在家中又住了些日子，想必已瞧了八九分，我们想瞒你也是瞒不住的，不如推开天窗说亮话。他刚才来找你，明摆着是投怀送抱，而你未必对他有多大的反感——或许正相反，他的英俊已让你动心，你不过加以掩饰罢了。容我劝你一句：不妨成全他一番美意吧。我们姐妹二人共同委身于同一个男人，也不是头一回。"

听了这席话，袁姣不禁身子发抖，眼泪扑簌扑簌往下掉。吕雉太厉害了，或者说，她这一招太厉害了。两条路摆在袁姣面前，凭她挑选：要么与吕雉一同作奸，要么走人。不可能有第三种选择，因为她已知道吕雉的秘密。

对袁姣来说，不存在选择的问题，偷汉子的举动，在她是不可想象的。她只能走人，离开刘邦，同时也离开这个厉害的女人。

她收了泪，渐渐平静下来。她对吕雉说："你尽管放心，我知道该怎么做。夜已深了，姐姐请回吧。"

第二天，当吕雉再来时，发现已人去房空。袁姣消失了，不仅从中阳里消失，而且整个沛县再难寻她的芳踪。半年后，据说有刘邦的手下曾看见她在咸阳的宫墙外徘徊，她大约想飞身入宫，单刀取秦二世胡亥的性命。徘徊的结果，却是走掉了，大概她终于明白凭她那点武功，只能白白送死。

袁姣未能为刘邦生下一男半女，因而正史不载，但她的故事至少见于两部以上的野史，例如唐朝之《侠女传》和晚清的《汉宫演义》，有一定可信度。本书不愿略掉她的芳名，故加以沿用。

袁姣一走，吕雉便乐得眉开眼笑。没人再来碍手碍脚，她也少了一个未来的竞争对手。她继续和审食其暗中往来，直到审食其被调走。

秦二世二年十一月，刘邦率樊哙等驻扎在丰邑（今江苏丰县）。丰邑与沛县相邻，是刘邦的另一个根据地。

这天，忽闻秦军来攻丰邑，刘邦遂调集人马出城迎敌，来敌乃是秦泗水监平。一秦将在阵前耀武扬威，樊哙早已按捺不住，挥舞着长枪冲了过去，没战几合，秦将败走，刘邦急忙挥军掩杀，秦军大败。泗水郡守被左司马曹无伤一刀劈于马下。

刘邦初战告捷，便继续进军，数日后抵达亢父（今山东济宁市南）。正准备驻兵亢父，突接探马来报：陈胜的西进兵马悉数死于章邯之手，现章邯又得咸阳援兵，向东扑来。

这消息不妙，表明陈胜不是秦军的对手。陈胜若败，将使其他的起义军陷入不利的境地。刘邦正惶然间，一个更坏的消息传来：他留在丰邑的守将雍齿又拱手降魏。

丰邑原是魏国故都，魏公子咎投奔陈胜，讨得这块故地，立为魏王，但这只是名义上的，因为丰邑在刘邦手中。刘邦引大军追击泗水监，魏王认为机会来了，派人游说雍齿，许以封侯，两相权衡，他觉得魏王的势力毕竟在刘邦之上，经不住诱惑，便献出了丰邑。

丢了根据地，刘邦大为震怒。他立即班师回故乡，欲夺回丰邑。岂料丰邑防守坚固，屡攻不下，刘邦又气又急，终于病倒，只得住进沛城。

萧何、曹参等一班部下都来看望他。大家议论局势，觉得十分复杂。在反秦的旗号之下，各种势力竞相抢夺地盘，力量分散，甚至互相蚕食，致使秦大将军章邯的军队频频获胜。齐、赵、魏、燕、韩诸国的旧贵族则忙于进行复国活动，无意与义军联合。

这种形势下，特别需要一支有实力、有号召力的队伍，像个大磁铁，把众多力量吸引过去，先击败秦军，然后再划分势力范围，或是再战亦可，然而目前恰好缺少这样一支队伍，刘邦仅有三千人马，远远谈不上号召力。

前途渺茫，刘邦心情抑郁，病情也缠绵起来，总不见大好。加以严冬天气，沛城接连下了半个月的阴雨，街上泥泞不堪，大多数居民都闭门不出，整座县城更觉冷清，失去了举事之初的那份热闹。

刘邦住在县衙，虽不是画栋雕梁，毕竟比一般人家整齐些。三进大院，兼有花园和小规模的楼台亭榭，刘邦在花园踱步，在亭中沉思。有时萧何伴着他，与他讨论天下事。萧何擅长政务，有丞相之才，打仗却是外行，也缺少这方面的战略构想。两人时常相对无语，唯有叹气。

吕雉从中阳里村赶来侍候丈夫，同行的是审食其，这美少年越发出落得一表人才。不见袁姣，刘邦问吕雉，吕雉故作惊讶地反问：

"她不是早就回沛城了吗？"

刘邦愕然。细问缘故，吕雉将编好的一番话说与丈夫。刘邦将信将疑，心想，多半是吕雉容她不下，将她逼走。不过，他没有想得更多。

人既已走，刘邦徒自神伤了几天。凭高远眺，但见烟雨迷茫，哪有佳人身影？忆及去年相逢于芒砀山中，交欢于绝顶之上，那是何等畅快！刘邦想一回，掉一回眼泪。男人堆中，他不失为一条汉子；儿女私情，却能使他柔肠寸断。别的女人他丢得下，例如曹女，经年不见也无所谓，唯独这袁姣，正值妙龄，又英姿飒爽，乃是他的心头肉。生生剥离，他怎能不痛苦？

吕雉劝他无用，倒是审食其能逗他破涕为笑。这小男人每天在刘邦身边转来转去，编笑话，唱曲儿，乃至翻筋斗，故意跌个狗吃屎之类，千方百计博主子一笑。刘邦便命他住在外房，随时传唤。

　　十二月下旬，天始放晴。刘邦再次带兵攻打丰邑，一则要夺回故地；二则要生擒叛将雍齿，剥他的皮，吃他的肉。三千人马几乎倾巢出动，攻了几天，仍不能破城。魏王闻讯，领兵来助雍齿，刘邦只得退守沛城，一时别无良策。

　　刘邦领兵打仗，对吕雉来说是个难得的好机会。夜深人静，她悄声呼唤审食其，命他倒茶，小男人应声而来。烛光下，吕雉倚在床头，酥胸半裸，斜了眼，色眯眯地瞧着他，小男人居然叹一口气，然后宽衣解带。

　　吕雉抓紧时间行乐，而县衙人丁众多，不被人察觉倒是一桩怪事。这天，她带了审食其在后花园散步，冬季的阳光暖暖地照着，蜡梅初绽，满园芬芳。数十里之外，刘邦正挥舞长剑，死命攻城，吕雉却在花丛中握着情人的手。男人打仗，女人调情，在她看来似乎是天经地义的事。三十出头的妇人，俏脸生春，仿佛回到了少女时代，竟要同梅花争春。小男人及时恭维说：

　　"嫂子，依我看，你比梅花还艳哩。"

　　吕雉笑得身子乱颤，笑得欲火升腾。她左右瞧瞧，忽地脑袋一晃，凑到审食其跟前，吻住了他的嘴。

　　这场面恰好被一个园丁发现了。园丁埋首在草丛中，所以吕雉未见。他直起身子，恰好看见那一幕，不禁吓得魂飞魄散。光天化日之下，女主人竟然跟人通奸！这是真的么？他揉了揉眼睛，分明看见那对男女搂抱着，身子贴着身子！

　　园丁躲到了假山后，一颗心犹自跳个不停。他是个老光棍，一辈子没碰过女人。他期待着不堪入目的画面，同时又充满一种莫名其妙的道德感：先是视觉享受，然后加以批判，以获得心理平衡。

　　老园丁紧张地注视着，然而，接下来的场景令人失望：奸夫淫妇彼此分开了，并没有做那件他想看的事，他顿觉兴味索然。等他们走后，他从假山背后转了出来，东寻西望，急于找个人分享秘密，在倾诉中获得另一种快感。

　　他步履匆匆，在偌大的县衙转悠，寻找着合适的人选。他脸上挂着奇怪的笑容，蜡黄的脸皮竟有些泛红了。

迎面遇上萧何，萧何问他何往，他站住了。

他寻思：萧何是一位可亲近的长官，从不拿架子，不如与他说罢。

"我正找你呢，想跟你说一件事。"

他先是自己发笑，继而突然将笑容收敛，露出一脸严肃。

"老先生有话请讲。"萧何颇感诧异。

他抖抖索索地把萧何拉到背静处，"这事可严重哩。"他神秘兮兮地说。他两眼发亮，连比带划地描绘着刚才见到的情形，在某些细节上玩味，诸如亲嘴、抚摸、身子紧贴之类。讲完了，他又嘿嘿地笑了两声。

萧何皱起眉头。"那男人是谁，你看清了么？"

"不甚面熟，八成是刚来的。"

"说说他长得怎生模样。"

"模样儿倒生得整齐，人也年轻，比夫人年轻了许多。不过，两人的那股亲热劲……"

"别说了。"萧何打断了他。

萧何心想：定是审食其无疑。这家伙色胆包天，竟敢偷沛公夫人，真是该死。

转念又想：多半是嫂夫人勾搭上他的，他二人在中阳里住了些日子，大约就是那时搅上了。此事若让沛公知道，他们夫妇必大闹一场，或许沛公在一怒之下，杀了吕雉也未可知。

吕雉平日待萧何不错，萧何实无心告她一状。再说，此事闹开去，也有损沛公的形象。私情事小，如今在节骨眼上，切不可让这种事搅乱了沛公的心绪。

主意拿定，萧何便道："除你之外，还有没有别的人看见？"

老头摆首："没别人了。"

"那你听着，"萧何稍稍板起脸，对待下人，威严是必要的，"此事关系重大，不可乱讲。如果再说与别人，只怕你性命难保。"

老头被吓住了，作声不得。萧何又缓和下来，拿出二百钱，让他买酒吃，老头接了钱，拜谢而去。他有些扫兴，当晚在沛城的一家小酒肆自斟自饮，嘴里喃喃地说着什么。有人问他时，则缄口不言。

且说萧何将这事瞒下，刘邦攻城归来，他只字不提。过了三五日，他对刘邦说，审食其手脚勤快，他想借过去，帮他做些后勤方面的工作，这是小事一桩，刘邦随口就答应了。当晚告知吕雉，吕雉一百个不情愿，却不便加以阻拦，于是，只得眼看着妙人儿离去了。

审食其在萧何手下做事，萧何倒也没有为难他，只暂且断绝他和吕雉的往来。时隔不久，审食其又回到吕雉身边。后来刘邦称帝，吕雉变成吕后，审食其也做了辟阳侯。刘邦嫔妃成群，自然冷落了吕后的身子，吕后便不时把审食其召进宫去。时光飞逝，当初的美少年已是微胖的中年人，但五官依然是那副五官，而且其间尚有旧情闪烁，仍能打动皇后宝座上那位老妇人的芳心。

此系后话。

萧何处理这件事，可谓各方面考虑周全。日后的名相，由此可略见一斑。

吕雉是聪明绝顶的女人，不久便悟出萧何之借走审食其，必是另有缘故。莫非自己的奸情已泄露？她留意下人，察看他们的举止，别人倒没什么，只是那园丁见了她，神情有些怪怪的。她猛然忆及不久前曾在园子里与情郎调笑，多半被这老光棍瞧了去，暗里告诉了萧何。

这么一想，吕雉惊了一身冷汗。那老头没对沛公讲，想必是被萧何拦下了，以顾全她的脸面。她不禁对萧何存了一份感激。

她把老头打发回了家。这是一个凄风苦雨的日子，老头打点行装，凄凄惶惶地离开县衙。他心里明白是怎么回事：无意中撞见别人的风流事，却丢了自家的老饭碗。老家远在数十里之外，他还得踏着泥泞，一步步地走了去。

可怜的老头，哪里料到吕雉又下了狠心，派人骑马追上他，从背后只一刀，便结束了他的老命。

吕雉放心了，做事当做绝，她还从中悟出了一个道理。

这年初春，一个令人振奋的消息传来：秦嘉在距沛县东南不远的留县，立楚国王族的后代景驹为楚王。从目前看，几股反秦的势力中，数这股力量最大。刘邦与萧何等人商议，决定暂且投靠景驹，借助景驹的兵力攻打丰邑。

刘邦带兵到留县，局势已起了变化：秦大将军章邯正命令他的部将扫荡楚国边界。刘邦想打丰邑，景驹根本不予考虑，反而命他引兵南下抵挡秦军。结果在萧县，刘邦打了一仗，杀敌一千，自损数百，灰溜溜地退回留县。

二月，经过了一番修整和补充兵源，刘邦再度出战，攻打砀县。经过三天三夜的苦战，终于破城，并俘获了秦兵六千。这六千人马归到刘邦旗下，加上原来的，刘邦已有一支近万人的队伍。

这回，刘邦觉得自己羽翼丰满，有能力攻下丰邑了。他脱离了景驹，杀回故乡，岂料雍齿为对付他，又招来许多士卒，大大加固了丰城的防御。刘邦连攻数日，均被击退，只得暂停攻城，把队伍屯于下邳城西。

刘邦甚感沮丧，一个小小的丰邑都打不下，还说什么打天下。他整天在营帐中喝闷酒，萧何留守沛城，曹参、樊哙追随左右，二人除了陪刘邦喝酒，同样无计可施。这支九千人的队伍，放哪儿合适，该打向何方？刘邦拿不定主意。

这九千人是他的全部本钱，如果不小心被别人吃掉，他就完蛋了。

类似的例子不是没有，比他更强的人也会遭到歼灭。不单被秦军围剿，就是义军与义军之间，也互相虎视，随时准备扑向对方。

果然，在三月上旬，一件可怕的事情发生了：在会稽起兵的项梁攻下了留县，杀掉了楚王景驹。看势头，项梁想自立为楚王。

刘邦大怒，欲转攻项梁。曹参劝他说，项梁不可小视，他手下的八千子弟是出了名的勇武之师，兼有项羽这样的力能扛鼎的猛将，仓促问罪，恐非上策。

刘邦咽不下这口气，不过他答应缓几天再出兵，先派人刺探军情，摸摸项梁的虚实。

刘邦执意要进攻项梁，名义上是为楚王景驹报仇，而事实上他是不喜欢看到比他晚举事的人声势反而在他之上。

幸好他没有进攻留县，正面为敌，他根本不是项梁的对手。

几天时间，他举棋不定。酒越喝越凶了，喝到七八分醉，便独自在营帐中且歌且舞，不是欣喜若狂，而是满腹焦愁无处发泄。刘邦跳舞，在做亭长的时代是出了名的，特别高兴和特别不高兴的时候他就跳。看过他跳舞的人曾留下文字说，他看上去像一条龙在翻滚。

眼下，这条龙的四周，布满了愁云惨雾。

他边跳边唱，嗓门奇大，像是在吼叫。

曹参、樊哙等人在一旁瞧着，心里很不是滋味，他们这些做部下的，不能为主公化解忧愁，只能望着他大跳伤心舞。两军对阵，他们可以冲锋陷阵，但长远的战略考虑，他们却是外行，忠勇兼备，欠缺的是对时局的宏观把握。

这时候，刘邦很需要一位出色的谋士。

乱世英雄起四方，有枪便是草头王。现在刘邦已经是一位草头王，但要横行天下，单凭几条枪是远远不够的，还得有个杰出的头脑来指挥这些枪。

刘邦运气不错，在这个节骨眼上，他遇到了一位奇士。

历史上有一种说法，称此人"兴汉四百年"，话有些夸张，但刘邦之成就帝业，此人确是立下了第一功。

不言而喻，这人便是张良。

秦朝末年，诸侯并起，拥有大智慧的人不多，张良是其中的佼佼者。而且，其后的两千余年，能与他比肩的智慧型人物也是寥寥无几。张良这个名字，几乎就是智慧的同义语。

他的故事已广为人知，运筹帷幄，决胜千里，这句话便是起源于刘邦对他的评价。而最为令人称道的，是他功成身退，"从赤松子游"。这不是消极避世，所以如此，是因为他看透了人性，尤其是吃透了刘邦。与他相比，韩信略逊一筹，因而吃了大亏。

张良这种人，无论制敌还是与自己人周旋，都显得轻松自如。这种人毋宁说是可怕的，他看得太透，玩同类于股掌之上。

当然，张良并非一开始就如此，他同样有血气方刚的时代，欲逞匹夫之勇，刺秦皇于博浪沙。这使他的形象更丰满也更可信，不像传说中的诸葛亮，多智而近妖。人非神圣，都有一副血肉之躯，智慧乃是慢慢积聚的，要靠经验，更要靠悟性。

张良刺秦皇不成，一面东躲西藏，一面总结教训。在下邳郊外的圯桥，他有一段传奇般的经历。

圯桥是一座石拱桥，张良爱在桥上散步。一天，他遇到一个奇怪的老人，老人穿得破破烂烂，一双眼格外有神。张良起初并未留意他，老头的一只破鞋掉到桥下，要张良为他捡起来。张良照办了，并为他套到满是泥垢的脚上。

老头也不言谢，仿佛是张良该做的。过了一会儿，他又把另一只破鞋弄到桥下的淤泥中，张良只作未见，心里想：这大概是个疯老头吧。

这时，老头开口了："喂，后生，我的鞋又掉了，劳驾你再跑一趟。"

张良皱起眉头：今天真是撞了鬼了。不得已，对方是老人，听他说话也不像疯癫，张良只得第二次奔到桥下，从淤泥中拔出鞋，用清水洗净，第二次穿到老头的臭脚上。老头摸着肮脏的胡子嘻嘻地笑。

张良转身就走，再待下去，这老头多半还会耍什么花招。刚走到桥头，老头又叫起来："哎呀我的鞋！后生，后生……"

于是，张良第三次奔向那破鞋。

张良忍气吞声，老头眉开眼笑。笑过以后，他忽然严肃起来，像是换了一个人。他对张良说："孺子可教矣！"

张良诧异地抬起头。

这段故事见于《史记》。关于它的意义，苏东坡在《留侯论》中说："夫老人者，以为子房才有余而忧其度量不足，故深折其少年刚锐之气，使之忍小愤而就大谋。"

老头原来不是寻常老头，而是一位世外高人，名叫黄石公。黄石公隐于山林，过着闲云野鹤般的日子。他本人无意于功名，却要通过授徒来介入世事，希望他的徒弟将来为帝王师，可见他的一只眼睛始终是盯着朝廷的。事实上，张子房名垂后世，黄石公的大名也随之写进了历史。

老头约张良第二天五更时分在桥上见面。这又是一个神经分分的举动，但张良立即答应下来，他已经察觉到老头的不同寻常。

赴约的结果，是张良得了三卷本的《太公兵法》，于是埋头苦读，终成一代智谋大师。

这故事的结尾，令人想到现代的武侠小说：某人得了武功秘籍，便理所当然地坐上武林的头一把交椅。这种故作神秘，反倒冲淡了神秘的气氛。我们宁愿相信张良根本没得过什么兵书，老头的意义，只在于训练了张良的韧性。

张良是韩国人，祖上曾经五世为韩相，是个地道的贵族。史书上形容他"貌如好女"，这也令人想到他的贵族血统。就是这样一个面目清秀的男人，胸中装着千军万马。

秦始皇灭掉韩国，张良蓄志报仇，于是有博浪沙刺秦之举。他并不是一个顽固的复国主义者，日后帮助刘邦，从未试图打出韩国的旗号，可见他是明智的，识时务的。博浪沙事件后，秦始皇下令全国大收捕。收捕带有盲目性，因为替张良行刺的壮士已击柱而亡，死前一直拒绝供出主使者的名字。

眼下，张良住在下邳城项伯家中。时殊势易，张良刺秦的豪举已使他的大名远播天下。在秦军的势力之外，张良不必再躲藏了。

刘邦屯兵下邳，张良自然知道。这天傍晚，他潜出城外，造访刘邦。

刘邦正在大帐中独坐，长几上摆着一壶酒。士卒报告张良来访，刘邦说："请他进帐。"

一个白净面皮、身穿儒服的男人悄然而入。

"在下张良，特来拜见沛公。"

刘邦好奇地打量着对方："你就是博浪沙行刺秦皇的张子房？"

"正是在下。"

刘邦笑了："我一直以为你是个膀大腰圆的汉子，不意竟是个文弱儒生。"

张良淡淡一笑。双方分宾主坐了，刘邦吩咐换烛摆酒。

"先生酒量如何？我与你对饮。"

"我酒量有限，不敢与沛公相比。"

"男子汉大丈夫，应当豪饮才是。"

"若是借酒浇愁，喝得再多也无济于事。"

刘邦一怔，继而笑道："讲得好。我目前的处境的确有些不妙。不过，酒还是要喝的。"

刘邦举杯，一饮而尽，张良只喝下一小口。

"下邳城守担心我攻城，先生此来，想必是为他做说客。"

张良摇头。

"那么，你是来投奔我的？"

"我是韩国人，还得为国家效力，或许以后与沛公有缘。"

"你什么时候来，我都欢迎。我对你印象不错，尽管你像个儒生。"

刘邦快人快语，张良也颇觉畅快。对这个农民出身的草莽英雄，他产生了好感。

刘邦兀自饮酒，长时间一声不吭。他的脸红红的，挺直的鼻子在烛光下格外惹眼。张良默默地望着他，想着心事。

张良原是有备而来，准备与刘邦讨论时局，必要的时候点拨他几句。张良有一种预感，不久他就将投到刘邦帐下，共谋大业。就他的学识和雄心而言，韩国太小，并不是理想的栖身之地。

但刘邦不发问，他也不便启口。

两人就这么呆坐着。夜很静，大帐之外，月光如水，两个手执长枪的士兵直挺挺地站在大帐门口。

刘邦忽地抬头，对张良说道："我欲攻项梁，先生以为如何？"

"我以为不可。"

"哦，说说看，为何不可？"

"论实力，项梁在沛公之上，何况他现在气势正旺，沛公避之尚恐不及，何苦与他正面交锋。"

"他杀了楚王景驹，着实令人气愤。"

"小不忍则乱大谋。目前秦军势大，各路义军若互相残杀，总有一天会被秦军消灭。"

"依你看，我现在该怎么办？总不能老是按兵不动吧。"

"不如向项梁借兵，转攻丰邑。这样做有两个好处，一是消除项梁对你的猜疑，二是增强实力，一口气拿下丰邑。"

刘邦面呈喜色："这主意不错，只是得派个能言之士前去。"

张良说："若沛公信任，我愿前往。"

刘邦大喜："如此甚好，甚好。以先生这样的辩才，说动项梁，谅也不难。"

"我试试，也没有绝对把握。"

两人又谈了许多。张良稍稍抖露胸中之学，刘邦即为之倾倒，只恨相见太晚。

第二天，张良去了薛城，摇动三寸不烂之舌，果然把项梁说动了。项梁原本疑心刘邦与景驹是一伙，现在刘邦借兵，便消除了他的疑虑。刘邦有一支九千人的队伍，未可小视，与其得罪他，不如做个人情。

项梁答应借兵五千，助刘邦夺回丰邑。

这年五月，刘邦第三次攻打丰邑，终于得手。遗憾的是，雍齿逃到了魏国，并从此隐姓埋名，刘邦始终未能抓到他。

刘邦率军入城，一脸怒容。丰邑城中的百姓惶惶不安，因为他们曾经帮助雍齿抵抗刘邦，他们担心刘邦屠城，杀个鸡犬不留。

刘邦无意屠城，但他要杀掉一批人，以儆效尤。黄昏时分，几百条汉子被五花大绑，置于城中的一块空地上。只要刘邦一声令下，这几百颗脑袋就会被砍飞，鲜血将从几百个颈腔喷射而出……

围观的百姓堆山泄海。杀人的场面既吓人又好看，嚓嚓嚓，满地脑袋打滚，血流如注……有亲人将被砍头的，则强忍悲声，眼泪哗哗地往下流。更有可怕的消息在人群中传开：这几百人只是第一批，还将有第二批、第三批……于是，许多张脸呆成一片。他们暗自盘算，自己是否会列入被诛杀者的名单。

城门早已关闭，稍有叛军之嫌者，势必在劫难逃。

从某种意义上说，这情形比屠城更可怕。屠城意味着赶尽杀绝，大家死在一块儿，没有生者值得羡慕，也就无所谓了，二十年后又是一条好汉！要命的是一批人先死，另一批人等死，再一批人则不得不目睹亲友被处死。如果刘邦有意设计这个场面，那么，他就简直是个魔鬼！

太阳退下，最后一抹晚霞也渐渐消失了。仲夏的风吹来，竟像是阴风，带来的是地狱的讯息。死期临近，那几百条汉子纷纷垂下头。

刘邦尚未出现，他一旦出现，死神也随之降临。成千上万的眼睛盯着县衙方向，成千上万的嘴都屏着呼吸……

刘邦却迟迟不现身，莫非他改变了主意？

原来，他遇到了阻力。有一个人反对他杀人，而且反对得异常坚决。这人是张良。

张良说，欲得天下者，必先得人心，现在杀这几百人，除了泄愤，别无益处，实在是一种愚蠢的举动，不如放他们一条生路，令他们感念沛公的恩德，也使更多的人归附于沛公。善行与暴行，都能使人名扬天下，但两者的结果截然两样，沛公应当三思。

张良的话有道理，这是明摆着的，刘邦握在剑柄上的手渐渐松开了。他转而下令，押在刑场上的几百犯人统统释放。

这是刘邦的可贵之处：只要你说得有道理，我就照你的办。所谓从善如流，原本不是一句空话。张良笑了，欣慰之情，溢于言表。对他来说，一句话就免了几百人的死罪，那是什么样的功德啊。不过，他无意居功，对外只说是刘邦忽动怜悯，与别人无关。

张良这么做，并不是因为谦虚，对从事政治的人来说，有比德行更为重要的东西，这便是谋略。如果形势需要，张良也会把善名往自己身上揽，眼下却没这个必要，刘邦作为义军统帅，有个好名声，比别的任何人都管用。

刘邦领悟了张良的深意，对张良越发敬重。

在张良的陪同下，刘邦出场了。此时天色已晚，刑场四周燃起了火把，到处是身披铠甲、手执利器的士兵，气氛异常森严。刘邦缓缓走向一座临时搭建的高台，左右是樊哙与曹参两员猛将，其后才是宾客身份的张良，文弱的张良在人群中很不显眼。

恐惧像风一样刮过，有人昏了过去，有人开始哭爹叫娘。

刘邦使劲挥了挥手，人群大致安静下来。他发表了一通讲话，由于激动，有点语无伦次，大意是说他斩蛇起义，只为反抗暴秦，为天下苍生着想，丰邑的百姓应该理解他，不该为雍齿这样的叛逆小人效命，等等。

刘邦这段话，语焉不详，于是人群复又骚动开来，议论声不绝于耳。有胆子稍大的犯人，已知横竖是个死，索性提高嗓门嚷道：要杀便杀，何必再编什么堂皇的理由！

这一嚷，便有人应和，抗议之声此起彼伏。

刘邦一时蒙了。话说到一半便卡了壳，却怎生是好？总不能对着人群大叫：你们误会了！火光熊熊，刘邦的一张脸涨得通红。

张子房在一旁暗笑：这个刘季呵，看来还得加强锻炼，提高提高讲话能力。身为领导者，面对的就是群众，焉能如此词不达意。

但刘邦毕竟是刘邦，慌乱只是一时，统帅固有的镇静便又重新控制了他。

当刘邦颁布特赦令时，所有的人都以为听错了，刘邦只得重复一遍。人群突然静得出奇，接着，爆发出各种声音：有人高兴得大哭，有人高兴得大笑，甚至有人高喊沛公万岁。

此时此刻，刘邦感动得无以复加。这是他有生以来的第一次高峰体验，比之芒砀山遇美女、大泽斩白蛇有过之而无不及。黑压压的一片人头，争着向他发出欢呼，这就是群众的力量，这就是民心。短短的几分钟时间，刘邦觉得自己学会了许多。

第四章　天下第一鬼才：赵高

秦二世二年（公元前 208 年）五月，刘邦收回丰邑，扭转了进退两难的局面。更重要的是他赢得了民心，为扩大势力打下了基础。

前途变得乐观了，刘邦的心情也随之好转。他仍然每天喝酒，不是借酒浇愁，而是开怀畅饮。萧何、曹参、樊哙、夏侯婴等人和他一同举杯，大家兴高采烈，畅想未来。兴之所至，刘邦还要在席前舞一回，由于经常跳舞，他的舞姿已堪称专业水平，一班子部下不时发出阵阵喝彩，几个席间助兴的舞女也看得发呆。

张良客居丰邑，继续为刘邦出谋划策，不过，这位高人迟早要回韩国。刘邦为之黯然，张良安慰他说，或许还会有相见之日。刘邦只当是客套话，殊不知张良是当真的。韩国势小，很难成气候，而且没有一个像样的人物值得辅佐，张良欲做大事，做帝王师，恐怕还得回到刘邦身边。

当然，这是后话，张良也没有多提。

这天，吕雉来到丰邑。夫妻二人似乎好久没见面了。刘邦意外地发现，吕雉竟比以往白嫩了许多，言谈举止，额外增添了几分妖媚，并且养成了化妆的习惯：每天早晨，必在房中涂抹一番，然后才出来与人见面。

刘邦纳闷，对吕雉说："你不在我身边，反倒越活越滋润了，这是什么缘故？"

吕雉笑道："我时常想着你，不在你身边，倒胜似在你身边。你打了胜仗，我一高兴，人就显得年轻了。这有什么好奇怪的？"

刘邦亦笑："我就说呢，还以为不需要我来滋润你哩。"

吕雉瞪他一眼："你是我丈夫，除了你，难道还有别的男人来滋润我？"

刘邦嘻嘻一笑："你背着我养汉，我哪会知道？"

吕雉红了脸，指着刘邦的鼻子说："你这没良心的，亏你说得出口！人家为你——"

刘邦赶紧捂她的嘴："逗你玩儿的，你倒急了。我知道你想着我，撇开丈夫这层，方圆百里，也数我刘季最英雄，你不想我想谁？"

吕雉点头道："这话也是。我一路上来时，只听见百姓说你的好处"。

刘邦为之一动："他们说些什么？快讲来听听。"

"说你能打仗，说你宽厚，有仁人之德，还说你将来要得天下。"

"是么？"刘邦喜不自胜，连呼摆酒，他要与夫人共饮。这是午后，夏季的阳光正在头顶上，县衙内静悄悄的。

刘邦喝得三分醉，细看吕雉，越看越觉得媚气十足。而吕雉有心伺候丈夫，也是故意露出这副媚态，斜了眼，低了头，脸儿红红的，不知是由于酒，还是由于春心荡漾。

刘邦凑过去，悄声问："你夜里也想我么？"

吕雉也把声音压低："怎么不想？尤其是前些日子，春暖花开的时候，有时在床上翻来覆去，竟无法入睡。"

这时有客来访。来者是张良，被守在门口的士兵拦住。士兵说："沛公吩咐过了，无论是谁，都不得进屋。"

张良甚觉好奇，问那士兵：　"这屋里除了沛公，是否还有别人？"

士兵回答："只有夫人。"

张良恍然大悟，转身就走。走出院子，忍不住打起了哈哈。

刘邦与吕雉交欢方罢，仍倚在床头说话。刘邦问她在沛城的生活可有不便，她回答说，别的尚可，只是审食其走后，诸事没个帮手。她上要伺候太公，下要照顾儿女，有时也觉得劳累。虽有下人，毕竟比不得审食其那样聪明伶俐。

刘邦说："我叫萧何将审食其交还与你，如何？"

"如此甚好，"吕雉把脸贴在刘邦的胸脯上，"只怕萧先生未必答应。你们是老朋友，这点小事，你也不能对他下命令。"

"那是自然。我试试看吧，他真舍不得的话，也罢了。你另找一个吧。"

"可别说是我的意思。"

"这又为何？"

"我是妇道人家，哪能干预丈夫的公务？何况这种人事问题，人人都很敏感的。"

"哈哈，我的女人多守本分！日后我做了皇帝，你也如此么？"

"那要看情形。你是皇帝，我便是皇后，我领导后宫，总会参与一些事的。那时候，一大群女人围着你转，难免生出事端。"

"一大群女人，个个如花似玉，哎呀我的妈，我怎么应付得了？！那时候，你该吃醋了。"

"我吃你什么醋！当初在芒砀山中，袁姣与你如胶似漆，我何曾露出半点不满？等你得了天下，我也老了，说不定已是个老太婆，哪有资本同那些小女孩较量？不过，她们也得放尊重些，和你睡觉，为你生几个娃儿，我没意见。若是敢来抢我的位置，我必让她死，死得不像个人样，大卸八块……"

吕雉说得起劲，比画起来，脸上呈现出某种痴迷。

刘邦吓得一愣，这个见过血雨腥风的汉子，竟觉得背上一阵阵发冷。

五月到六月，刘邦无战事。从项梁手中借来的五千人马如数奉还，却从丰沛两城招募了两千壮丁，这样，刘邦自己已有一万余人，势力仅次于项梁。而项梁乐意与他交好，对他不构成任何威胁。项梁以下，则没人能威胁他。章邯的军队除了征讨诸侯国外，便以项梁为主要对手，还轮不到刘邦。

战争的间隙，刘邦乐得偷闲。短暂的和平时光，倍显珍贵，刘邦便把心思投向别处。他不是那种居安思危的人。为了谋划未来而大皱眉头，不是刘邦的性格。对他来说，车到山前必有路，好日子过一日是一日，何必忧愁许多。打仗的事，不妨到打仗时再说。

内务有萧何，演练军队有曹参与樊哙，作为最高首长的刘邦倒格外清闲。刘邦并非有意为之，却暗合了极高明的统治术：无为而治，放权给部下，让他们有充分展示才能的机会，让他们也能品尝权力的甜头。权力这东西，是男人都想要，最好是大家都有份。刘邦雄踞权力金字塔的顶端，只占据一个点，便俯视臣僚，威风第一。如果一味独裁，凡事躬亲，权力面倒是大了，却焉能持久？

刘邦东走走，西看看，隔个三五日，与张良叙谈一回，其余时间便留给吕雉。吕雉坚持每天化妆，大热的天，胭脂有时被汗水冲了，她用冷水洗净了脸，又重新来过。她化妆只化给丈夫看，这表明她真是个好妻子，而刘邦则坚持每天与夫人同床，表明他是个好丈夫。两口子恩恩爱爱，竟有点新婚的味道。

刘邦向来好色，自己也不忌讳这个，正如杯中物，乃是男人的嗜好。不过，带兵打仗，他一般不携带女人，这习惯是如何养成的，他本人也说不清，总之就是不带。为此，部下每每对他颇有赞辞。

吕雉有一个随身侍女，唤作小翠，年方二八。不单人生得俏，而且行动可人，一颦一笑都充满诱人的气息。她时常在刘邦面前走动，刘邦听她说话，看她走路，有时竟能发呆。那呆相，小翠回头瞥见时，常常禁不住发笑。

刘邦有事没事找小翠说话，那意思再明显不过了。小翠迎着他，从不借口闪避。在她心中，刘邦是主子老爷，是众口称赞的英雄好汉，亦是能抚慰女人的男人，她有意奉承，只碍着吕雉，不便展露风情。

两人明里暗里，眉来眼去的，都有意了，都以为瞒过了吕雉那双锐眼，殊不料吕雉才是此中圣手，早已瞧得明明白白。

这天下午，三点钟光景，刚才还是艳阳天毒日头，一眨眼工夫，天就黑了，风就来了。好大的风，吹得大树弯下腰，吹得房顶呜呜响。随风而来的，是噼里啪啦的暴雨，打着房前屋后的石板地，打着园中的石拱桥，打着桥下初绽的荷花——白雨跳珠，围着粉红色的花朵舞蹈，煞是好看。

这等好景致，可惜无人观赏。因为人都跑光了，躲进了房屋，听凭老天爷发怒。

唯有一个人，特别喜欢这种暴雨天气。狂风呼啸，电闪雷鸣，似乎刚好与她内心的节奏合拍。她不喜欢缠绵的秋雨或是春雨，那太小气了，即使是抒情，也该是暴雨式的，陡来陡去，大起大落。

《史记》称她"性刚毅"，真是入木三分的概括。

此人自然是吕雉，一个比大多数男人更像男人的女人。

有人称她是"中国伟大的女性之一"，笔者不敢苟同，尽管对她的行为不无欣赏。她敢想敢做，完全不像一个旧式女子。即如养汉，对一个两千年前的中国女人来说，似乎也称得上一桩壮举。

话扯远了，且说吕雉喜欢暴风雨。

刘邦倚在床头，手上拿着一册古书，这是张良赠给他的，书上专门讲述尧舜的事迹。刘邦读得很勉强，并暗忖读这些个竹片真他妈的费神。有话直说好了，文绉绉的，又绕来绕去，令人讨厌。如果不是张良的赠物，他早扔进灶膛里去了。

天色暗下来，刘邦唤一声小翠，命她点上蜡烛。小翠进来，一面点火，一面说："快下暴雨了，天黑得像夜晚似的，真有些吓人哩。"

刘邦抬起头来："别怕，有我呢。"

小翠点上蜡烛。烛光照着她的脸，艳丽不让荷花。她说："小时候，我最怕打雷了，雷声一响，我就往父亲怀里钻。"

刘邦笑着问："你现在还怕不怕？"

"怎么不怕？"小翠瞥了刘邦一眼。后者的目光落在她嘴上，她意识到自己的嘴唇鲜艳欲滴。她接着说："不过白天要好些。若是夜里打雷，我就直往被窝里缩。"

刘邦很想说，打雷时，你往我怀里钻好了。他看一眼吕雉，话到嘴边又咽了回去。吕雉倚在窗前，正望着天空出神。

刘邦心想：但愿她此刻出去……

一念未已，吕雉已转过身来。"我想出去走走，"她说，"看看池子里的荷花。"

刘邦又想：奇怪，她好像知道我的心思似的。

走到门前，吕雉扭过头，对小翠说："你不用出去了，就待在这屋里，免得大雷砸下来，砸破你的头。"

小翠说："外面风狂雨急的，夫人就不怕？换了我，打死我也不敢出去。"

吕雉轻轻一笑："有啥好怕的？打雷不过跟放爆竹差不多，我听着只觉得好玩。暴雨天，这屋里怪闷的，外面可要凉爽得多。"

刘邦想说什么，又没有说。一双眼只看着竹简，好像读得很投入。

吕雉出去了，在回廊中穿行，走向那座石拱桥。她穿一条长裙，裙裾在风中飞舞，她轻飘飘的身影既像仙女又像鬼魂。回廊的尽头是一座小亭，她到了亭中，抱着双臂，四下观望。小亭之上，大块大块的乌云急速飞动，风声、雨声、雷声交织在一起。

吕雉脸上乐滋滋的，胸部剧烈地起伏，像是迎接前所未有的性爱高潮。

室内，刘邦把书放下，搜寻小翠的身形。小翠比那些奇形怪状的文字好看得多。

小翠却不见了。刘邦喊一声，她在外屋答应。俄顷，她端了一盅热茶进来，小心翼翼地走向床榻。刘邦接茶时，顺势摸了摸她的手指。

这不是第一次了，小翠只佯作嗔怪，在他手背上拍一下。

刘邦说："你就在床边坐下，咱们说话。"

小翠推辞着，刘邦便拉她的手。小翠坐下了，嘴上却说："让夫人看见，可不大好，我还是到外屋去吧。"

刘邦说："你怕什么？咱们又没做什么见不得人的事。"

什么事见不得人呢？两人互相看一眼，都心照不宣。小翠脸红了，毕竟是少女，情窦初开，一颗芳心止不住地扑扑乱跳。

英雄灯下看美人，越看越喜欢，几乎就要动手，到底又忍住了。吕雉说得好，好事得慢慢来，不可操之过急。

两人忽东忽西地说着闲话，心思都在别处。小翠失掉了往日的伶俐，前言不搭后语，说出的话，自己听了也发笑，笑声银铃般地响，听上去十分悦耳。笑过之后，她把头埋得更低了，因为她的脸更红了。她拨弄着裙带，不胜娇羞之状。刘邦看得呆了。

刘邦住了口，不再言语，小翠也沉默着。空气中有什么东西窜来窜去，使两人的呼吸急促起来。刘邦是老鬼，仍在玩味，小翠把持不住，起身欲走。

这时，一阵风猛地刮来，蜡烛闪了两下，熄掉了。紧接着，一道闪电几乎撕裂了天空。

"大雷！"小翠叫了一声，近乎本能地靠向刘邦，刘邦一把将她揽入怀中。

果然是一个大雷，打得惊天动地。

另一种震撼发生在两人之间。刘邦趁势抚摸起来，小翠低低地叫着："别，别……"身子却在原处，脸也贴着刘邦的脸。刘邦亲她的嘴，她闭上了眼睛……

"这屋里黑洞洞的，你们在干些啥？"

两人吓一跳，同时分开。吕雉什么时候进来的，他们竟未知晓。

"这蜡烛被风吹灭了……"小翠慌乱地说，一面悄悄地理着头发。

蜡烛重新点上，但见吕雉笑吟吟地站在屋子中央。刚才的情形，她八成是看见了，却装作未见，她打什么主意？眼下不发作，日后再来整治小翠：毒打一顿，然后打发回家，甚至派人将她干掉，把尸首扔进荒野。

小翠想到这些，脸都吓白了。

床上的刘邦兀自架着二郎腿，那些个竹片又捧到了手上。他当然不用怕，他是沛公嘛。

吕雉对小翠说："你先出去，我有话要对沛公讲。"

小翠不安地走了，走到外屋，细听动静，吕雉回身把门关上了。

"说吧，刚才你们是不是正在亲热？我来得不巧，打搅了你们的好事。"吕雉不紧不慢地说，她仍然站在屋子中央，抱着双臂。

刘邦一脸不解的神情："你说啥？谁跟谁亲热？"

吕雉抿嘴一笑："别装了，从实招来吧，我明明听见你吻得吱吱响，那个劲头呀，只差没有吞了她。多鲜嫩的小妮子，味道想必好极了。"

吕雉的模样，不像要闹事。刘邦便道："小姑娘家，我逗她玩的，并不想真的和她做什么。"

吕雉收敛了笑容，狠狠地说道："你一味哄我，只当我是个傻婆娘。告诉你吧，我早就察觉你存了这个心。什么小姑娘家，小翠的年龄比袁姣差多少？凡是好东西，只要经你眼前一过，你哪有不伸手的？旁人不清楚你这德性，我还不清楚？事实面前还想抵赖！刚才，若是我晚来一步，你们只怕已弄得天翻地覆了。"

吕雉发怒，刘邦只得赔笑脸："夫人息怒。什么大不了的事，值得你这样。你不让动，我不动她就是了。譬如一盘好菜，没你的允许，我就决不动箸。男子汉大丈夫，说话算数……"

"你也不用发誓，"吕雉笑着说，"我也没说不让你动她。真像你说的，一盘好菜摆在你面前，我不让你吃，那我成了什么人了?"

刘邦翻身坐起，急切问道："那夫人的意思是……"

"你尽管和她好。不过，得依我两件事。"

刘邦喜出望外："快讲，哪两件事?"

"头一件，小翠是我丫头，日后我回沛城时，她须跟着我回去——你不许向我要;第二件，不许她为你生孩子。即使怀上身孕，也得服药打下。你这种男人，见一个爱一个的，若是个个女人都为你生下一男半女，将来岂不乱了套?依我这两件事，凭你和她如胶似漆，我都不管!"

"依得，依得!"刘邦跳起身来，欲以抱吻答谢夫人。吕雉闪开了："省着些力气吧，用到小翠身上去。这会儿，我还要去看我的荷花。"

吕雉转身出门，迎面碰上小翠，小翠垂着头，一副听候发落的可怜相。吕雉托起她的脸，莞尔笑道："快进去吧，沛公的蜡烛又熄了。"

这天傍晚，刘邦与小翠做成了好事，其间的缠绵或狂放，不消细说。吕雉独自在亭中，一待就是两个钟头，天知道她在想些什么。

其后的半个多月，刘邦时常与小翠捉对成双，吕雉站到了一边。她说话算数，表明她是个有气度的女人。有时她在外屋倾听，脸上还浮现笑容：她想起同审食其一起度过的日日夜夜。遗憾的是，审食其暂时还不能回到她身边。萧何倒是答应了，又说须缓一段时间，因为他必须找到一个能替代审食其的人手。

公务要紧，吕雉无话可说，何况萧何手里捏着她的把柄。

刘邦与小翠的恩爱，自不在话下。小翠动了感情，刘邦是她一生中的头一个男人，又有几分像她的父亲。她希望长期留在刘邦身边，做他的小妾也行。这当然行不通，吕雉根本不予考虑。

分手的日子说来就来了。七月下旬，项梁派人送来书信，邀刘邦前往薛城议事，刘邦约张良同行，择日启程，他有一种预感：这将是一次不同寻常的聚会。

有了正事，情事就退居次要了。小翠靓丽的面孔不再占据着刘邦的心思，她整日伤心，而刘邦只管同张良、萧何议论不休，似乎遗忘了她的存在。这就叫男人，而且据说是有出息的男人：权力的欲望是第一位的，情欲当在其次。

赴薛城的前一天，刘邦同吕雉讲好，留小翠在自己房中过夜。吕雉嬉笑着说："这是最后一夜了，好生享受吧，明天我就带她回沛城。"

刘邦记住了这句"好生享受"，当晚早早就上床，与小翠恩爱。

第二天，两人各奔东西，以后再未见面。刘邦南北转战，无暇顾及这位小情人，虽时有念及，终不能见一面。小翠在吕雉身边又待了三年，然后嫁给一位沛城的富家子弟。刘邦的军队几度被项羽打得七零八落，急于扩充兵源，这富家子弟亦未能幸免，垓下一战，血溅沙场。小翠从此守寡，膝下有一子，相伴度日，不复再嫁。

刘邦称帝，小翠曾被吕后召入后宫，叙谈旧事。两人都不提入见高帝一事。后宫到处是莺莺燕燕的少女，单凭颜色，小翠当然没法与她们相比。纯粹叙旧，也未见得有多大意思。小翠宁愿守着一份记忆，以至终老。

这段故事见于明末的《汉宫秘史》，野史的记载，或于史实有出入。小翠其人，我们宁信其有，因为她的形象较之武负、曹女更为感人，尤其是结尾一笔，展示了中国女人特有的忍耐与谦让。

小翠与吕雉不同，她是传统型的，吕雉则像个现代妇女：为了自己的权利，不惜与男人一争高下。两种女人各有特色：小翠可爱，吕雉可敬，如果不计较她后来的某些杀人伎俩的话。

刘邦赴薛城，与项梁合兵一处，对秦王朝发起强有力的冲击。他即将轰轰烈烈地大干一番：闯关夺城，一路西进，最终直捣秦都咸阳。一系列精彩故事即将围绕他展开，一个个极富传奇色彩的人物也即将登场，各呈姿态。

与此同时，一个阴暗的人物正在咸阳大肆活动，能量之大，一般人绝难想象。他巨大的阴影覆盖了整个秦都，这个霸道的秦王朝与其说是被刘邦项羽打垮的，不如说是不明不白毁在他手上。他一心一意做着拆解大厦的工作，刘邦称帝，要感谢的第一人，不该是张良或韩信，倒应该是他。

此人名叫赵高。

指鹿为马，就是他的杰作，今天的中国人也几乎是家喻户晓。

这个人是怪异的，有一张苍白的脸，一对看似没精打采的眼睛。他不苟言笑，似乎少有开心的时候，即使在皇帝面前，也总是木着那张脸。秦二世即位，他已是五十开外的人，在秦宫混了二十余年。

赵高是宦官，却有个女儿，史书上记载得很明确，日后杀二世，即是他与女婿阎乐合谋。这不免令人生疑：宦官哪来的生育能力？有人猜想是阉割未尽，那玩意儿尚未完全失去功能。

另一种说法是，秦国历来有一种官，叫做隐官，属工匠之类，负责宫廷的修缮工作。这种人可以出入后宫，但不得抛头露面，所以称为隐官。赵高初入宫时，即在隐官之列，不知什么时候，他混到了宦官的位置上：这大约是内侍总管的一个疏忽。他暗中生了个女儿，女儿长大后，他又暗中有了一位女婿，并想方设法让这女婿做了将军。

如果此说成立，赵高的本事就太大了，称得上搞阴谋的天才。

始皇末年，赵高已是皇帝身边首屈一指的宦官。丞相李斯也有几分怵他，尽管从表面上看，李斯与赵高简直不能相比。作为秦王朝最大的功臣，作为文字、度量衡统一和焚书坑儒的直接策划者，作为名副其实的百官之首，李斯的威望无人可比。而且，这老头把自己的根须深入到皇族之中，他的几个儿子都讨了公主做老婆。如此盘根错节，使他本人、也使他的家族的地位更为牢靠。

李斯这样的人，何以怵赵高？原因很简单，赵高是皇帝身边的人，见皇帝的机会比他多得多。

其时，秦始皇大抵过着一种隐居的生活，隐于后宫，被美酒、女人和方士所包围，大臣们难得见他一面，所有的圣谕都由赵高转给丞相府。赵高宣读圣谕，李斯率百官跪了一地，时间一长，赵高的身形和面孔便沾了几分皇帝的威严。李斯甚至养成了习惯，一见赵高就想下跪。

赵高像影子一样穿梭于后宫之中。他走路永远是静悄悄的。光线幽暗的深宫密帏，地上铺着黑色地砖，赵高悄无声息地行走着，身后总是跟着两个小太监，他们竭力模仿赵高，不发出任何声响。赵高偶尔也回头看一眼，他从沉思中醒来，觉得身后没人似的。

这个影子似的人物，这个幽灵般的男人，内心却充满欲望，除了权欲，还有情欲。

秦始皇每个晚上都有女人侍寝，而赵高负责挑选这些女人。他深知皇帝的胃口，由谁侍寝，他说了就算。嫔妃争宠，于是都来讨好赵高。她们暗中潜入赵高的住处，献上珠宝，并献上自己的身体，赵高一概笑纳。最初他还比较谨慎，只动那些二流角色，后来便越搞越大胆，皇帝最心爱的女人他也敢品尝。

他自忖是安全的，一个太监能对女人们做什么呢？

事实上他也很安全，年近五十的秦始皇正走向死亡，他朝思暮想的是天上的神仙，而不是身边的女人。赵高忠心于他，替他传旨，替他安排生活中的大小事宜，这就够了，赵高同他的嫔妃鬼混，他偶有所闻，却懒得去深究。说到底，一个太监能混出什么名堂？

于是，赵高在百花园中左摘右采，猖狂得很，皇帝不来过问，别的人就没资格过问了。

秦始皇五十岁那年，最后一次外出巡幸，终于一病不起，死在河北境内的沙丘。从那天起，赵高把手伸向权力的最高层。

谁来继承皇位？这问题敏感之至。按理该是太子扶苏，据说扶苏与胡亥大不相同，学问、品行都远在胡亥之上。胡亥继位，事实证明是昏君，而且昏得超凡出众。如果是扶苏继承皇位的话，情形就是两样了，秦王朝不会如此短命。

其时扶苏远在塞北，以监军的身份，住在蒙恬的军营里。蒙恬是中国历史上赫赫有名的战将，秦荡平六国，他功居第一。帝国成立后，他又率三十万大军北上，追击匈奴。秦始皇筑万里长城，蒙恬就屯兵于接近边境的上郡（今陕西绥德县东）。

秦始皇的二十多个儿子当中，堪称英才的，只扶苏一人，余者均是享乐之徒。有威播四海、雄视百代的父皇在，这些个皇子乐得整日逍遥。扶苏是长子，阅历广阔，深知秦王朝的弊端。与始皇不同，他是主张仁政的。丞相李斯建议焚书坑儒，他竭力反对，结果，秦始皇嫌他多嘴，将他远谪塞外，太子身份却没有予以取消。

扶苏是赵高的一块心病，因为他是太子；蒙恬是赵高的另一块心病，因为蒙恬手中有几十万军队。两块心病合成一处，又同时发作的话，赵高就完蛋了，他将被逐出权力的舞台。

所以，要紧的是废长立幼，摆平扶苏，把胡亥扶上台，胡亥做皇帝，赵高的日子就好过了。胡亥是他的学生，从小就跟他在一起。

秦始皇的尸体被置于辇车中，赵高找胡亥商议，决定秘不发丧。庞大的巡幸队伍回转咸阳，时值炎夏，尸体很快腐烂，臭不可闻。赵高早已考虑到这一层，混以鲍鱼，对外只说是鲍鱼的气味。一般人哪能料到秦皇已死，只道是一日三餐，均在辇车中进行。臣下有事奏请皇上，也都由赵高代呈。

始皇生前，赵高时时伴驾，并引以为无上光荣。现在，始皇变成了一具尸体，赵高出于权谋的需要，还得随侍左右。从沙丘到咸阳，路途遥远，赵高日复一日地守在尸体旁，那滋味想必是十分难受。不过，为了权力，他豁出去了，在一生中最关键的时刻，他可不能放任自己，让某些感觉器官——嗅觉和视觉——摧垮了意志。

车队昼行夜伏，到了晚上，赵高得以离开腐烂的皇帝，到附近的林子里走走，透一透新鲜空气。胡亥总是跟在他身后，两人在密林中窃窃私语，一谈就是几个钟头，仿佛是一对恋人，情话绵绵说不完。负责警戒的士兵远远地注视着他们，心中偶有猜疑，但大抵是一片空白。

这天晚上，与赵高一同走入林子的，是另一个男人，这人是丞相李斯。李斯的背影比较宽厚，不像赵高，薄得像一张纸。

这一厚一薄的两个男人，面对面地站定了。头顶上是皎洁的半轮月，月光下，赵高原本苍白的脸一片死灰：他不知不觉地染上了尸体的颜色。

李斯望着赵高，等他开口，是赵高约他到这儿来密谈的。

赵高淡淡地说："有一件事，公子胡亥要我转告丞相：皇上已驾崩了。"

李斯惊得说不出话，脑子里飞快地转着念头。政治家的敏感自然启动，像一台电脑，若干个问号同时显示在屏幕上。

赵高又说："皇上是三天前去世的，为了稳定人心，公子决定秘不发丧，到咸阳再说，未能让丞相及时知道，还请丞相见谅。"

李斯说："这个不妨，不妨……敢问公公一句，皇上有没有遗诏？"

"有。"赵高回答得很干脆。

李斯张大了嘴，准备聆听下文。

"不过，皇上的遗诏对我们都不利。"

"我们？"李斯表示不解，心里想：什么时候"你们"把我也拉扯上了？李斯历来不属赵高一党，毕竟是丞相，有自己的一派势力。始皇在时，他的势力并不弱于赵高。

赵高微微一笑："是的，我们。你，我，连同公子胡亥，我们三个人的利益已经连在一块儿了。"

"此话怎讲？请公公见教。"

"皇上的意思，是让太子扶苏继位。"

"那好啊，扶苏这人不错，将来一定是个明君。"

赵高皱了皱眉头："丞相，你怎么老不爱说心里话？恕我直言，若是扶苏当上皇帝，第一个倒霉的就是你。"

李斯又是一惊。旋即竖起耳朵，准备细听赵高的高论。

赵高平常不说话，像哑巴一样沉默着，而一旦开口，就显得不同寻常。在宫中，赵高向来享有辩才之誉，倒不是高谈阔论，旁征博引，而是简单明了，每一句都击中要害。

赵高说："请问丞相，太子一向与什么人交厚？"

"当然是蒙恬将军。"

"蒙恬文韬武略，均非常人可比，太子继位，恐怕他就得回咸阳，不止做一个将军了。依我看，你的丞相位置……"

李斯"啊"了一声，像是被谁打了一拳，赵高此言的确有道理。他想了想，对赵高说："如今之计……"

"如今之计，只能阻止扶苏登基，另立胡亥为秦国之主。"

"可是，先皇遗诏……"

"这还不好办？我们另造一份就是了，反正死人不会重新说话。"

"啊！这不是矫诏么？"

"矫诏就矫诏吧，瞧你吓成什么样子，还老丞相哩。处变不惊，方是英雄本色。丞相是见过大世面的人，不该为这点小事惊惶失措。"

"小事？"

"以赵高观之，只能算小事，大事还在后头呢。"

李斯直想说：你太伟大了！话到嘴边又吞了回去，担心此言有讽刺对方的意思。在"伟大"的赵高面前，他自觉渺小，干不得大事。无法可想，唯一的选择是跟在"伟大"的屁股后头……

月光下，但见赵高面色如常，而李斯头上一阵接一阵冒虚汗。

赵高暗笑：你这个老家伙，等我摆平扶苏，下一个就轮到你。

几天后，矫诏出台，立胡亥为太子。另有书信一封，专门针对长子扶苏与将军蒙恬，书云：

朕巡天下，祷祠名山诸神以延寿命。今扶苏与将军蒙恬将数十万以屯边，十有余年矣，不能进而前，士卒多耗，无尺寸之功，乃反数上书直言诽谤我所为，以不得罢归为太子，日夜怨望。扶苏为人子不孝，其赐剑以自裁！将军蒙恬与扶苏居外，不匡正，宜知其谋。为人臣不忠，其赐死，以兵属裨将王离。

赵高命车驾继续往咸阳进发，同时派一心腹，持矫诏赶往上郡的蒙恬大营。

扶苏接旨，大惊失色，当即就要挥剑自刎，蒙恬急忙拉住，并说：

"这封诏书来得古怪，恐其中有诈。殿下不如亲赴咸阳请命，如果属实，再自杀不迟。"

扶苏对此事亦有怀疑，无奈使者催促甚紧，便乱了方寸。他长叹一声，泪如雨下，"父教子死，子不得不死，何必多请！"

言讫，把剑一横，倒在血泊中。

扶苏一死，秦朝最大的希望便破灭了。亡秦者胡，有史家开玩笑说，这胡不是指匈奴，而是指胡亥。

蒙恬不像扶苏那么老实，为一纸书信就去抹脖子，也被押解咸阳，囚在大牢中。蒙恬的囚车抵达咸阳之时，胡亥已正式登上皇帝的宝座。蒙恬几番上奏，均被驳回，自知性命难保，索性自杀了事。

这一年，胡亥二十一岁，虽是成人，看上去却像个孩子，只一味贪玩。他是被赵高扶上台的，所以格外亲近赵高。赵高做了郎中令，为内廷之首，虽在丞相之下，但说话行事，只有李斯瞧他的脸色的份儿。

是年九月，秦始皇的棺木移往骊山安葬。

胡亥率百官、后妃前往参加葬礼。仪式刚刚结束，胡亥突然下一道旨令：先帝后妃，未有子者，一律殉葬。此令一下，号哭之声响彻山谷，不少绝色女子当场撞壁而亡，真是惨不忍睹。连赵高也直摇头，因为命令是突然下达的，事先他并不知情。

事后问胡亥，胡亥嬉笑着道出隐情：他历来讨厌父皇的嫔妃，恨不得让她们死，如今有这殉葬的借口，何不加以利用呢？

赵高板起面孔说："陛下太任性了。凭自己的好恶杀人，不是一件好事。那些女子有什么错？你不喜欢她们，尽可以逐出宫去，何必非要置之于死地呢？该杀的你不杀，不该杀的你倒杀了。"

胡亥忙问："什么人该杀？公公快讲。"

赵高说："陛下的兄弟姐妹，一个个猖狂得很。据可靠消息，他们正在暗中调查矫诏之事，并联络朝臣，伺机发难。陛下的宝座是朝不保夕啊。"

胡亥愤怒了，拍案而起："他们敢！"

赵高笑道："有什么敢不敢的？二十多个皇兄，各有各的势力，只消其中的一半联手，就足以同朝廷抗衡。再者，朝廷的军队未必靠得住，蒙恬死在狱中，他手下的将士必定心中不服。若有人去号召，拉起为扶苏、蒙恬报仇的大旗，倒戈相向，杀奔咸阳而来，几十万军队，我们如何抵挡？"

胡亥脸色发白，感到问题严重了："那可怎么办？请公公教我。"

"杀啊。陛下不是喜欢杀人吗？"

"对，杀！杀它个痛痛快快。所有的皇兄，一个不留。"

"不必。杀掉一半就够了，剩下的一半就不敢再猖狂。另有几个刁蛮的公主，也应当教训一下，投入大牢或流放边塞。"

"依我看，还是杀掉为好。这几个公主，我历来就看不顺眼：动不动就教训我，挑我的不是，好像我是傻瓜痴儿。如今我做了皇帝，她们表面上不挑三拣四了，但我敢肯定，她们背地里仍旧瞧不起我，一有机会，她们就要谋反！"

胡亥越说越气，脸色转而发红，红得像一摊血。赵高有点想笑，又忍住了。

空气中弥漫着血腥味，两个可怕的男人呼吸着，大觉畅快。

接下来，他们开始分头行动。赵高忙着罗列罪名，胡亥则忙着降旨。李斯也被拉了进来，他是丞相，想躲也躲不开。参与了一次阴谋，就得参与一百次，这老头只得自认晦气，闭了眼，铁了心，与赵高保持行动上的一致（思想上是否一致，已经无关紧要了）。好在杀人之道，他并非生手，当初他一句进言，四百六十个儒生就被生生活埋。

肃杀的深秋，咸阳城满是杀气。捉人的马队忽而冲进这个门，忽而包围那个家，而且多是在深更半夜，神不知鬼不觉的时候，袭击的对象全是豪华府第，没有一个是寻常人家。公子王孙披头散发，千金小姐花容惨淡，转眼间，一个个被扔进死牢，倒以为是一场噩梦，未曾转醒。

短短几天时间，十二个皇子，十个公主，二十多个朝廷大臣尽遭屠戮，几十颗尊贵的脑袋在刑场上被快刀砍下。围观的百姓成千上万，他们睁大眼睛，伸长颈项，并一个劲地往前拥，当砍下的脑袋像足球一样朝他们滚来，他们又急速往后退。如此一进一退的，搞了几十回，真是刺激得无法言说。

百姓当中，不时可以听见"权力斗争"之类的字眼，毕竟是京城的百姓，对政治的敏感远在别的城市之上。秦国历来崇尚刑名，杀人乃是寻常景观。秋天是杀人的最佳季节，所以每到九月，人们便期待着观看砍头。那股疯劲，远远超过今天的中国人观看足球。

头砍得差不多了，接下来是大规模的流放。被诛的皇子和公主的家人，全部被赶出京城，迁往边塞或西蜀等蛮荒之地。对朝廷略有不满的大臣，一旦被告发，亦在流放之列，总计有两千余人。车驾如流，满载着细皮嫩肉的上流人士。当初是何等风光，今日却背井离乡，而且很可能是有去无回了。男人垂首，女人抹泪，白发苍苍的老人仰天长叹。

刚刚看完大砍头的咸阳百姓，转过脸来，又目睹悲惨的大流放。前者令人恐惧（恐惧自有恐惧的魅力），后者令人悲伤（悲伤亦有悲伤的妙处），两者加到一块儿，这个秋天就太丰富了，一生一世也说不完。

恐惧和悲伤之余，一般庶民还深感庆幸：幸亏他们是老百姓，与荣华富贵不沾边，不然的话，他们也可能被砍头，被流放。"还是穷人好哇！"他们互相告慰，并用以教育自己的儿孙。

说到底，老天爷是最公道的。今日享福的人，保不定明日遭殃；今生得意的人，保不定来世倒霉。一切都有定数，想逃是逃不掉的。

看来老天爷的确很公道，类似的例子真是不胜枚举。远的不说，且说这赵高。

赵高铲除了异己分子，安静了一段时间。整个冬季他闭门不出，除了上朝，一般就待在户内，胡亥有时请他去，他也称病拒绝。他拥有一座堂皇的府第，仆从如云，整日里却静悄悄的。他不喜欢轻歌曼舞，宁愿安静。朝中大臣都以为他又在策划新的阴谋，瞄准了下一个清洗对象，而事实上，他不过是在养神。

有几个年轻貌美的女人陪着赵高，赵高需要女人，已是公开的秘密，没人敢说什么，他也不需要煞费苦心地隐瞒了。权倾朝野的大人物，玩几个女人岂在话下？最能理解他的，首先是皇帝胡亥。胡亥特意从他的嫔妃中，挑了两个绝色的送给赵高。

但赵高对付女人，不像玩弄权术那样得心应手，欲望和能力都有限。大约他当年是做过手术的，只是不彻底，满足自己和满足性伙伴，对他来说都是一件艰难的事。为此他感到焦躁，他刚好能够想象性力充沛的男人是怎么回事。

好在时间不长，欲望一经退潮，他就恢复如初了。

天长日久，他已经习惯把自己摆在合适的位置上。既然女人不能构成他关注的对象，他就拿男人开刀，这同样能够获得一种精神上乃至肉体上的满足。

权力是一切。他已经接近权力的顶端，换了别人可能就此罢手，但他不会，他一旦收手，生活就会变得索然无味。

春天来了。富丽堂皇的秦宫，到处是春的气息。红花绿叶映衬着女人的笑脸，她们四处游荡，花园里，水池旁，秋千下，随处可见她们俏丽的身影。唯一的男人是胡亥，他混在女人中间，调笑着，追逐着，这儿一台酒宴，那儿一场歌舞，简直是人间天堂。

出乎意料的是，久不露面的赵高也出现在御园中。他倒背了手，慢慢穿行于亭台之间，一个小太监跟在他身后，像影子一样无声无息。他登上假山，远远看见皇帝正与一群嫔妃戏耍。她们银铃般的笑声传过来。这种充满情愫的、极富感染力的笑声，赵高听了无动于衷。

他在想心事，那张苍白的脸上毫无表情。

他决定除掉李斯，这老头不该待在丞相的位置上，而应该去干点别的。当然，最好是去死。

李斯一死，赵高便是丞相的唯一人选。一人之下，万人之上，这是当年的赵高连想也不敢想的，如今有机会变成现实，他岂能放弃？

单是动一动念头就令人愉快，它带给他的冲动和快感将是空前的，绝不亚于一位绝代佳人。

这件事，他已经想了几天了。对方毕竟是丞相，除掉他，不是一件轻而易举的事，得想个巧妙的法子。

赵高朝胡亥游玩的方向望着。胡亥正与女人们捉迷藏。他的眼睛被一块绢蒙上，众嫔妃在他身边，一面大呼小叫，一面东躲西藏。胡亥终于捉到了一个，那女人显然是有意让他捉到的，趁机偎到他怀中。胡亥大笑……

假山上，眯着双眼的赵高忽地心中一动。

他想出了一条妙计，这妙计使他兴奋起来，双颊竟有些泛红了。

他没去找李斯，李斯倒来请他了，大约是命数，这老头合该倒霉。

李斯把赵高请到丞相府，设宴款待。主要目的是叙谈。李斯心中有话，已经憋了好长时间了。他对赵高说，眼下只有咸阳是一片太平景象，关东一带，群盗蜂起，陈胜吴广刚被剿灭了，项梁等人又冒出来，公然与朝廷作对。各种各样的势力也想趁机捞一把，攻城略地，雄霸一方。朝廷的军队虽然强大，却不能力敌四方。再者，阿房宫旷日持久，耗资巨大，国库为之一空，民间也怨声载道，如此发展下去，只恐……

只恐什么，李斯不往下说了。他是聪明人，不能给赵高留下话柄。

赵高说："丞相这一席话，自然是极有道理，不过，我是个宦官，外面的事，不便插手，丞相不如直接找陛下说去。"

李斯面呈难色："陛下住在深宫，十天半月不见他老人家的影子。我去了几次，都被挡在宫门外。陛下传话说，有事让赵公公转告。"

赵高笑道："丞相要见陛下，却也不难。我先为你通报一声。选个适当的时机，去便是了。"

"如此甚好，甚好！我就说呢，公公神通广大……"

李斯打着哈哈，把手上的一杯酒干了。赵高瞥他一眼，什么也没说。

两天后，赵高派人给李斯送去一个消息：皇上正在宫中闲着。赵高已通报过了，皇上答应见李斯一面。

李斯立即赶往后宫。他之所以急着见胡亥，并不单为劝谏，他好久没见过皇上了，心里堵得慌。君臣之间不沟通，可不是什么好事，哪天祸到临头也未可知。见一面，说几句体己话，人就踏实了。

到了后宫，李斯让守门的侍臣通报：丞相李斯求见。

岂料此时的胡亥正忙着，他新得了两个如花似玉的女人，正和她们一块儿饮酒寻欢。侍臣进屋，寻不见胡亥的影子，两个女人格格娇笑，原来胡亥埋首于她们的酥胸之间。侍臣把丞相的意思说了，胡亥仍不抬头，只从她们的娇躯中透出声音："不见。"

侍臣走了，不多一会，又来禀告：丞相李斯求见。

这一回，胡亥冒了出来。"不是跟他说过不见吗？这老家伙，真讨厌。你去告诉他，有事上朝再奏，不必跑到后宫来。"

侍臣答应一声"是"，退了出去。然而，几分钟后，侍臣第三次出现在胡亥面前，说丞相有要事上奏。胡亥与妃子调情，已有七八分火候，正欲左抱右揽奔向床笫。李斯竟敢接二连三败他的兴头，他气得嗷嗷直叫：

"老东西，朕不灭你的九族，誓不为人！"

侍臣一溜烟跑了，紧接着，宫门外的李斯也一溜烟跑了。

李斯回到相府，大呼上当：原来是赵高使绊子，设圈套，可恶至极！他娘的，咱们且来斗一斗，堂堂丞相，难道怕你赵高不成？老夫今日豁出去了，不和你拼个你死我活，誓不为人！

李斯大嚷大叫，一面提笔疾书。熬了一个通宵，终于写下了洋洋千言，历数赵高的罪状共计二十四条。写完了，把笔一扔，倒在床榻上，口中犹自念念有词："参他一本，砍他的头，灭他的族……"

然而，最终被砍头灭族的，却是李斯自己。

赵高岂能让李斯抢在前面？当天他就去了胡亥的寝殿，胡亥仍未消气，气呼呼地把李斯三次求见的事讲给赵高听。

赵高说："这表明丞相没有把陛下放在眼中。"

胡亥倒没想到这一层，他睁大了眼睛望着赵高。

赵高叹了口气。"有些话我原是不想说的，但李斯如此猖狂，再不说，恐于陛下不利。他自恃功高，扬言要裂土为王。他的儿子李由为三川郡守，暗中与楚贼相通，一俟时机成熟，便要反叛。李斯在咸阳，则为内应。这老家伙的野心是深不可测的。"

胡亥倒抽一口冷气，简直呆了。

赵高又说："陛下宜先下手，不然，反为李斯所制。"

胡亥略呈难色："他是先朝大功臣，不同一般……"

赵高打断胡亥："沙丘之谋，他是知情者。他若有反意，必联络百官，反咬陛下一口：说是陛下欲自立为皇帝，与他无干。那时候，陛下想治他也迟了。"

胡亥终于一拍大腿："好，就照你说的办！如何处置，凭你拿主意。流放？下狱？还是砍头？"

"灭三族。"赵高从牙缝里挤出这几个字。

胡亥盯着赵高，装作思考的样子。后者神情自若，仿佛灭族不过是小事一桩。

胡亥点了点头，这一点头，就意味着几百口人将身首异处。男女老少，无一幸免。

赵高静悄悄地退下，走出寝殿，穿过偌大的御花园。黑暗中，他瘦长的身影比鬼魅更可怕。

几天后，李斯遭到灭顶之灾：族人砍头，他本人则被腰斩。刑场上，数万人引颈观望，白发苍苍的李斯显得有些痴呆。他对儿子说了一段莫名其妙的话：

"你还记得家乡那只黄犬吗？"

"记得。"儿子哽咽着说，"它经常追随父亲捕猎。"

"我想和你同返故乡，带了黄犬，到山中去打野兔。运气好的话，我们还能打到一头野猪……"

儿子已说不出话，眼泪一个劲地往下流。

这段话，史家视为一桩疑案，话中似乎含有深意。什么样的深意呢？有人想了半天，终究想不出结果。它的浅显的意思却是比较好猜的：视死如归而已。

赵高除掉李斯，自己做了丞相：一切都按他的意愿发展，顺利得很。权力的道路上可谓一帆风顺：先是摆平扶苏、蒙恬，继而清洗皇室成员，现在，又让丞相李斯上了西天。

做到这一步，赵高该收手了吧，然而他不。还有人在他之上，有权对他发号施令。

这就是胡亥，大秦帝国的二世皇帝。

赵高得势不饶人，直逼胡亥。弑君的念头恐早已有之，只眼下不便动手；杀胡亥又比杀李斯难度大些，同时却更具诱惑：权力的最顶层，那该是何等风光！

赵高摩拳擦掌了。

杀机已动，第一步是压住对方，做臣子的在君王面前颐指气使，这便是著名的指鹿为马。

一天，有人牵来了一头鹿。胡亥、赵高连同一帮大臣都在场，大家随便谈论着，说着闲话。胡亥大谈鹿的好处：鹿血怎么样，鹿肉又怎么样，群臣自然附和。赵高在一旁默不作声，胡亥察觉他面色有异，便问他："丞相以为如何？朕没有说错罢？"

说这样的话，胡亥已经掉价了。群臣一齐转向赵高，看赵高的神态不下于看皇上。

"这不是一头鹿。"赵高说，脸上不见任何表情。

"可它……明明是一头鹿。瞧它的皮毛，它头上的鹿茸。"胡亥谨慎地说。

"不是，绝对不是。"赵高坚决地摇头。

"那丞相以为它是什么？"胡亥仍然显得谦卑。

"一匹马。"

群臣"啊"了一声。有人斗胆问一句："丞相是不是看错了？"

赵高立刻横他一眼："胡说！你当我是傻瓜不成？连鹿跟马都分不清。"

群臣面面相觑，没人立即附和，因为胡亥尚未表态。

胡亥呆了半天，心想：丞相这么说，大概是含有某种深意吧。他带头想通了，于是朗声说道："丞相说得是，这的确是一匹马！"

几个早已准备好的大臣立刻说："是马，是马。皇上和丞相所言极是。"

赵高露出了一丝笑容。奇怪的是胡亥并不显得尴尬，反倒乐呵呵的。

却也有两三个大臣缄口不言，赵高瞥他们一眼，只这一眼，就伏下了杀机，不久，这几位不善趋奉的大臣相继被除掉了。

赵高弄权，弄到了登峰造极的地步。中国历史上，像他这样的人，确乎少见。指鹿为马，不失为弄权史上最精彩的一页。

从此，赵高畅行无阻，一手遮天。他成了事实上的皇帝，而真正的皇帝则退入深宫，日夕与女人们厮混：那才是胡亥的兴趣所在。二十出头的小伙子，精力旺盛，只管在女人身上做功课。大权旁落，他也不管了。

赵高一味弄权，终于弄到自己头上，日后杀胡亥，扶子婴上台，百般刁难大将军章邯，使其反投项羽，彻底抽空了秦帝国的砥柱。大厦将倾，他才悔之晚矣。他暗中联络刘邦，欲与刘邦分地而王，然而，刘邦不买他的账。杀人者终被人杀，赵高动不动就灭人三族，到头来，自己也难逃此劫。

这是后话。

第五章　杀人狂初现狰狞

且说刘邦。

刘邦偕张良赴薛城，晋见项梁，项梁势力大，刘邦得暂时依附他。丰邑距薛城有百里之遥，两人骑快马，半天可到。但他们不急，一路上悠悠晃晃地走着。七月天气，刚刚下过一场暴雨，原野上一派清新，满眼皆绿色，空气湿润，绝无尘埃。刘邦有一种天宽地阔的感觉，张良则感到心旷神怡：青山绿水太美妙了，他日功成之时，定当归隐林下。

张良是知识分子，又对人性了悟甚深，自然会有这种想法，刘邦是俗人，且半生贫穷，所以满脑子荣华富贵，这也不奇怪。两人各有一套对未来的构想，心情却是一致的。且能言语相投，结伴而行，就相当愉快了。

午时，刘邦觉得渴了，想喝酒，张良说："前面或有酒肆。"

又行十余里，果然望见道旁有一家酒肆，杏黄色的酒旗在风中飞舞，刘邦甚喜，说道："我想喝酒的时候就有酒，这不是天助我么？"

张良笑道："但愿沛公想什么是什么。"

刘邦扭过头，故意问："我想什么？不过占一块地盘，混一口饭吃罢了。"

张良说："这地盘可大可小，这口饭嘛，也须看怎么个吃法。依我看，沛公的胃口大得很哩。"

刘邦大笑："知我者子房矣！"

说话间，两人已携手进入酒肆。

酒肆的主人是一对老年夫妇，早已堆一脸笑，迎了上来。来客衣帽整齐，显然不是寻常百姓。

刘邦坐了，对那老头说："好酒好菜只管上，不会欠你酒钱的。"

当年在中阳里，刘邦时常赊酒吃，甚至赖账，现在另是一番光景，故出此语：无赖一旦拥有物质基础，便不再无赖了。

老头忙说："客官，瞧您说的。您这样的贵人，别说欠酒钱，就是赏我们几个，也是有的。"

这句话把刘邦逗乐了，立刻拿出五百钱，赏与老头。当时的五百钱，吃十回酒都有余了，老头原是随便说说的，不料真的得了一笔厚赏，欢喜得难以言状，一面拜谢，一面说："敢问客官高姓大名？"

"在下刘邦。"

"啊，原来是沛公！早就听说您的大名了。您是龙种哩，芒砀山刀斩白蛇，这方圆百里，谁不知晓？哎呀呀，不得了，我这小酒肆，竟来了大贵人。"

老头激动着，胡须打颤，刘邦和张良都笑了。

酒菜上来了，寻常的鸡鱼之外，竟有一块鹿肉。刘邦先喝下两角酒，然后夹了鸡腿，撕了鹿肉，左右并举，大嚼起来——纵有下人在侧，却也不顾吃相。老头见刘邦吃得香，便高兴得一颠一颠的。看那张良，吃得斯斯文文，大约是个随从吧，老头想。在长官面前，不敢怎么动箸的。

这时，门帘一挑，两个青年男女走了进来，男的长得粗壮，女的生得苗条。他们挑个位置坐下，要了小菜和馒头，埋头吃起来。

旁边大鱼大肉，那香味飘过来，自是诱人，那男人忍不住朝刘邦这边看，看了一眼，又看第二眼，女的察觉了，细眉皱了皱。她始终不掉头，只一味拈她的小菜，啃她的馒头。

刘邦也朝那边看，不是看小菜或馒头，而是看那女子。有五分姿色，他想。身材蛮不错的，那腿，那臀，那耸起的胸部，这一看，竟把酒肉都忘了，露一脸呆相，并不知不觉地吞着口水。

对方的男人也是呆着，也是吞着口水：他太想吃肉喝酒了！

两个男人各看各的，张良在一旁窃笑，继而感叹：饮食男女，人之大欲存焉！

有五分姿色的女子忽然脸红了。

刘邦盯着她，一味呆看，她哪有不察觉的。女人对男人的目光的敏感，向来不下于男人对女人的姿色的敏感，哪怕是良家女子。

当然，看归看，敏感归敏感，却不会发生什么事的。

圣人云：发乎情，止乎礼。刘邦可能没读过《论语》，但一般的规矩还是要的。民间自有民间的道德法则，刘邦不至于任意胡来，嬉皮时期尚有可能，而现在，他已经是大名人了。

刘邦看了几遭，硬生生把目光收回，依旧往嘴里塞肉倒酒。

那粗壮男人仍在渴望，脑袋扭来扭去的，神态像鸡，女子依旧红着脸，把头深深地理下去。这一次，大概是为男人的馋相感到羞愧：太丢人了，男子汉大丈夫，竟是这副德行。没出息的东西！她决定回家教训他：当了生人的面，不便开口。

张良总是处在局外人的位置上，所以把问题看得全面，他唤来老头，悄声吩咐说："为邻桌的两位顾客上一只烧鸡，一盘牛肉，账可以另算，不过，要等我和沛公走后再上。"余下的意思，张良自不会道破：他担心如此一来，刘邦会趁机同那女子攀谈，继而搅上，也未可知。

老头诺诺连声："一定依照先生吩咐，一定一定。那五百钱，我们已千恩万谢了，说啥另算不另算！我还存有一小块鹿肉，一并给他们罢了。"

张良抱拳说："老先生真是厚道之人，晚生谢过了。"

老头急忙还礼，同时心想：此人似乎不像是什么随从。

刘邦听他二人嘀咕，一句也没能听清：他的心思仍在那女子身上。笔直的长腿，鲜美的红唇，哇！只可惜……

刘邦转而惆怅，几乎生出才子的缠绵。

张良吃完了，起身，拉了刘邦就走。

刘邦说："稍等片刻吧，我这酒还没喝完呢。"

张良说："赶路要紧，到了薛城再喝吧。"

刘邦还想赖在店中，张良却不由他，推他出门。聪明的刘邦这才明白过来，叹了口气。佳人别矣，奈何奈何！到了门首，又回头望一眼，恰好那女子也抬起头来，两道目光在空中一碰，"嚓"的一声，像是点燃了空气。

刘邦、张良一走，那老头方端出三份大菜，并如此这般地解释一通。壮汉喜出望外：今日真是好运气，可以大吃特吃了。也顾不得多问，先把一条鸡腿塞入大嘴中。倒是女子心细，首先关心的是刚刚离去的两位先生是何方人氏，姓甚名谁，为什么如此慷慨。

老头故意卖关子："美髯高鼻的那位，你道是谁？"

女子奇道："他是谁我怎会知道？"

"说出来吓你一跳。"老头继续卖关子，"刚才我就吓了一跳。"

女子笑了："你吓了一跳，不等于我就会跟着吓一跳。凭他的身份再高，不会是当今皇上吧。"

老头说："不是今日的皇上，但保不定不是明天的皇上。"

女子终于肃然，有些吓住了。那壮汉也停了吃肉，直愣愣望着老头。

"他就是刘邦啊，二位真是有眼不识泰山……"

"刘邦？就是腿上有七十二颗黑痣的沛公？哎呀，这可了不得。难怪他请我们吃肉，也不留下姓名。他是龙种哩，果真是明日的皇帝。"

老头和壮汉谈论起来，脸上都喜滋滋的。老头得了许多钱，壮汉吃下许多肉，对刘邦又是崇敬又是感激。唯独女子不作声。她陷入痴想，脸又红了：刚才与她眉目传情的男人，原来是一位……

她不敢往下想了。

至于夜里睡觉，高鼻美髯的大人物是否闯入她的梦中，又作别论。

这种事，最精细的史家也考证不来的。

下午，刘邦到了薛城。项梁亲自出门迎接，延至大厅。厅中已有各路英豪，若论手下人马，却都在刘邦之下，所以刘邦堂而皇之地坐了贵宾席。张良与项梁见过一面，且是项伯的好朋友，互致问候，不在话下。

项梁是楚国名将项燕的儿子。当年秦始皇灭楚，在他父亲手上很吃了些苦头：秦将李信带领的三十万大军，被项燕打得大败，秦始皇不得不动倾国之力，集六十万大军，花一年时间，才灭了楚国，故而项燕的名声极大。

虎父无犬子，项梁是名将之后，从小习武，饱读兵书。他有勇有谋，和他的侄儿项羽大有区别。推翻暴秦，许多人对他寄予厚望。如果不是后来死于章邯之手，很难说刘邦能打赢他，夺得天下。

项梁召来刘邦等人，名义上是商议如何对付秦军，而实质上存了一个私念：他想自立为楚王。这意思一经点明，举座默然。显然，大多数人都不乐意他这么做，包括他的部下。他一意孤行也可以，至少他的侄儿会支持他。但大家心中不服，空有楚王的名号又有何用？

项梁心中不快。会议没有任何结果就结束了。有人走掉，有人留下来，刘邦和张良住进馆驿，打算过几天再返回丰邑。

第二天，项梁设盛宴，款待刘邦和诸英豪。席间，大家只说闲话，不谈正事，唯恐项梁拾起昨日的话题。项梁是聪明人，如何不知晓？倒也知趣，附和着众人东拉西扯。

这群草莽英雄，许多人是头一次见刘邦，却早闻他的大名，于是把焦点集中到刘邦身上。纷纷问这问那：其母与神龙交合是真的吗？提剑斩蛇是怎么回事？还有股上的七十二颗黑痣，以及传说中的风流韵事，等等，问个没完。刘邦得意了，一一作答，谈笑风生，张良拉他的衣角，他不予理会。

在众人的要求下，刘邦当众展览左腿上的黑痣。果然密密的一片，有人说形状像北斗星，但立刻有人反对，说是像西进入关、直扑咸阳的进军路线图，两派意见争执不下，于是请项梁裁决。

项梁原有些矜持：刘邦成主角，他被摆到一边，心中不是滋味，当了众人，又不便有所表示。他勉强离席，走到刘邦身边，低头察看刘邦腿上的黑痣，还伸手摸了摸。这一看，项梁着实吃惊。

此人果然不同寻常，他想。他从未见过腿上有这么多痣的，单单又是七十二颗，与地煞星的数目相等。生有异相者，必为异人，莫非将来的真龙天子真是刘邦？

众人催促着，项梁只好说像北斗，于是北斗派雀跃不已。

刘邦兴奋之至，当众起舞。有喝得半醉的座客与他对跳，一时，击掌的，嚎叫的，敲盘子敲碗的，乱作一团。项梁瞧得直摇头，但这些人都不是他的部下，他也不便喝令停止。

席间唯有一人，安闲地坐着，不为所动。泰山崩于前而色不变，何况只是几个朋友乱叫乱嚷。他不时向项梁举酒致意，仿佛是安慰对方。

这样的人，只会是张良。

一群汉子闹得差不多了，渐渐安静下来，复又喝酒。一角酒相当于现在的三两酒，往往一口就喝个精光。这场酒宴，从午后开始的，看样子要喝到黄昏，喝它个昏天黑地。项梁和刘邦均是豪饮，千杯不醉的，肚子喝饱了，跑一趟茅厕，又从头喝起。

正喝得起劲，忽听一阵雷霆似的脚步声，并挟带着一阵狂风，所有的人都停了杯，朝门口望去。

谁来了？谁的脚步声如此吓人？

大概是天降神将，人间不会有这等威猛的人物。

来者当然是项羽。急匆匆地，一手按宝剑，一手提一颗血淋淋的人头。

这是项羽的标准形象：金刚怒目，手上总是提着别人的人头，然而有朝一日，他的脑袋也会被别人抛来抛去，像球一样被戏耍。

酷爱杀人者，大抵有这种下场。

关于这个人物，得多费些笔墨，得从头说起。

项羽是项梁的侄子，换言之，他同样是名将项燕之后。身长九尺，折合今天的高度，大约不下一百八十五厘米，赫然一条大汉。据说他有两个瞳孔，但仅仅是传说而已，这在今天，是无法想象的，或许两千年前真有这样的人。

项羽本名籍，"羽"是他的表字。有名有字，一般来说，乃是贵族风尚或曰专利，寻常百姓的儿子是不配有字的，譬如刘邦就叫刘邦，樊哙就叫樊哙，张良不同，因为张良是贵族。此风到汉末，方得以在民间普及。

项羽生于下相，那是江苏境内一个不太繁华的小镇。相水流经这一带，小镇在相水下游，故称下相，其时在楚国的旧版图上，属偏僻之地。

秦灭楚时，项羽十岁。他的父亲大概是战死的，但毫无名气，查遍了史籍也找不出他的名字。十岁的小男孩，对父亲的死已能留下深刻的印象，他对人的仇恨，或者说对生命（别人的生命）的轻视，也就从那个时候开始。

父亲既死，项羽由叔父收养。项梁带他辗转各地，收罗父亲的旧部，以图东山再起，复兴楚国，同时悉心教导项羽，希望他日后成才。

不可否认的是，项羽堪称武学方面的天才。虎背熊腰为其提供了先天的身体优势，对诸般武艺的了悟又远在他人之上，这使他成为天下第一的猛将。他习武不甚费力，学了几年，就对叔父表示，不想再习武了，项梁问他想学什么，他回答说：

"万人敌。"

简单的一句话，却使项梁惊喜不已。万人敌者，就不单是将才了。

于是项羽开始读兵书，研究阵法。不久，项梁的惊喜变成失望：项羽在兵法上的悟性大逊于武功。万人敌原来是一句空话：舞枪弄棍的匹夫不知道天高地厚。

叔侄二人浪游荆楚，最后落脚在吴中。吴中是春秋时代吴国的旧都，秦时属会稽郡。会稽郡人口众多，户数多达二十多万，人口一百余万，郡守名叫殷通。

项梁在吴中暗里培植势力，一是靠钱，二是靠名声和人缘，前者使他有了一些门客，后者使他在百姓中获得广泛赞誉，二者均是日后举事的基础。据《史记》称，吴中有人办丧事，必请项梁帮忙，他娴熟各种礼仪，且善于理财，聘请他的人家总是非常满意。

对项梁来说，参与这类事，远不止是为了混口饭吃，广结人缘是他的真正目的。

项梁名气大了，主动结识他的人自然就多。有钱或没钱的人家，遇事都来向他请教，即使说几句闲话也行，项梁永远是彬彬有礼的。

项梁以敦厚圆通的姿态博得善名，项羽则相反：他以武力服人。他动不动就是显示力气，几百斤的大鼎，他扛起来，绕场一周，高兴时还向天空抛去，然后又轻轻接住，脸不红，心不跳，吴中的后生大为折服。

吴中习武的人不少，武功精湛的汉子，对项羽并不服气：力能扛鼎算什么，岂不闻四两拨千斤？于是找上门来，要和项羽切磋切磋。他们往往三两个回合便败下阵来，欲以四两拨千斤者，反被项羽拎小鸡似的提起，小孩似的抛上去，又用双手接住：项梁再三叮嘱过这个侄子，切不可伤人性命。

于是武林中人，对年纪轻轻的项羽佩服得五体投地，视为神人，纷纷交学费，送腊肉，要拜项羽为师。这种事，项梁手舞足蹈地表示欢迎：日后复楚，看来是大有希望了。

这时，一个重要的人物登场了，要跟项梁叔侄交朋友，他就是会稽郡守殷通。

以郡守之尊，下交项梁，项梁自是受宠若惊。殷通拜访一次，他回拜十次，数月之后，两人已是无话不谈的密友，继而换帖，义结金兰。

对殷通来说，这次拜兄弟，拜出了日后的血光之灾。

殷通其人，史料记载的不多。有人称他是丞相李斯的高足，此说不大可信，若如是，殷通必效忠于秦廷，然而事实上正好相反。

关于殷通的人品，台湾有个作家形容为极端自私，换句话说，殷通是不折不扣的贪官污吏，此说更不可信。那位作家的那本书，原是称颂项羽的，似乎项羽杀人，总是有道理，殷通之死就是其中一例。

殷通真心和项梁交朋友，希望日后共谋大事，项梁则是半真半假。两人朝来暮往，喝酒谈天，项梁私造兵器，殷通也为之遮掩：这是冒了灭族之罪的。朋友做到这一步，可谓顶天立地了。

项羽是侄儿辈，视殷通为义父，自然会得到诸多好处。堂堂郡衙，项羽来去自如，像是出入自己的家。大宴小宴，项羽必为上客。殷通甚至想把自己的女儿嫁给项羽，向项梁暗示了几次，对方没反应，方才罢了。其中缘故，却是郡守的千金小姐容貌欠佳，项羽自视为英雄，英雄是要美人来配的。项羽执意不从，做叔父的也不好勉强，于是，有政治意义的联姻归于无效。

后来，项羽果然得了个大美人，那是大家都知道的，暂且不表。

秦始皇死，胡亥上台，天下就乱将起来。胡亥的无能使许多人想杀进权力的圈子，或为复国，重振六国雄风；或为白手起家，趁机大捞一把，运气好的话，还能捞个皇帝来做做。

长江以北，叛军蜂起，很快波及江南。会稽失去了平静，这块富庶的大地盘，必是争夺的焦点之一，官军不来争，叛军也会来夺，避开烽火断不可能。

形势对郡守是个严峻考验，他一生中最关键的时刻到了。

至于项梁，却是兴奋得无以复加。天下大乱，哈哈哈！他兀自在家狂饮，连项羽都吃惊不小，叔父这是怎么啦？二十余年，第一次见他疯疯癫癫的。

这位貌似敦厚的阴谋家，忽然不到殷通府上去了，后者一请再请，他只称病不出，殷通略有狐疑，但一闪就过了。他亲自登门探望，坐在项梁的病榻前，先问病情，然后谈起国家大事，项梁勉强应答着，言辞暧昧，忽而又"哎哟"一声，显然是身体的某个部位在作怪。

殷通坐了两个钟头，未能讨得一句实话，只得告辞，人家有病，岂可过于打扰。走到门口了，项梁忽然说："三天后，我一定到郡衙，与大人商议。"

殷通老老实实等了三天，果真等来了项梁：俨然换了一个人，面色红润，精神抖擞。殷通十分高兴，仿佛是自己摆脱了病魔。

两人进密室密谈，一谈就是半天，两颗脑袋凑到一块儿，越谈越投机。项梁离开郡衙时，不觉天色已晚了，义兄义弟拱手而别。

官场的巨头和民间的巨头想法合拍，大事便定了一半。殷通转回家时，禁不住面呈喜色，几天来的焦虑一扫而空，妻子女儿见他如此，也高兴了。

是夜，合家欢喜。这大约是仁慈的上帝有意安排的场面，因为第二天，这家人就将死于非命，老老少少，连同郡衙的卫士、仆人，一个不剩。

且说项梁回家，开始了第二轮密谈，主要是研究第一轮密谈的内容。微弱的烛火之下，声音压得很低，似乎家中也有奸细。

俗语云：隔墙有耳，不可不防。

参与密谈的，自然是项羽。他的重瞳闪闪发亮，令人想起猫头鹰即将扑向硕鼠时的眼睛。

项羽问："他如何打算？"这个他是指殷通。项羽说话历来是短句。

项梁把下午谈话的内容大致讲了一遍，概而言之，殷通不想为秦廷效力，他要拉起队伍自己干。

项羽嘿嘿笑了："这老家伙，胃口不小哩。"

"他想跟我们联合。他是郡守，我们是名将之后，两股力量拧到一块儿，便足以成事，比陈胜举事之初强十倍。"

"叔父答应了？"

"当他的面我是答应了，不过，那只是一句话而已。能说出去，也能收回来。他倒是深信不疑，乐得眉开眼笑的，还想留我在郡衙吃酒，庆贺合作，我心中尚在踌躇，故而推辞了。"

"合作个屁！"项羽忽然忿忿地说，"他殷通算老几？"

项梁说："是啊，所谓合作，无非是让我们做他的部下，听命于他。"

"做梦！"项羽低声道。他开始发怒了，脸上的肌肉抽动不已，显出他暴戾的一面。

"撇开他又不行。"项梁顺着自己的思路，继续说。"殷通毕竟是郡守，在郡内不乏号召力，而且手下有些人马，我们拒绝合作，他必来干预，那样一来，我们岂不是多了一个对手？唉，这事真让人犯愁。"

项羽笑道："叔父太多虑了。依我看，事情简单得很。"

"如何简单？你且说来听听。"

"杀了他。"项羽做了个干脆的手势。他的身影投到后面的墙上，显得极其庞大，这是魔鬼的身影，魔鬼的声音和魔鬼的动作。

项梁并不感到吃惊，他已经考虑到这一步，只在犹豫着。他和殷通是异姓兄弟，此事传出去，名声不好，他花了几年时间树立的形象会因之受损。

想来想去，想不出更好的办法，合作不可能，不合作又不杀殷通亦不妥，看来，那位异姓兄弟只有死路一条了。

"你打算如何下手？"项梁这么问，表明他已同意干掉殷通。

"这易如反掌。"项羽以不屑的口吻说，"我提剑直入郡衙，立马砍下殷通的人头，献与叔父。"

"可他手下有几十个卫士。"

"纵有几百个、几千个，项羽视之为草芥。"

"不可托大。此事不做则已，要做就必须成功，而且要干净利落，不留任何后患。"

"侄儿明白!"

照项羽的理解，不留后患显然是不留活口。因为某种快乐，他兴奋起来，两眼放光了。

项梁又想了一条计：须如此如此。由于他的声音小到几乎听不见，项羽不得不把耳朵凑到他的嘴边上，两颗头一大一小，大的是项羽，小的是项梁。

叔侄二人商议已定，接下来便是行动。说到杀人，当是项羽的专利了。

第二天一早，项羽只身前往郡衙，他没有佩剑，只在衣内藏了一把匕首。他是熟门熟路，守门的武士也不拦他，于是直奔殷通的住处。

住处很漂亮，先是一个花园，小桥流水，曲栏游廊，然后是几栋红房子，红房子之后，又是一座花园。一百多万人的行政长官，有这等住宅，是再寻常不过了。

项羽步履匆匆（杀人的快感使足下生风了），顾不得欣赏园中景致，却迎面碰上殷通的女儿殷素素，也即是曾欲说与项羽联姻的那位小姐。她相貌的确很一般，身段还过得去。她手上拿着一枝秋海棠。

"项羽哥哥，你早呵。"项羽是她心中的偶像，话一出口，脸就红了，只装作嗅花，把头埋下去。

"你早，殷小姐。"项羽淡淡地说一句。

"项羽哥哥，你是来玩儿呢，还是找我爹爹有事?"

殷素素巴不得是前者：项羽是来玩的，而且是找她玩。当然，她注定要失望（岂止失望!）。

"找你爹爹有事。他在么?"

"在书房看书。爹爹一向都是这样的,早晨起来头一件事,就是捧读那些竹简,饭也不吃,只要一杯茶,有时竟连茶也不要呢……"

殷素素讲述着她亲爱的爹爹的生活习惯,仍是低着头,不敢正眼看她的偶像。及至抬头,才发现项羽早已走远,魁梧的身形隐入了红房子。

她不禁发呆。"我自作多情哩。"她想。眼泪不觉流下来了,和眼泪一同掉到地上的,是那枝秋海棠。

且说项羽与殷通相见。项羽一大早赶来,殷通亦觉诧异,不过转念一想,多半是项梁派他来,有事相告。于是命人上茶,心中不存半点戒备。

"贤侄此来,想必有什么要紧事吧?"

"有一件事,倒不甚要紧。叔父昨夜想起一个人,或于大人有些帮助。"

"此人是谁?"

"桓楚。"

殷通"哦"了一声,随即点了点头。这桓楚是吴中出了名的大侠,项羽之下,数他的名头最响,前些日子,由于牵涉一桩命案,逃往别处去了。

殷通表示,桓楚的命案可免,可他下落不明,无从联系。

"我知道桓楚躲藏的地方,"项羽说着,心跳加快了,不是紧张,而是兴奋,怀中锋利的匕首似乎也按捺不住,要一尝鲜血的滋味。

"桓楚在何处,贤侄不妨道来,我今日就派人去找他。起义之事,宜早不宜迟。"说罢,殷通喝了一口茶——这是他一生中喝的最后一口茶。

项羽趋前,作低语状,殷通也凑了上来。忽见项羽探手入怀,掏出一件亮铮铮的东西,他认出那是匕首。意识当然比动作快,刺杀!他心中闪过这个念头。意动身动,他转身便逃,同时大呼:

"项羽杀人……"

可惜身体比意识慢了一拍，腿长手长的项羽猛追两步，便将匕首插进了殷通的背心，然后大步走出红房子，到外面等待厮杀。

郡衙的武士闻讯赶来，纷纷亮出招式，围定项羽。项羽哪放在眼里，转眼间，摔死一个，踢翻两个，其余的武士反身就逃。项羽持剑穷追过去，一剑一个脑袋，只听"咚、咚、咚"的声音，许多脑袋在地上乱滚，其中一颗，插着鲜花和黄金饰物，竟是殷素素的人头。她曾经哀求她的项羽哥哥，留她一命，然而项羽杀得性起，见颈项就砍，哪管什么男头女头。

项梁带人冲进衙门时，项羽已砍翻大半，没剩几个了。如果不是项梁及时制止，这几个也难逃活命。

一身血污的项羽站到叔父面前，嘻嘻笑着："杀人真好玩儿……"

项梁瞪他一眼，却没有责备他。事已至此，责备有什么用？重要的是政变成功了，昨夜的密谋变成了今天血淋淋的现实。若论功行赏，项羽须是第一功。

当天，项梁对郡衙的各级官员及吴中三老发表措辞强硬的讲话：

"郡守殷通，阴谋不轨，意欲背叛朝廷，我已代天声讨，将其诛杀。从今日起，由我暂代郡守。从我者视为义士，当有厚赏；逆我者，视为殷通同党，杀无赦！"

话音未落，已有人高呼拥护新郡守，于是一呼百应，郡府的议政大厅响起一片欢呼声。没人愿意杀无赦，再者，几年来项梁广结人缘，也算是没有白费功夫，他堂而皇之地坐到了郡守的位置上。

接着，遍贴文告，招兵买马。数日后，已得江东子弟八千人。

这是一支骁勇的队伍，几乎所向无敌。他们攻城略地，势力迅速壮大，第二年，已增至数万人。又收了英布和陈婴，前者为六县（今安徽六安县北）壮士，曾判黥刑（秦时的一种肉刑。用刀刺刻额颊等部位，然后涂上墨），故又称黥布，有万夫不当之勇；后者为东阳县令，素有善名，且手下有一支人马。

项梁叔侄一路西进。四月，杀楚王景驹。七月，屯兵薛城，项梁召刘邦等人议事，欲自立为楚王，却出乎意料地遭到了普遍反对，一个潜在的强硬对手出现在他面前。

却说项羽提了人头，兴冲冲地走进议事大殿，众人都吃惊不小，以为天降神将。尤其是刘邦，直盯着项羽，眼睛都有些发直了。心想：如此威猛的人物，日后怎生对付？即如樊哙，恐怕也不是项羽的对手。

旁边的张良不得不拉他的袖子，意思是说：别怕，有我呢。

刘邦扭头看了张良一眼，心里有些莫名其妙，文弱的张子房，竟然对金刚似的项羽全无惧色，岂非怪事一桩？

项羽来得正是时候，项梁把他介绍给在座的诸位，趁机炫耀。对项羽，诸豪杰只闻其名，未见其实，今日一见，果然是神勇无敌。

项梁问："襄城的战事如何？"

项羽说："区区襄城，不在话下，凭他怎么坚守，也挡不住我的猛攻。这颗脑袋，便是城守的，我一口气杀了他全家。这厮晦气，早降了我，哪有这般下场？"

"有多少降卒？"

"一万余人。"

"那好呵，尽快将他们收编。"

项羽摇头："都被我活埋了。"

所有的人都"啊"了一声。一万多降卒，悉数活埋，那是什么样的场景？

项梁皱了皱眉头，但他反应很快：事已至此，他没有必要当了众人的面责备项羽，只轻描淡写地说："埋了就埋了吧，以后这种事，须告诉我一声，没我的命令，不可擅自采取行动。"

项羽说声"是"，退下了，手上仍晃荡着那颗人头。

项羽的出现，使形势产生了逆转：许多人转而支持项梁自立为楚王。实力即外交，这话一点不假。以项羽的神威，而且动不动就活埋人，能避则避，何苦与他争锋？——这叫做识时务者为俊杰。

项梁目视刘邦，就只差刘邦未表态了。刘邦沉默着，当初项梁杀景驹，他是要为景驹报仇的，现在，要反过来拥戴项梁为楚王，确实有些艰难。他沉默，不表示反对，已经很不错了。用今天的话说，他投了弃权票。

项梁自立为王的事就算定下了，于是宣布散会，择日再举行正式典礼。

刘邦回到馆驿，接连长吁短叹，叹人心多变，墙头草似的，也叹势不如人，没有项羽这样的虎将。张良只不作声，刘邦叹够了，张良才说：

"沛公能忍则忍罢。目前项梁势大，他要做楚王，就让他做好了，陈胜不是楚王么？下场如何？项梁做楚王，意在号令各地，但依我看，他只能适得其反。不是楚王室的后代，恐难以服人，沛公不如卖个人情给他，拥戴他罢了。"

刘邦想了想说："先生言之有理。这一席话，扫尽了我的忧虑。可见许多事，单看一面是不够的，先生事事比我看得宽，刘邦心服口服。只拥戴这一层，委实说不出口。"

张良笑道："沛公曾自称嬉皮，今日便嬉皮一下，谅也无妨。"

刘邦亦笑："好吧，依你所言，我就嬉皮嬉皮，我已经好久没有嬉皮过了。明天我就拥戴他，过一回嬉皮的瘾。"

二人大笑。张良又说：

"既然是过瘾，便不妨过得彻底，过得痛快。我有个建议，不知沛公愿不愿采纳。"

"先生请讲。"

"同那项羽拜为异姓兄弟，如何？"

"这个……"

张良的建议，显然大出刘邦的意料之外，若是别人提起，刘邦或许会动怒的。

"我是这样考虑的。"张良说，"项梁对你存有疑虑：一者，你今天不表态，显然是对他心有不服；二者，关东一带，你的实力仅次于他。同项羽结拜，等于做他的子侄辈，便可消除他的疑虑，以免他对你起疑心。"

刘邦这人的长处，是一点就通，他意识到张良的深谋远虑，便同意和项羽拜兄弟。理由不难找：只说倾慕项羽的神威，倾慕得一夜睡不好觉，必欲与之义结金兰，方为快事。以项羽的自傲，项梁的自矜，没有不同意的。

两人商定了，心下欢喜，当即唤来酒菜，开怀痛饮。刘邦喝得半醉，不禁拉了张良的手说："今日一席谈，先生教我识透了一个字：忍。"

张良想起黄石公，亦复感慨："这个忍字，乃是吾师授与我的，受用不尽，不下于那三册兵书，只不知他老人家现居何处。"

不轻易动感情的张良，此刻已是泪光闪烁。

刘邦与张良痛饮之时，项梁亦在家中喝酒。陪着他的，是一个叫做小芸的姑娘。

项梁年近六十，妻子很早就死了，以后是十余年浪迹楚地的生活，不复再娶。但女人却是需要的，这位小芸，是他在吴中认识的，同居数载，也相当于他的妻子。小芸年纪轻，眼下不过二十出头，在旁人看来或许称不上漂亮，在项梁，却实实在在是一位红颜知己，所以行军打仗，也时时带在身边。

项梁情绪极佳，因为他即将是楚王了，单是这个称号，就足以令人兴奋得头晕目眩。小时候，他羡慕父亲项燕。成人后，他又到处打着父亲的旗号。他是项燕的儿子，他是名将之后，他永远是同一副形象：今生今世，走不出父亲的名声。

他做梦都想不到会有今天：超过父亲，登上楚国的王位，统治几百万人口，拥有一大片富庶的土地。而且，明天或许更辉煌：他一统天下，成为秦始皇那样的人间至尊。

他快活得眯起双眼，哼着小调。小芸紧挨他坐着，不时替他斟酒。

他摇晃着脑袋，不觉沉入漫无边际的回忆中。小芸忽地唤他一声："楚王！"他回过神来，不禁喜上眉梢，一把将小芸揽入怀中。他做了楚王，小芸就可能是王后，因为他身边没有别的女人。

暮色在室外展开，周遭静悄悄的。虽是军队驻地，但项梁向来纪律严明，没人敢无故喧哗，几个守卫主帅的士卒也是静悄悄地走动。

月明星稀。夏夜的风掠过原野，发出轻微的声响。

月光下，一个须眉皆白的老头朝项梁的住处走来，他走得很慢。

在士卒的喝问下，他停了脚步。

"站住，这是军营重地，你来何事？"

由于对方是老者，士卒的口气也不甚严厉。

"小兄弟，请通报项梁将军，说居巢范增求见。"叫范增的老头不紧不慢地说。他站立在月色中，长髯飞飘，看上去很有几分神仙气概。

负责守卫的士卒虽然欣赏他的风度，却也不敢轻易放他进去。这孤老头，身负绝世武功也料不定。

"你是项将军的朋友还是故旧？"

"非亲非故。"

"那你找他做什么？"

"有一要事相商。"

"你明天再来吧，今日天色已晚，项将军已歇息了。"

范增捋须笑道："小兄弟，你可别哄我，将军房中不是还亮着灯光么？"

士卒有点生气了："你这老头，怎地老是纠缠？再不走，我就不客气了。"

范增依然笑道："我走还不容易？只怕我这一走，你就会倒霉了。"

士卒感到奇怪："我倒霉？你发神经是不是？哦，我知道了，你原来是个疯老头。"

范增仍逗着士卒玩儿："你说我是疯老头，我自己也觉得像个疯老头。好，好，好，小兄弟，疯老头现在就走，误了军机大事，项将军要砍你的头，你可别来怨我。"

范增说罢，果然转身便走。士卒一愣，慌了，冲范增的背影喊道：

"喂，你过来。"

范增笑嘻嘻地扭过头。于是，经过了一番检查，得以进入项梁的住处。

项梁叫小芸暂避，接着打量范增，亦觉这老头气度不凡，身子也硬朗。

"找我何事，老先生不妨直说。"

"我听说将军欲自立为楚王，果有此事么？"

"有这回事。"

"若如此，将军危矣！"

"请讲，我如何危矣？"

"恐蹈陈胜之覆辙。"

项梁默然。类似的劝诫他早已听过，不过，他行事向来谨慎，也想听对方把话讲完。

"陈胜本非贵族，不立楚后，擅自为王，故而败亡。秦灭六国，楚国是最无辜的。楚怀王被秦昭王骗至秦国，一去不返，楚人至今怀念不已。隐士南公曾讲过：'楚虽三户，亡秦必楚。'今将军起自江东，楚地豪杰争相趋附，就是因为将军本是楚将世家，定能立楚之后，以同心协力，共图霸业。若如此，天下定矣！"

范增一席话，简单明了。项梁犹豫了，看来自立为王，确乎弊多利少。

可他正在兴头上，被人当头浇一盆冷水，通体冰凉，那滋味也不好受。

　　范增一眼看透了他的心思，正色道："如果将军一味贪图名号，置长远的利益于不顾，那么，老朽今日就算白走一趟了，就此告辞。"

　　范增已走到门口，项梁才徐徐说道："先生请留步，容当再议。"

　　这表明他心回意转。范曾复又坐下，大论滔滔，说得项梁几乎喝彩。相见恨晚，那是不用说了，项梁缺的就是这种人，如今自动送上门来，岂非天意？

　　项梁请范增留在军中，做他的军师，范增也不推辞，他就是为这个来的。几十年世外高人，想必已有些厌倦了（老人的孤独和智者的寂寞），于是出山，首先是求功名，百世留芳；其次呢，也吃几回玉盘珍馐，坐几回高车驷马。

　　是夜，二人作竟夜谈，天文地理，政治军事，乃至神鬼巫卜，直谈得眉飞色舞，两颊通红，不知东方之既白。只苦了那位叫小芸的姑娘，在里屋捱到半夜，终于捱不住，伏在床头上睡了……

　　第二天，项梁宣布改变主意，不再当楚王了。他把范增引见与众人，张良冷眼打量这年逾七旬的老者，暗自皱了皱眉头。观其貌，听其言，大不寻常，此人助项梁，沛公又添一劲敌。

　　张良素来不露锋芒，所以范增对他不加留意，倒是刘邦令范增吃了一惊。

　　范增天生异禀（换句话说，等于今天的特异功能），初见一人，往往能看到别人看不见的东西。刘邦生得高鼻长颈，这是明摆着的，人人都看得见，说是帝王相，说说而已，未必当真的（若是当真，天下该拱手送给刘邦了）。然而范增一眼瞥见的，是环绕在刘邦头顶上的那团五彩王气，虽然时间很短，一闪就消失了。

　　这团王气，当年吕雉看见过，在民间广为流传，范增也曾风闻，却不当回事：老婆说丈夫头上有王气，只有傻瓜才相信。而居巢范增，难道是傻瓜？

　　如今亲见，不禁倒抽一口冷气。

我错投了主矣！他暗想。项梁势大，刘邦势小，于是他选择了项梁，昨天他是对的，今天却错了。当然，说到底，错不在他：这是天命。

罢，罢，罢，纵是天命难违，我范增也认了。总不能改投刘邦帐下吧？那岂不是羞杀老夫！

范增转这些念头，前后不过几秒钟时间，而刘邦兀自和他客套着，说着久仰之类的话。站在一旁的项梁呈得意之色：瞧，你有张良，我也有范增！

这一天，刘邦在说了一通恭维话之后，与项羽结为兄弟。项羽是直人，说拜便拜，刘邦为兄，项羽为弟。项梁十分高兴，从此对刘邦另眼看待，视为自己人。只范增觉得有些莫名其妙：刘邦显然有讨好项梁的意思，这是什么缘故？但疑问一掠就过了，他毕竟初来乍到，不便事事都过问。

项梁不做楚王，王位却不能空着，于是调派钟离昧等人，四出寻访楚王后裔。这钟离昧乃是一员虎将，先在殷通帐下，后归顺项梁。这是一位出了名的悲剧英雄，关于他的故事，容后再表。

钟离昧在乡间找到一个牧童，衣衫褴褛，一副可怜相。经仔细查问，方知是楚怀王的孙子，名叫米心，年仅十三岁，却已放了七年羊，米心并不知道自己的身份。有个老妪保存了一件旧汗衫，上有小字数行，写着："楚怀王嫡孙米心，楚太子夫人卫氏。"且有国宝铃记，眼见是无疑了。钟离昧大喜，派人报与项梁。

项梁立刻派出特使，带着车马服饰，迎米心进薛城。小牧童先是吓坏了，死活不肯走，宁肯继续放他的羊，众人解释了半天，才勉强登车，离开了他熟悉的乡村。

福兮祸所依。小牧童这一走，诚然是大富大贵了，却没能活几年，便死于项羽之手，倒不如在山间放羊，可以终天年。此是后话。

在项梁的主持下，小牧童晕晕乎乎地登上王位，号为楚怀王，定都盱眙（今江苏省西部）。项梁自号武信君，封陈婴为上柱国，日夕伴随怀王。陈婴人品学问俱佳，在他的悉心教导下，怀王进步很快，渐知国事。这大约也有遗传方面的因素：到底是王室后代，与众不同。——这又是后话。

张良见楚王已立，入见项梁。

"君已立楚后，现齐楚燕赵，均已复国，只韩国未立，君何不顺民意，趁机立一位韩王，以免他人争先。韩主也会感恩于君，受君驱遣。"

项梁沉吟片刻，方问：

"不知韩裔还有人否？"

张良说："韩公子成还在。曾被封为横阳君，听说颇有贤名。可立为韩王，以为楚党。"

于是，项梁任命张良为韩相，辅佐韩成还都阳翟，带一千兵马，先夺几座韩国旧城，站稳脚，再作计较。

对张良来说，十余年的复国之志变为现实，自然值得欣喜，只苦了刘邦，张良一去，他又觉得前景渺茫了。饯别之时，竟失声痛哭——这是真实的眼泪，倒不是装出来的。张良十分感动，就他个人而言，他更愿意辅佐刘邦。

有些话，张良原本不打算说得过早，但刘邦哭个不停，只得略略透一点消息。

张良说："韩公子成，其实我早已见过了，是个平庸之辈，难成大事的。我此去韩地，能辅则辅，不能辅，还会回来，沛公但请宽慰些。"

刘邦这才转忧为喜。

这天晚上，两人边饮边谈，直至深夜，然后抵足而眠。刘邦很快入睡了，有节奏地响起鼾声，张良迟迟不能进入梦乡，欲翻身时，又怕惊了刘邦。

惯于思考的人，往往有这种失眠的毛病。张良也不例外。看那刘邦，虽是粗莽些，却是能吃能睡，岂非人生一大福气？

张良感叹着，渐渐接近了刘邦的境界，亦睡意蒙眬了。

第六章　汉军浩荡入关

　　楚王既立，项梁大大增加了号召力，这年秋天，已拥兵三十万。消息传到咸阳，丞相赵高惊骇不已。他在朝内一手遮天，却对外敌毫无办法。于是召来章邯，责之曰："如今天下兵马纵横，尤其是吴楚一带，十分混乱。你身为大将，何不将其剿杀？要让他们闹到震动京师的时候，你才出师么？"

　　章邯说："章某正欲具奏出兵，便接到丞相召议。兵贵神速，明日即可启程。先东行伐魏，然后伐楚。丞相以为如何？"

　　对军事，赵高完全是门外汉。他装作沉吟的模样，想了想才说：

　　"好吧，依你所言，先伐魏，后伐楚。"

　　第二天，章邯大起精兵三十万，战将数十员，出函谷关，向魏国杀去。

　　魏王咎见秦军来势凶猛，自知难以抵挡，遣使求救于齐、楚。齐王亲自领兵救魏；项梁派项明领三万人马星夜驰援。然而三国的军队均被章邯打得落花流水：齐王死于乱军中，魏王引火自焚，项明被章邯一刀斩于马下。

　　章邯乘胜进军，入齐地，围田荣于东阿城（今山东阳谷县东北）。

项梁闻讯，急忙率项羽刘邦挥师北上，解东阿城之围。

时值秋雨绵绵，阴风怒号，道路泥泞不堪。项梁担心东阿落入章邯手中，命楚军日夜兼程，终于赶在章邯拿下东阿之前，进入战区，扎下大营。

一场大战在即。天始终是阴沉沉的，阴沉的天空之下，却是一片暗中酝酿着的杀气。

章邯自出战以来，鲜逢对手。一般战将，十合之内，必败在他手下。若未能及时逃走，他大刀一挥，往往将其斩为两段。

然而，今天他遇到了对手。

两军急于交战，冒雨对阵。章邯唤项梁搭话，厉声说道：

"吾乃上国天兵，所向无敌。汝等不过是一帮江湖草莽，妄立楚后，还不快快下马投降，吾在天子面前说情，免汝等一死。"

项梁正待搭话，旁边的项羽早已忍不住了，举槊直取章邯。战三十合，章邯败走。项梁挥军掩杀，田荣也引兵自东阿城内杀出，秦军受两面夹击，死伤无数，遂向濮阳（今河南濮阳县西南）方向逃去。

项梁获胜，复分兵两路，项羽、刘邦转攻城阳（今山东鄄城县），他自己亲率大军追赶章邯。

两天后，项羽、刘邦攻下城阳。城中守军不多，只一千余人，百姓却有一万多，而且多为富裕之家。项羽杀人掠货的机会又来了，他一马当先，驰骋于大街小巷，逢人便杀，见物就抢。紧随其后的刘邦急得大叫：

"百姓无罪，将军不可屠城！"

但项羽正杀得开心，哪里听得进去。几个时辰之后，已将百姓和降卒杀个精光。到处是尸体和鲜血，城阳变成了一座死城，数千只黑乌鸦在城的上空盘旋。

刘邦黯然，几乎掉下眼泪。而项羽兀自在尸体之间跃马扬鞭，一副不可一世的胜利者的姿态。他对刘邦说："你这人打仗不行，婆婆妈妈的。你该尝尝杀人如麻的滋味，那真是爽透了！"

刘邦瞠目不知所对。

项羽杀人杀得大笑（爽透了！），接下来，却也有大哭的时候（这叫做报应）。

且说项梁西追章邯，于濮阳城外再破秦军。章邯退入城中，坚守不出。项梁转而打定陶（今河南杞县），也久攻不下。于是团团围定，寻机破城。

秋雨又来了，而且一下就是七八天。晴天攻城尚且不易，何况雨天。项梁只在帐中喝酒，等雨停了再说。淅淅沥沥的秋雨声中，他和小芸一次又一次交欢。有个叫宋义的谋士几番进帐，提醒他秦军有增兵的迹象，他几乎动怒，把宋义挥退了。

这天夜里，他独卧中军帐。也是小芸运气好，命不该死（后来她被项羽送回吴中，得享天年）。

子夜时分，帐外忽然杀声四起：章邯趁雨夜前来袭营。可怜项梁，刚刚从梦中醒来，就被章邯砍成两段。楚军大败，四下逃命，小芸被英布救走。

项羽闻讯，哭得死去活来。项梁虽是他的叔父，却比亲生父亲还亲。他要寻章邯报仇，刘邦苦劝说：

"楚军新败，军心难免动摇，与其勉强应敌，不如东还护都。"

范增等人也支持刘邦的意见，项羽无奈，只得同意返回盱眙。

回到盱眙，因怕秦军来犯，又将楚都迁至彭城。调整军队，备足滚木、弓箭，专等秦军来攻。然而，章邯认为项梁已死，楚军已不足惧，不攻彭城，反而北上伐赵。数日后，拿下了赵都邯郸，赵王退守巨鹿，形势十分危急。

其时，楚怀王正在彭城召开军事会议。这次会议很重要，决定了楚军西进的战略方针。对刘邦而言，这是他的军事生涯中的一个转折点。

当楚怀王朗声发问，有没有人敢领兵西进时，帐下并无一人应声。章邯骁勇，秦军强盛，打入关内谈何容易？弄得不好，将被秦军悉数吃掉。

怀王大概料到了这个局面，又说："先入关者，便立他为关中王。"

话音刚落，刘邦站了起来，他等的就是这句话。冒险入关，得有相应的奖赏。

怀王见是沛公应命，面呈喜色，正欲颁令时，项羽又挺身而出。

"某也愿往！"

两人同时应命，该派谁去呢？怀王一时难以定夺。于是说：

"你二人同心灭秦，其志可嘉，但二人中只需一人前往。究竟谁去，容后再议。"

散会后，几个老将故意迟走一步，向怀王进言道：

"项羽太残忍，所过之处，无不灭绝人烟。秦地百姓，苦暴秦已久，项羽此去，等于雪上加霜。沛公宽厚，实是西进的最佳人选。"

怀王但笑不语。他身后的陈婴开口了：

"楚王心中自有定数。诸位请回吧。"

次日升帐，怀王宣布由刘邦领两万人马，克日西进。项羽气得毛发倒竖，要和怀王争吵。这时，有使者入帐，说章邯三十万兵马围攻巨鹿，赵王弹尽粮绝，危在旦夕之间。项羽听了，立刻改变主意，请求救赵，他一心寻章邯报仇。

怀王正求之不得，当下同意了。

于是，刘邦和项羽各自整顿人马，一个向西，一个向东。论实力，项羽远在刘邦之上，他的本部人马就有二三十万。他绕了一个大圈子，且与秦军主力周旋，所以后来迟了一步，让刘邦夺了入关的头功。

如果项羽不是报仇心切，而要强行西进，怀王也拿他没办法。如项羽所言，这个怀王是他们叔侄扶上台的，可以立就可以废。说到底，项羽不必听命于任何人。

但他只思报仇，不管其他，那就另当别论了。范增苦劝，也无济于事，这时候，他在项羽心中的分量还有限，何况怀王已经下了命令。

项羽正待进军，怀王忽又派来一个上将军，位在项羽之上，显然是想约束项羽，伺机削弱他的兵权。项羽表面上服从命令，心里是不买账的。

此人即是宋义。一个月前还是项梁帐下的普通谋士。定陶之败，他有预见在先，只是项梁不肯听从。楚军惨败，宋义的名声直线上升，故而受到怀王重用。

这一重用，把宋义重用到项羽头上，引来了日后的杀身之灾。

刘邦告别怀王，打马回砀县。此时，砀县成了他的老巢。芒砀山中的优游岁月，斩蛇起义，均与此地有关。而这次回来，又得了西进的号令，那种自豪的心情，那副得意的模样，殊难用笔墨形容。

这次进军，不比往常，不是抢地盘，扩大根据地，而是一路打到咸阳，做关中王，乃至做皇帝（刘邦从未放弃这个念头）。故尽起本部人马，文官武将，一个也不留。萧何、曹参一向是看守老巢的，此番也跟着刘邦，加入了进军队伍。

十一月，刘邦初战告捷，在城阳、杠里二地连破两支秦军，击退了秦军名将王离，并沿途收编了陈胜的余部。年底，又在东郡打了几次胜仗。

秦二世三年（前207年）初，信心倍增的刘邦率军攻打昌邑（今山东金乡县西北），这座城比较坚固，箭石如雨，攻了几次都未能攻下。于是舍去昌邑，西取高阳（今河南杞县北）。

途中，刘邦结识了一条山东好汉，名唤彭越。彭越在巨野（今山东西南部）一带的泽地中以打鱼为业。自幼习武，臂力惊人，手下有一帮汉子，常干些劫富济贫的勾当。陈胜发难，彭越趁机起事，如今有一支两三千人的队伍。

彭越与刘邦气味相投，所谓英雄惜英雄，好汉识好汉。但彭越愿意单干，不愿归在刘邦帐下，刘邦自不能强勉。两人在泽中痛饮一番，然后作别。这次相遇，为日后的重逢埋下了伏笔。

刘邦一口气攻下高阳，驻军城中。在这儿，刘邦又遇到一位高人：高阳酒徒郦食其。

郦食其少有大志，读过不少书。在高阳城中，他是首屈一指的知识分子。然而秦朝历来不重儒生，反而将其坑杀，他那些书都白读了。加上家贫，始终混不进上流社会，只做了个小小的门监，不过，他名气很大。带给他名声的，当然不是知识，而是酒和狂。有点钱，他都拿去喝酒了，每酒必醉，既醉，便狂歌，狂舞，口出狂言。即使他清醒的时候，一般人也不来惹他，包括他的顶头上司。

这一狂，就狂了几十年，头发都狂白了，如果不是遇上刘邦，他可能会一直狂到死。

天下大乱，正合他的心意：或能得机遇，一展胸中之学。还要择木而栖，许多人他都看不上眼。路过高阳的义军，少说也有十来支，他一概不屑一顾，其中甚至有陈胜和项梁的军队，他单单对刘邦情有独钟。

刘邦一来，郦食其坐不住了，酒也不喝了，整天只忙一件事：托人求见。

这事却有些难办，他高看刘邦，刘邦未必高看他。所托非人，更怕误了机遇。八方打听之后，终于找到一个同乡，在刘邦麾下做骑士。他对骑士说：

"我闻沛公素来倨傲，不肯礼贤下士，这是真的么？"

骑士一听，立刻反驳：

"里中传言，不可信。沛公每到一地，总是遍访豪杰俊士，还时常登门求教哩。你听了些混账话，也来混说，小心你这张嘴，给人撕烂了，再也喝不成酒。"

食其笑道："照你说来，沛公真是胸有大志喽。我倒想见他一见。你我是同乡，肯为我传一句话么？自然，不会让你白传的，这是一点小费，不成敬意。"

食其说着，探手入怀，从破棉袄中掏出二百钱，递与骑士。

骑士犹豫着。并非嫌钱少，而是担心在沛公帐前碰一鼻子灰，有碍前途。

食其不耐烦了，索性狂起来，对那不识高人的骑士说：

"你道我是谁？老不中用么？且去告诉你那沛公，就说此地有个郦生，年六十余，身长八尺，邻里称他狂生，其实他不狂，一肚子诗书学问……"

骑士笑道："此言差矣。沛公平生最不喜儒生。有个儒生去见他，被他羞辱一番，撵出来了。你猜怎么着？沛公将那儒生的帽子当溺器，撒了一泡尿。"

食其哈哈大笑："好个沛公，亦一狂士耳。你自管去说，沛公必不拒我。"

骑士无奈，硬着头皮去见刘邦，如实转告。刘邦说："此人有些胆量，叫他来。"

刘邦的意思，是要玩一玩这个酒徒兼儒生。不过，他换了新招。郦食其进帐时，看见两个年轻女子正为沛公洗脚，郦食其号称狂生，却从未有过类似的举动。作为儒生，这也是一种禁忌，刘邦这么做，等于是见面就给他难堪。

郦食其长揖不拜，刘邦草草看他一眼，不予搭理。两个女子一人捧一足，洗得很殷勤，连趾缝都照顾到了，并调笑着，说刘邦的脚长得神气。

刘邦不禁仰面一笑。

狂生真是气不打一处来。朗声道：

"足下领兵到此，不知是助秦伐诸侯呢，还是和诸侯一起伐秦？"

这句是故意惹刘邦，叫做以其人之道还治其身。果然，刘邦一听就火了。

"竖儒怎敢胡说八道！天下苦秦已久，诸侯争相讨伐，我刘邦……"

刘邦上当了。狂生不复狂，莞尔笑道：

"沛公既如此，为何傲慢长者？你这副尊容，谁敢来为你献计献策？"

刘邦无言以对，他这才意识到来者并非腐儒。于是命女子退下，自己转入后室，整衣出迎，请郦食其坐了上座。

接下来，照例是谈一通天下大势。主要是郦生谈，刘邦听。刘邦频频点头，尽管谈不上有任何惊喜。同样的话题，张良谈得更精彩。

谈完了，刘邦说："凭你的学识，可以到我手下做事。"

语气淡淡的。言下之意，是郦生混口饭吃不难，却不能得高位。

郦生原是有备而来的，想必料到了这一层，当下说道：

"沛公别急嘛。我有一计，尚未开口哩。"

刘邦感兴趣了，忙道："既有良策，请先生快讲。"

"沛公下一步作何打算？"

"实不相瞒，正为这事儿犯愁哩。"

"何不先取陈留？"

"取陈留有什么特别的意义吗？"

"沛公有所不知。这陈留乃天下要冲，四通八达，且城中粮草甚多，足够军用，攻下陈留，沛公不复有后勤方面的忧虑。再者，我与陈留县令有些交情，愿为沛公说之。他若肯降，可免刀兵。不肯降时，沛公再兴兵攻打，我自为内应。"

刘邦大笑而起，拍着郦食其的肩膀说："先生这一计，可谓帮了我的大忙。粮草不济，正是我一大心病。拿下陈留，刘邦决不亏待于你。"

当天，郦生往说陈留令，刘邦起兵相随。

郦生进了县城，拜见县令。县令认他是朋友，以礼相待。他随即摇动三寸不烂之舌，陈说种种厉害，不料那县令是个死脑筋，说不动的角色。郦生也不敢多劝，万一对方动怒，他可是性命难保，当下自去馆驿歇息。

夜半三更，他悄悄起来，打开城门。刘邦的军队一拥而入，不怎么费事就占了陈留，那县令死于乱军中。郦生转而惭愧，觉得对不起朋友。

刘邦说话算数，封他为广野君，留在身边听用。六十多岁的老头，佯狂了几十年，终于得志，实在值得高兴。不过，又是福兮祸所依，他日后死得特别惨，被人扔进油锅烹了。这是后话。

郦生得了高位，趁机向刘邦推荐他的弟弟，名商，据说勇谋兼备。刘邦见了人，亦觉是个人才，遂拜郦商为裨将，统领四千人马。

三月，经过一番休整，刘邦兵发开封。开封是一座大城，有重兵防守，打了几天未能打下。一天忽接探马来报：秦将杨熊领一哨人马从北面杀来，欲解开封之围。刘邦有腹背受敌的危险，于是干脆放弃开封，掉转马头，迎击杨熊。

两军在白马（今河南滑县东）先有一场遭遇战。刘邦是有备而来，把杨熊打了个措手不及。杨熊退至曲遇（今河南中牟县东），方收住败军，摆开阵势，与刘邦决战。

刘邦追至曲遇，传下命令，樊哙领军在左，夏侯婴领军在右，自统中军，然后，又派周勃领一支人马，绕至秦军后，待两军大战正酣之时，从后面发起突然袭击。

一切布置就绪，刘邦领兵出战。樊哙连斩杨熊的两员部将，杨熊只得拍马舞刀，来战樊哙。战不数合，忽见秦军背后一片混乱，原来是周勃领军杀到。杨熊大惊，拨马便走，刘邦趁机挥军掩杀，把秦军割成几块，围而歼之。整个战场，只闻杀声震天，秦军一倒就是一片。

杨熊见大势已去，遂带着几百败兵，杀出一条血路，向荥阳奔去。

这一仗，是刘邦西进以来最为激烈的一仗，大获全胜，军心大振。

刘邦进曲遇城，大小将士一一论功行赏，并杀猪宰羊，犒劳全军。

几天后，又得到一个消息：杨熊回咸阳，因惨败，被二世处以极刑。这一来，刘邦西进的路上，已无厉害的角色。章邯在东线与项羽较量，项羽吸引了秦军主力，刘邦这一边就轻松多了。接下来，攻城拔地，直指关内。

好事总是接着来的。四月，刘邦在拿下一座小城之后，复又围困阳翟（今河南禹县）。此地有重兵防守，攻了几次均未能奏效。刘邦正在帐中喝闷酒，苦思良策，忽帐外来报，张子房求见。刘邦大喜过望，三步两步就奔出帐外。

果然是张良。

二人携手入帐，各叙别后情形。张良在韩地，助韩王夺了几座城，但因兵力不足，得而复失。闻沛公攻阳翟，故赶来一叙。

刘邦问："韩王待先生如何？"

张良说："待我倒不错。但此人量小，对我颇有防范，担心我夺他的王位。"

"既如此，不如与我共图大业。"

"我也正考虑此事，尚未定夺。"

"别考虑了。天下知先生者，莫如刘邦；知刘邦者，亦莫如先生。"

"我所虑者，是韩王飘无定所。这阳翟原是韩国旧都，沛公攻下时，若能交还给他，我就放心了。彼时，愿为沛公效犬马之劳。"

"甚好，甚好。这样一来，先生可解除后顾之忧。一座阳翟城算什么？十座也抵不上一个张子房。只是韩王同意么？"

"他高兴都来不及哩，哪能不同意。"

说到战事，刘邦皱起眉头：阳翟城似乎固若金汤，委实难打。

张良说，用火攻，或可破城门。

刘邦一拍大腿："哎呀！我怎么就想不到呢？子房一言，胜我千军万马。"

于是火烧城门，果然奏效，一举攻下阳翟。

接着入韩地，势如破竹，收编降卒数万。刘邦与韩王成相见，提出以阳翟换张良，韩王慨然应允，喜得什么似的。刘邦亦喜，只张良有点黯然。至此，他少年时代的复国理想宣告终结。

六月，刘邦兵临宛城（今河南南阳市）。宛城乃南阳郡首府，亦屯有重兵，急切难下。而一过宛地，离武关（今陕西商南县西北）就不远了。

刘邦大概是入关心切，决定绕过宛城，直扑武关。张良谏道：

"不可。前边既是关口，秦军必重重设防。宛城守军从背后杀来，使我首尾不能相顾，那时就危险了。宜先下宛城，再行入关。"

刘邦恍然大悟，忙道：

"多亏先生提醒，否则我将犯下大错。"

遂下令攻宛城，于入夜时分，悄悄把宛城围定。同时放出消息说，沛公大军已向武关方向进发。

南阳郡守只道是刘邦已绕道西去，放松了戒备，自在府中安睡。半夜，忽被城外鼓角之声惊醒，登上城楼一看，立时吓呆了：城下敌军如蚁，早已展开攻势，破城只在旦夕之间。城守长叹一声，拔剑欲自刎，被舍人陈恢拉住。

城守道："时至今日，唯有死路一条。舍人阻我，莫非别有良策？"

陈恢道："今天下大乱，秦廷气数已尽。公为秦廷死，既无益，也于事无补。素闻沛公宽厚，不如归顺他，得身家性命，且能让全城百姓免受战乱。"

城守心动了，放卜宝剑，命竖起降旗，大开城门。

刘邦不战而屈人之兵，与宽厚之名直接相关，换了项羽，就另当别论了。

刘邦入宛城，一面安抚百姓，一面封城守为殷侯，仍守宛地；封陈恢为千户，辅城守理政。城守感激陈恢：若非陈恢一句话，他早已赴黄泉了。于是合家老小拥入陈恢宅中，齐斩斩地对这位恩人跪谢。

南阳郡守投降，产生了极大影响。丹水、胡阳（今河南唐河县）等地的城守，纷纷望风而降。刘邦严令将士，所过之处，不得惊扰百姓。

至此，关外的秦军大抵荡平，刘邦长驱直入，扑向秦地最后的隘口。

再来看项羽。

宋义、项羽领楚军三十万，离开彭城，向巨鹿进发。行至安阳（今河南信阳市西南），忽停止不前。命令是宋义下的，他是怀王封的上将军，项羽尽管不明所以，却姑且听他，在安阳住下了。

这一住，差不多就是两个月，赵使几番催促，宋义只置之不理。

项羽忍不住了，闯入中军帐，质问宋义何不发兵，宋义发了一通高论，说是要等秦军与赵军战得疲乏了，方可进军，以逸待劳，置章邯于死地。

说罢，宋义捋须自笑，显然是嘲讽项羽不懂兵法，只知一味猛打。

项羽悻悻退下，寻范增商议，范增亦无良策。宋义位在项羽之上，这支队伍，得由他说了算。

"我杀了他！"

项羽以手按剑，却在犹豫着。范增说过些时候再考虑杀宋义，目前杀了他，怀王面上不好交代，须找个适当的理由，寻个适当的时机。

于是继续等待"良机"。好在赵王有了齐国的援军，章邯一时也难以攻下巨鹿。

这期间，楚军中发生了一件事，此时看似小事，后来影响甚大。有个自称淮阴韩信的年轻人来投项羽，态度不卑不亢，项羽向来自傲，初次见面就看他不顺眼，立时打发他走人。范增在一旁插言道：

"此人外貌清癯，中有蕴藉。既来相投，将军不妨留下。若弃置，恐塞贤路。"

范增一句话，韩信被留下了，却只做了个执戟郎中，成天作木偶状，呆立帐前，与别的卫士一般无二，他几次试图为项羽献计，都被挥退了。

关于韩信，故事太多，这儿只是顺便提一句。

且说项羽对宋义不满，宋义早有察觉，他颁布了一条军令："猛如虎、狠如豹、贪如狼，有不服军令者，杀无赦！"

显然，这是对项羽而发。宋义欲以上将军之威，镇住项羽。

项羽听了军令，气得暴跳，也不通报范增，提了剑，直奔宋义帐内。宋义的卫士围上来，却哪里拦得住，项羽冲过去，揪住宋义，只一剑，便结果了性命。

宋义的儿子宋襄，此时在别处，项羽派人一并追杀，同时遣使者往报怀王。怀王明知项羽杀宋义夺权，却拿他没办法，只得任命他为上将军。

项羽拔营北进，命英布为先锋，领兵二万，渡漳水进击秦军，项羽自领大军在后接应。

不久，英布传来捷报，项羽立即指挥全军渡漳水。过河后，令部下沉掉船只，毁去釜甑，只准备了三天的干粮，誓与秦军决一死战。

楚军逼近巨鹿，秦将王离领一支人马迎战，正碰上项羽。王离岂是项羽的对手，没几个回合，便拖枪败走，报与章邯，章邯只得将围困巨鹿的秦军主力撤下来，转攻项羽。

两军在巨鹿城外约三十里处，摆开了决战的架势。

秦军队列整齐，甲戈生辉；楚军装备简陋，三五成群，活脱脱一支农民武装。然而，楚军士气之旺，非秦军所能比。穷人要翻身，这道理古今相同，加上项羽破釜沉舟，进则生，退则死，士卒们个个目露凶光，恨不得将秦军生吞活剥，两军相对，章邯的人马先自有了几分怯意。

项羽见了章邯，直恨得咬牙切齿，不等战鼓擂响，已骑了乌骓马，直取章邯。章邯跟项羽打过，自知不敌，却也举枪迎上来。秦军中，数他武艺最高，他不上，别人更不敢上。

两人刀来槊往，战十余合，项羽越战越勇，章邯渐渐不支。秦军王离冲上来，欲助章邯，这边英布拍马出阵，接战王离，两对人马杀得昏天黑地。章邯不是项羽的对手，王离也打不过英布，双双败下阵去。

楚军将士见主将得胜，便如猛虎般扑向秦军，喊杀声惊天动地。

兵败如山倒。三十万秦军如潮水决堤，只管逃命，单是被自己的人马踩死的，就不计其数，王离被项羽生擒，章邯引军退往棘原。

此时，章邯手中尚有二十万秦军。

汉元年（前206年），秦军与楚军在漳水之南，相持达数月之久。

章邯豁出去了，欲与项羽拼个你死我活，然而，这时朝廷出了问题。

章邯屡败于项羽之手，消息传到咸阳，引起一片恐慌。消息传来传去，传出了惊人的数字：章邯的三十万大军，已被打得只剩数万，而且全是残兵败将。

消息传到丞相府，赵高也慌了，一面报与二世，一面遣使赶往秦军驻地，对章邯严加训斥。章邯没头没脑地挨一顿训，过后才知道，是京中误传他几乎全军覆没。"我手下还有二十万精锐之师！"他对使者怒吼。

吼过之后，转觉不安，对方毕竟是赵高派来的，他可惹不起赵高。

章邯派司马欣和赵高的使者一同回京城，向朝廷报告军队的真实情况。秦廷到垂亡之时，人心混乱，情形复杂得很，莫名其妙地被奏上一本，是大有可能的，司马欣口才好，最好能直接向二世禀告，以免横生事端。

但司马欣这一去，却被赵高留在丞相府，没法见二世。司马欣把前方的战事报与赵高，希望这位丞相在皇帝面前为章邯说几句好话。

赵高听了，沉吟不语，那神态，显然是不相信司马欣说的是真话。

司马欣在丞相府中，与外界不通消息，等于软禁，禁不住心乱如麻。素闻赵高为人奸诈，诡计多端，天知道他会对皇帝说些什么。司马欣越想越怕：在这深宅大院中，被人干掉了也未可知。

于是趁人不备，他悄悄弄了一匹快马，溜出丞相府，继而出了城门，绝尘而去。

赵高闻讯，气得哇哇叫，急令四个牙将往函谷关方向追赶。两天之后，牙将垂头丧气地回来，说连司马欣的影子也寻不见，让他给溜了。

赵高将此事奏知二世，自然瞎编了一通。又说章邯在外，非但没有立功，反而引来外寇，震动关中，宜将章邯、司马欣连同都尉董翳三人赐死，另选大将，以敌楚军。

如今的胡亥，在霸道的赵高面前，早已变得木头人似的，赵高说一句，他点一下头。他当即下诏，将章邯及其部将司马欣、董翳赐死，同时拘禁三人在京中的家小。

再说司马欣逃回大营，向章邯备说前事，章邯仰天长叹："我等在外浴血奋战，九死一生，受了多少辛苦，却横遭奸人陷害，是何道理！"

司马欣说："眼下的态势是内有权奸，外有劲敌，我们被夹在中间，只有死路一条了。"

董翳也说："赵高的心计是最难测度的，一言之间，李斯就被灭了三族，何况我辈。不如另作打算，为今之计，保命是第一件大事。"

三人正商议间，忽有章邯的一个谋士从咸阳赶来，说赵高已将三人的家小拘禁在狱。章邯一听，几乎昏倒。他有娇妻美妾，连同几个儿女，均在咸阳，若遭不测，他也不想活了。司马欣、董翳也忧心如焚。

几天后，朝廷的使者到了，此人是丞相赵高的侄子，名叫赵常。赵常只二十来岁，却傲慢得很。他命章邯、董翳、司马欣三人接二世诏书。诏曰：

"章邯等统兵征伐，丧师辱命；差官奏事，未有降旨，乃敢私逃。上下之分，殊为叛背。今差骑将赵常往拘，系颈来见。顺命不违，尚有酌处；如复矫抗，罪不容诛！"

章邯听罢，脸都气黄了，持剑欲斩赵常，司马欣抢上一步拦住。

章邯大叫："这厮该杀，你如何拦我？他是赵高的侄子，赵高拘我们全家，如今又来取我等的人头，杀他的侄子，也算泄愤！"

司马欣说："正因为他是赵高的侄儿，所以不能杀，一杀，我们在京中的家小都完了。据我所知，这赵常是赵高胞妹的独子，赵高一向视为自己的儿子，十分宠爱。与其杀他，不如将他扣下：拿他一条命，换我们三家人的性命。"

章邯恍然大悟，忙握了司马欣的手说：

"多亏你一言提醒，不然，我等在京师的妻子儿女都没命了。"

于是扣下赵常，命他的随从速回咸阳，向赵高备陈三人的条件。

这一招，大出赵高的意料之外。"反了，反了！"他在屋里急得团团转，却转不出一个好办法。妹妹又找他闹，要他务必救赵常一命，不救她就撞死在丞相府，等等。赵高心乱如麻，那张苍白的、永远无表情的脸忽然露出各种各样的奇怪表情。

最后，他不得不作出让步，放了章邯等三人押在狱中的家小，并将他们送出城外。章邯倒也说话算话，立即释放了赵常。赵高放走几百人，只换回一个，这一次，他是大大失算了。羞于见人，整天闭门不出，二世召见他，他也称病不朝。

不过，赵高毕竟是赵高，工于心计，搞阴谋，堪称天下第一。经过一番苦思，他又有了新的计划。

章邯以赵常换回了家小，自是欢喜无状。但接下来的问题更严重：拘下朝廷使者为人质，等于罪上加罪，回咸阳，看来是不可能了，如何是好呢？

董翳建议投降楚军，章邯摇头说：

"我杀了项羽的叔父项梁，项羽必记恨于我。投降楚军，岂非白送性命？"

董翳说："我以为不然。项羽虽鲁莽，但他的谋士范增是极有远见的。我们带二十万秦军过去，以此为投降的条件，对项羽是太有利了。范增必力劝项羽，免我等一死。"

章邯沉吟片刻，方道："得派个能言之士前往楚营，务必得到确切的答复。"

司马欣说："某愿往。"

他去一趟咸阳，险遭不测，现在又冒死赴楚营，表明他不单善辩，亦是一条有胆识的汉子。

秦军与楚军相距三十里，司马欣当天就进入楚营，面见项羽。他运气不错，被带入帐时，见范增亦在帐内，正与项羽对面而坐，商议着什么。

秦使进帐，项羽霍地站起，凶神恶煞地紧盯着对方，范增仍坐于地上。

"你是章邯派来的？"

"是，将军。"

"别叫我将军！你他妈的不配。章邯那厮有何话讲？叫你来下战书？"

"非矣。章邯欲带二十万秦军投于将军麾下。"

这时，范增站了起来，显然是对司马欣的话极感兴趣，不过，他仍未插言。

项羽大怒，拍案叫道："章邯杀吾季父，乃千载之仇，我正欲擒他碎尸万段，出这口恶气，岂容他归降于我？"

司马欣听了，只是冷笑。

项羽越发恼怒："你还冷笑，是想试试我的宝剑么？"

司马欣说："我笑将军所为者小，所失者大也。为一己之私愤，而置大业于不顾，岂是大丈夫所为？前时章邯败楚军，杀项梁，乃是各为其主。此人臣之忠，若是智者，非但不加害，反而会赞同哩。将军欲得天下，何必记私仇呢？"

项羽细细一想，亦觉有理，那恶气却终难咽下。范增见说话的时机到了，便进言道："我军旷日持久，不得入关者，即为章邯所阻。今章邯受二世、赵高所逼，主动来降，真是天赐良机，将军宜忍小愤而就大谋。如是，霸业可成。"

项羽被说服了，于是答应受降。

司马欣回复章邯，章邯先是一喜，转又狐疑：万一是范增的计谋呢？诱他归楚，然后一刀杀之。想那项羽的凶残，这完全是可能的。

司马欣只得再赴楚营，转告了章邯的忧虑。项羽一听，立刻涨红了脸。

"大丈夫一言重如泰山，岂可反悔！"

说罢，折箭为誓。司马欣将断箭带回秦军驻地，章邯才放心了。

漳水南岸，二十万秦军归降了楚军。项羽果不食言，立章邯为雍王，留在营中，命司马欣为将军，仍统秦军原部人马。至此，秦军主力已被消灭，西进之路畅行无阻。

其时，刘邦已在入关的前夕。

通往关中的道路有两条，北有函谷关，南有武关。既然称"关"，就有地势险峻，易守难攻之意。两个关口相比较，函谷关的守军大大强于武关。

刘邦决定取武关，把函谷关留给项羽，这样，他可以赢得更多的时间。

这武关位于今之陕西丹凤县东，是秦时关中的重要门户，也是东西交通的枢纽。武关的守将是个上了年纪的将军，论骁勇，在秦将中亦算佼佼者，秦始皇横扫六国，他是先锋之一。不过，他的姓名史料无载，只说是一员老将，守武关已有多年。

若干年来，武关平静如水，没人来犯关，这老将乐得清闲，平时只爱邀约几个朋友喝酒，纵论天下。秦始皇刚刚死，陈胜就发难，虽被章邯荡平了，但随之而起的诸侯却使秦军难以应付。及至赵高专权，二世昏庸，楚军声势夺人，最后，连章邯也带了二十万秦军降楚，这老将军明白秦朝的气数已尽。

眼下，刘邦领十万大军攻武关。凭着雄关险道，他可以抵挡一时，却不能持久，且各地都穷于应付，等援军是等不来的，于是召集幕僚部将，紧急商议对策。有主战者，以为食秦禄，当为秦廷效命，但更多的人主张投降，性命比气节更重要。

大家望着守将，听他一句话。若是死守关口，这些人连同数千士卒都要丧命。

守将沉吟着。这是卖关子，其实他在开会之前就决定了。时间一秒一秒地过去，所有的人都紧张得要命，而他兀自倒背双手，在屋子里走来走去。

老将军终于发话了："弃关投降吧，诸位。几千人对十万人，硬拼唯有死路一条。何况，据我观之，秦廷无道，活该有今日之亡。日后咱们都去刘邦帐下混饭吃，别想什么秦禄了。诸位听明白了吗？"

"听明白了！"一帮部将、幕僚异口同声，几个持不同政见者垂下了头。

刘邦领大军杀气腾腾地扑来时，发现关门大开，不禁大吃一惊，以为是空城计，关内埋有伏兵，倒不敢进了。待守将亲自出来，领一班部下跪倒在他的马前，他才如梦初醒：原来敌人是来投降的！

一座雄关，就这么兵不血刃地得手了。

刘邦喜得手舞足蹈，当即设筵款待守将。酒至半酣，竟然离席，跳起舞来。张良、萧何等人见惯不惊，樊哙乐得哇哇叫，欲上前同舞，被夏侯婴拉住。隔一个座位的曹参伸过头来，对樊哙悄声道：

"沛公只喜独舞，连女人伴舞都不要，你这一去，岂不是乱了套？"

樊哙更乐了，仰面喝酒，呛得直咳，众将大笑。那守将直愣愣地望着且歌且舞的刘邦，心想：原来这位草莽英雄，却是一位舞蹈专家。

武关一过，即是峣关（又名蓝田关，在今陕西蓝田县东南）。峣关位于咸阳东南，是进入秦都的最后关口，峣关失守，咸阳城不攻自破，所以守军比武关更强。刘邦若强行破关，必定付出惨重的代价。

进军途中，刘邦与张良商议着破关之策。这时，发生了一件事：一个富商模样的中年人求见刘邦，在刘邦耳旁密语一阵之后，刘邦的脸色立时变了。

原来，风云突变，秦都咸阳已然易主。胡亥不再是皇帝，因为他已经一命归西。

杀胡亥的，不会是别人，只会是赵高。

前些日子，赵高闭门不出，苦思冥想的就是这件事。这是个心智极高的人，换句话说，是个极其狡猾的家伙，他比谁都清楚秦廷维持不了几天了。

他要为自己留一条后路。

章邯降楚，继而武关失守，咸阳一片恐慌。赵高又是闭门不出，二世急得团团转，召他进宫议事。他只派人回禀，说卧病不起，连起床的力气都没有。

事实上，他精神好得很，日夜在丞相府中策划密谋。参与密谋的，主要是两个人，一个是不久前从项羽手中逃生的死党赵常，另一个是女婿、咸阳令阎乐。

当赵高轻描淡写地说将除掉胡亥时，两个死党同时吃了一惊。

"胡亥不是丞相亲手扶上皇位的吗？"

"当时是形势需要。现在杀他，同样是形势需要。胡亥必须死，你二人不必多问。"

阎乐说："宫中禁卫森严，只怕不易下手。"

赵高问："你能调动的军队有多少？"

阎乐回答："一千余人。但比较精悍。"

"这就够了。"赵高说，"你持我的手谕，只说宫中有变，须进宫救驾，那些卫士不敢拦你。万一动起刀枪，我的卫队还可以前来接应。"

密谋之后，阎乐离开丞相府，自去准备。

赵高向来多疑（工于心计的人，往往疑心别人亦有心计），对这位女婿也不能完全放心。阎乐一走，他立即命令赵常，将阎乐的母亲带来，软禁在丞相府，以免阎乐中途生变。阎乐闻讯，奈何不得，只有拼死一搏了。

这天午后，阎乐领一千多人直奔胡亥居住的望夷宫。宫前卫令、仆射见阎乐引兵来，忙问何事，阎乐说，宫中有贼寇，特来捉拿。卫令不信：宫外有卫队日夜巡逻，哪来什么贼寇？即使有，也不需别的军队来相助。

阎乐见卫令争辩，大怒，一剑将其刺死，并出示丞相手谕。宫禁内外，人人都怕赵高，哪里还敢多说一句？阎乐领军直入深宫。

其时，胡亥正与一群嫔妃和几个太监待在内殿。他觉得闷闷的，神思恍惚，早晨起来就是这样，也说不出具体缘由。女人们为他唱歌跳舞，非男非女的太监为他讲笑话，说故事，他仍然提不起精神，没情没绪的，倚在宽大的龙床上，只是发呆。有个太监斗胆解释说，大约跟天气有关，时值八月，秋之为气矣，乃在于肃杀万物，又接连几日不晴不雨，阴沉沉的，故而惹人生出灰色的心境。

太监的说法不无道理，胡亥直起身子，想打起精神，却打了一个呵欠。

众嫔妃以为皇上要午睡，便纷纷过来，几双纤手同时伸向胡亥的身子，要扶他躺下。胡亥把她们推开："谁想睡呢？"他没好气地说。

一个近来受宠的妃子觉得受了委屈：皇上的动作是冲着她来的。她背过脸去，抽抽搭搭地哭起来。

这一哭，胡亥更心烦，复又唉声叹气起来。

解释"秋之为气"的那位太监正待说什么，忽听殿外一阵喧哗。

胡亥皱了皱眉头："出去看看，叫他们别闹。"

话音未落，只见一个卫士踉跄入殿，浑身是血，拼了最后的力气吐出几个字：

"阎乐……谋反！"

说罢，倒在了地上。

女人们一阵惊叫，太监也个个呆若木鸡。胡亥霍地翻身下床，连呼救驾，却哪里还有卫士？全都被阎乐杀光了。胡亥逃入内室，看左右时，除了刚才为他解释天气的那个太监，已无一人相随。太监说："外间早有传言，宫中必有灾祸。"

胡亥责备他："为何不早报我？"

太监苦笑："若早报，恐怕臣已活不到今天了。"

胡亥说："那你现在跟着我，又是何故？"

太监实言相告："奴才觉得陛下可怜。祸事一来，大家都溜了，我一把老骨头，反正活不了几年，要死，就跟陛下一块儿死吧——奴才是铁了心的。"

胡亥大受感动，泪如雨下，那太监也哭了。

这时，阎乐破门而入，十几把利剑指向胡亥。

"你们是何人委派，胆敢闯宫弑君？"胡亥仍操着皇帝的腔调。

"奉丞相之命，取你的人头！"阎乐倒也不隐瞒，他往前跨了一步。

胡亥悲哀地摇了摇头。其实阎乐一来，他就明白了八九分。此人是赵高的女婿，不是赵高委派，还能是谁？他想到养虎遗患这句话，却为时已晚。

胡亥确实智商有限，到了这种时候，还跟赵高提条件。他可怜巴巴地说：

"请将军转告丞相，这皇帝我不做了，让位与他，只求为一郡之主，不知可否？"

阎乐冷笑。心想：这个呆皇帝，真是呆到家了。赵高要杀你，岂容你做什么郡主？

胡亥见做不成郡主，便退而求其次："请丞相封我个万户侯，如何？"

阎乐忍不住笑起来，旋即又板起脸，显然是不准。

胡亥再退一步。"那么……那么……我就和皇后做普通百姓吧。把我们赶出咸阳，到哪儿都行，只求留一条活命。求丞相千万开恩……"

阎乐说："你太天真了。今天你非死不可，你不死，我们这些人都活不成！"

说罢，再跨一步，剑锋直指胡亥的咽喉。胡亥终于绝望了，一瞬间明白了许多，关于政治，关于人生。反正是死，横竖逃不掉的，他反而冷静下来，忽地语气一变，对阎乐等人喝道：

"退下！朕自行了断，不须你们来动手。"

阎乐果然退了好几步：他被吓着了，胡亥居然重现了皇帝的威风，他双膝一软，差点跪了下去。使劲定一定神，才稳住身形。

胡亥整理衣冠，朝那太监点了点头，以示诀别，然后拔剑抹喉，鲜血四溅……

赵高闻胡亥已死，抢得传国玉玺，原想自己做皇帝，但担心群臣不服，便把秦始皇的另一个儿子扶上台，呼为三世。此人名叫子婴。

同时派人赶往武关，与刘邦联络。

那富商模样的中年人即是赵高派来的使者，他讲完了，刘邦、张良均嗟叹不已。胡亥虽无道，却也不该被逼成这样。换了刘邦，至少会留他一条生路。赵高太残忍，真他妈的不是人，跟项羽差不多。两个杀人狂，只风格有所不同：一个阴悄悄置人于死地，一个暴跳着向你扑来……

感叹之后，还得说正事。刘邦问那富商打扮的使者：此来何意？

使者不急于搭话，先令随从抬了几个箱子进来，打开一看，全是金银珠宝。

刘邦瞥了珠宝一眼，表面上不为所动。如今的刘邦，已有几分政治家的风度。

"赵高派你来做什么，不妨直说。"

使者显然是善辩之士，他反问刘邦："沛公以为当今的局势如何？"

"这还用说。我已破了武关，下一步就直捣咸阳，秦廷大势去矣。"

使者冷笑："沛公自以为得计，依我看，眼下是你最危险的时候。"

刘邦一愣："此话怎讲？"

"东有赵高，西有项羽，沛公夹在中间，岂不危险？"

"这是胡说！项羽和我是结拜兄弟，我们的目标是一致的：共灭暴秦。至于赵高，他能挡住我的十万大军？三五天内，我必定打进咸阳。"

使者又笑了："沛公当我是三岁小孩哩。你能打进咸阳，我完全相信。但打进去又能怎样？项羽的几十万人马随后就到，你能坚持几天？不如与我们丞相联合，凭借两座雄关，同项羽一战，等摆平了项羽，然后……"

"然后怎样？"

"赵高与沛公分王关中。"

"他做梦！"刘邦跳将起来，几乎在吼，"赵高是什么东西，想和我平分天下？告诉他，他不配！我宁愿跟项羽争高下，决一死战，也决不与他为伍。"

刘邦越说越怒，几至拔剑，被张良止住。使者无罪，杀了他，岂不是自损名声？刘邦猛然醒悟，随即缓和下来，对那使者说：

"你且回去，我不伤你，这些珠宝不能带走，我有用的，反正是不义之财。"

使者无奈，只得空手而回。

使者一走，张良便发笑。刘邦不解，问道："我很可笑么？"

张良说："我笑沛公不答应别人的条件，却又收下人家的财礼。"

刘邦亦笑，把手一挥说："这个小意思。当年在沛县，我两手空空，号称贺万钱，做了吕公的上宾，还娶走了他的女儿。我这空手道，水平不算低吧？另有一件，在芒砀山中，我遇到一位如花似玉的少女，我吃她的，用她的，还跟她睡，快活得神仙似的。我这人运气好，将来或许真要做皇帝哩。"

二人大笑，然后各自歇息，不提。

第二天一早，继续向峣关进发，到关前扎下营寨。峣关的防守力量比武关更强，若强攻，损失太大，张良向刘邦建议，决定计取。先使郦食其携重金，逞口舌，买通了几个守将，使其军心涣散。接着，刘邦带主力绕过峣关，突然出现在秦军背后，大破秦军。

汉元年九月，刘邦在蓝田消灭了最后一股秦军之后，直至霸上（今陕西西安市东），亲笔写下了一封招降书，派人送往秦廷，秦朝的末日到了。

第七章　美女如饴

回过头来，再说赵高。

赵高派人与刘邦联络，欲分王关中，遭到刘邦的断然拒绝。这一来，他真的慌了。原以为这个举措有相当的把握：刘邦忌惮项羽，与他联手，实在是一个明智的选择，殊不料刘邦根本不买他的账。

怪只怪他名声太坏，他自己也明白这一点。刘邦向来以仁人的面目出现，同赵高这样的人勾搭在一起，岂不为世人所耻笑？

棋差一着，满盘皆输。

赵高变得神思恍惚，整天木着一张脸，看上去像死人。玩弄权术，他称得上天下第一，却玩不过人家的十万大军，刘邦进咸阳，只是时间问题。

一切都完了。大厦将倾，往事如烟，真是不堪回首。他像个老牌间谍似的，深藏于秦宫之中，一步步走向权力的最高层。他成功了，一个个顶尖人物先后败在他手下：扶苏、蒙恬、李斯、胡亥，而现在的这个秦王子婴，不过是他的掌中玩物。

但成功之日，即是失败之时。恶人有恶报，这大概是老天有意跟他过不去。

说来可笑，这座巍峨的大厦是他亲手拆掉的。几十年心血，数不清的阴谋诡计，到头来，发现所有的工作只趋向一个目的：自掘坟墓。

真是天大的讽刺。

老天爷不仅惩罚他，而且玩弄他，一如他玩弄别人。

他心灰意懒，茶饭不思。秋天的黄昏，一个人在园子里走动，迎着漫天落叶，不断有人追上来向他报告情况：宫廷、朝政、刘邦和项羽的最新进展，他木然听着，然后一一将他们挥退。

不再有什么大事小事，有的只是一件事：死亡。

他嗅到死亡的浓郁气息，不知是从空中飘来的，还是从他身上发出的。

他不想逃。逃到哪儿去呢？到一个穷乡僻壤埋名隐姓、打发余年？那还不如死了好。两眼一闭，世界就清静了，再也听不见内心和外界的喧嚣。

人生如痴人说梦，充满喧嚣与骚动，却没有任何意义。

是的，没有任何意义。赵高喃喃自语。这话是谁说的？说得真不赖。

他在脑子里搜寻着，搜到的只是一片茫然。他的脑筋已不够用了，不像当年。

唉，当年哪！

一夜之间，赵高老了十岁，头发全白了，面皮如风干的胡萝卜。丞相府中的人、朝廷大臣，以及咸阳城里的百姓见了他，无不惊讶万分，他简直是一具直立行走的尸体。

这一天，是子婴的登基大典，照例需要斋戒，到祖庙朝拜，煞有介事地接受玉玺，子婴却病了，闭门不出，很像赵高喜欢玩弄的花招。百官都在祖庙等待，等得心焦，于是议论纷纷。有人拿异样的眼光看赵高，更有人怂恿他：

"丞相，您不到宫中去看看么？圣上到底来不来，讨个准信儿……"

赵高一走，背后的人立即兴奋地交换眼色，他们猜测着一个天大的秘密：丞相此去，凶多吉少！

其实，赵高也猜到了，他是这方面的大行家，纵是神思模糊，心下也明白三五分：宫中可能设有陷阱，他正向着死亡迈进。几天来环绕他的那股气味浓得化不开。

不过，他无意回头。

进入内殿，见子婴伏案而睡。赵高站了足有一分钟，方徐徐言道：

"宗庙重事，吾王该去走一趟，百官已等候多时了。"

子婴猛然抬头，目露凶光，两个少年从左右窜出，各持利刃。"刷"的一声，子婴也拔剑在手，指向赵高："你这奸佞，今天你活不成了！"

奇怪的是，赵高并不后退，反而迎着剑锋走过去。

"动手吧。我知道你早就等着这一天了。"

子婴略一迟疑，仍刺出一剑，宝剑直透赵高的胸部。与此同时，两个少年分别把匕首插进赵高的后背，赵高薄薄的身子被穿了三个洞。

他直挺挺地倒下，扑通一声倒在地板上，背上的两把匕首像是身上长出的什么东西。更令人惊奇的是，他的血色十分鲜艳，在地板上恣意奔流，画出若干抽象画似的图案。

子婴仍不太相信赵高已死，这个人太强大了，似乎不该这么简简单单地死掉。他用剑拨了拨赵高，赵高翻了一转，仰着脸孔，两只眼睛瞪得很圆，一动不动。

这是一具尸体。子婴放心了，舒了一口气。他扔了长剑，往后退几步，坐到床榻上。两个少年都是他的儿子，父子联手，终于除掉了心腹大患。

然而，正如赵高所料，子婴同样好景不长。他接手的是一个垂死的王朝，一个多月后，刘邦的十万大军开进咸阳城，几乎没有遇到任何抵抗。朝廷官员纷纷逃亡，留下来的，则跟随子婴出降。子婴十分惶恐，担心刘邦杀他，刘邦没有这么做。后来，当刘邦还军霸上，另一拨人马气势汹汹地踏入咸阳时，对子婴就不客气了。那拨人马的首领名叫项羽。

刘邦进咸阳，心里想的第一件事就是女人，是秦宫中成百上千的美女，城中随处可见的华屋美宅，叠阁重楼，他视而不见。萧何去了丞相府，忙着检点秦帝国的典籍、文献，张良待在军队的住处，跟樊哙、夏侯婴等武将喝酒，庆祝胜利，唯有刘邦，只带了几个随从，便直奔后宫。

对秦宫嫔妃，他渴望已久。当年做泗水亭长时，他到咸阳公干，遥遥望见九霄楼上挤满了粉黛，心中羡慕得不得了，禁不住发出"大丈夫当如此矣"的慨叹，芒砀山斩蛇起义，有一半也是为了女人，他梦想着做个秦始皇式的"大丈夫"。

刘邦好色，乃是史家公论，一般含有谴责的意思，似乎倾慕女性是一件坏事。雄心壮志，尤其不该为女人起，而应有更高尚的目的：推翻暴秦，为天下苍生造福。

不过，两千多年前的中国人还不大习惯装门面、说大话，不具备这种"现代意识"。如果刘邦是一个现代人，进咸阳后，他不会首先找女人，他会发表演讲，赢得民心。接下来，还要显示正人君子的风度：发乎情，止乎礼，对秦宫中的美女以礼相待，决不乱动手脚，等舆论界将他的形象塑造完备，再回过头来享受。

可惜，所有这些，刘邦都不会，他有点"生不逢时"。

所以才直奔后宫，满脑子颠鸾倒凤的意念。这副形象真不够完美，简直有失体面。但以笔者观之，倒有几分率真，几分可爱。

按年代推算，此时的刘邦已满五十岁，好日子不多了，而西进以来，一年多的时间他忙于打仗，男女间事，不得不暂且抛开，眼下胜利了，另一种欲望自然抬头，且有大好机会，他焉能不"直奔后宫"？

刘邦运气不坏（他总是运气不坏），刚进后宫，就遇见一位姿色一流的美女。

秦时后宫极大，占地近百亩，实际上是几座宫殿套在一起，以墙相隔，以门相通，建筑物扑朔迷离，对初入者形同迷宫。刘邦这个乡巴佬，闯进去容易，要找到皇帝的寝宫，后妃的居所，却十分艰难。而且宫中静悄悄的，许多人跑了，剩下的又大都藏了起来。刘邦好不容易才捉住一个小太监，在小太监的指引下，方得以靠近皇帝的住处。

转入御园，忽然看见一个俏丽的身影，只是背影。刘邦在这方面训练有素，一眼认定必是个上等佳丽。佳丽站在水池边上，看那身形，大约有往水中跳的意思。

这可使不得！如此尤物，跳下去就惨啦。千万别跳！刘邦一面在心里念叨，一面悄无声息地掩上去。走近了，一把将那佳丽拦腰抱住。

佳丽吃了一惊，回头见是一个陌生男人，更是惊得叫起来。

刘邦捂住她的嘴，继而松开她。她定了定神，方启口问道：

"你是谁？如何寻到这儿来的？"

刘邦笑道："你先别问我是谁。我且问你，你刚才是想寻短见么？"

佳丽低头不语，显然是默认了，那副忧伤的情态，别是一番韵味。刘邦大为心动，说道："好端端的一位美人儿，何故寻死？谁欺负你了，告诉我，我自为你做主。"

佳丽抬眼道："你是一位将军？"

刘邦笑而不语："那你呢？能否请教芳名？"

"奴叫赵吹鸾，原是秦帝二世的妃子。二世被弑之后，赵高另立新主，便把奴和一班嫔妃打发到一边。今日午后忽听沛公已入城，恐他来清宫，故有刚才的举动。与其做他的刀下鬼，不如自己死了干净。"

"照你说来，那位沛公很可怕了？"

"说法倒有好几种。有说他是一位仁人；有说他杀人不眨眼。这两种还不算可怕，第三种说法奴最担心：他是个色中饿鬼，长着青面獠牙。"

刘邦皱了皱眉头。见过他的人，无不称赞他生得奇伟，莫非全是奉承之辞？莫非他原来长得难看？即使并非青面獠牙，至少有一点：他不能讨女孩子们的喜欢。

这可是要命的一点！

刘邦略带不安地问道："那沛公的相貌，比我如何？"

"我没见过他，怎么知道他比将军如何？"这位名叫赵吹鸾的妃子边说边打量刘邦，"将军相貌堂堂，那沛公及得你一半，我也不怕了。"

刘邦大笑。这回他放心了，原来他"相貌堂堂"！他高兴得差点原地打转，独自舞一回。

赵吹鸾表示不解："将军何以发笑？难道奴刚才的话说错了？"

刘邦说："你没说错。恰好相反，你说得好极了。单凭你这句话，我就会保护你，不受别人欺负。"

"将军不怕沛公？他手下有十万人马哩。"

"我与沛公是拜把兄弟，他得听我的。别说他有十万人马，他就是做了皇帝，凡事还得由我说了算。"

"此话当真？"

"当真。若我不能制伏他，立刻就跳进这池子里去。"

"快别说这种话。"现在，轮到赵吹鸾来捂刘邦的嘴，一只纤手软软地贴在刘邦脸上，"将军刚才说了，好端端的寻什么短见。将军是奴的救命恩人，从今往后，奴的身家性命都在将军身上了。"说罢，粉脸通红。

刘邦早已不耐，一把将赵吹鸾揽近了，在她的香腮上亲了一下。几个随从远远地瞧着，只是发笑。

在赵吹鸾的引导下，刘邦进入二世的寝宫。继而上龙床，与赵吹鸾双双拥入衾被。二人都是风流高手，尽情嬉戏，足足玩了一个时辰，不消细说。

当赵吹鸾发现刘邦左腿上那七十二颗黑痣时，不禁失声叫道：

"原来你就是沛公！"

刘邦再次大笑，笑声在金碧辉煌的四壁间回荡。此刻他得意极了，沛公两个字，简直就是皇帝的同义语。

赵吹鸾说："陛下请稍坐片刻，容奴出去召后宫嫔妃，一齐来拜见陛下。"她把刘邦视为新帝了。

不多时，赵吹鸾果然带来一群佳丽，粉白黛绿塞了一屋。刘邦晃眼一看，个个都如花似玉，细看时，才发现亦有高下之分。其中有个绛衣女子，靓丽逼人，犹在赵吹鸾之上。一问，果然是有些来头的：原是胡亥的宠妃，唤作冷梅枝。

刘邦既是新主，这班嫔妃便争相奉承。她们原是供人娱乐的，胡亥也好，刘邦也罢，反正都差不多。刘邦年纪大了点，但"相貌堂堂"，而且举止温和，全然不像传闻中的凶神恶煞，于是各呈姿容，各展媚态，团团将刘邦围在中间。

刘邦乐得神仙似的，满眼皆春色，哪里应接得过来？

也有不如意处：那个叫冷梅枝的漂亮妃子，神情有些淡淡的。她姓冷，或许性格就冷，原本是个冷美人。刘邦揣度着。又抛开心思，暂且不去管她。

冷梅枝这样的人，是需要个别谈话的。

时近黄昏，寝宫中红烛高照。酒宴摆了上来，刘邦被女人们簇拥着，坐了正席。美酒，美人，美轮美奂的宫殿，真把刘邦给乐坏了。当年里阳村中的嬉皮士，三十岁还娶不上老婆，如今过上了皇帝的生活，怎不叫人神魂颠倒？

赵吹鸾极是善解人意，早已察觉了刘邦的心思。她坐到冷梅枝身边，好说歹说，把这位冷美人拉到刘邦座旁。冷梅枝既已坐了过来，少不得替刘邦斟酒，应答几句，脸上也有了少许笑意。

宴席既终，女人们笑着，一哄而散。冷梅枝被留了下来，刘邦要单独做她的工作。

刘邦启口道："听说二世待你不错。"

冷梅枝说："先帝对妾，确实恩宠有加。"

"可二世无道，普天下的人都在骂他。且养虎遗患，任用赵高这样的人做丞相，结果反被其害。你不觉得二世是个十足的昏君么？"

"这些大事，妾也不管。就算先帝是昏君，可他对我好，却是事实。"

"你天生丽质，他当然对你好，换了别的男人，也会同样对你好的。譬如我，这么多嫔妃，我一眼就看中了你，还不是因为你比别人生得好些。"

"多谢沛公厚爱。只是妾身……"

"你不愿伺候我么？"

"妾不敢。只是觉得离先帝的死期太近，不该有那些寻欢之事。"

"二世死了多久了？"

"快三个月了。"

"三个月足矣。按民间的规矩，死了丈夫的女人，若非正配，一个月之后便可嫁人。你为二世守节至今，表明你不是那种水性杨花的女人。你不单人长得美，而且重感情，真是难得的好女子。我今天也不来勉强你，一切只在缘分。"

说到这儿，刘邦叹了口气。这是他的老把戏，意在让女人垂怜，曾经屡试不败，这一次，看来亦有七八分把握。冷梅枝沉默了一会儿，终于抬头，水汪汪的大眼睛望定了刘邦，说道：

"沛公是仁德之人，妾今夜就……就伺候沛公吧。不过，妾有一件心事未了。"

"什么心事？"刘邦边问边想：这女人，肚子里的东西真多，不会是让我封她做皇妃吧？以她的姿色，倒可以考虑。

"宫中的姐妹们，这几天怕得要死。沛公能否保护她们，让她们免受惊扰？"

"这个容易。"刘邦慨然道，"秦廷有罪，她们是无罪的。我会严令部下，不得擅自入宫。"

冷梅枝盈盈一拜："妾替姐妹们拜谢沛公。"

翌日醒来，刘邦见冷梅枝偎在自己怀中，睡得很香甜。她的脸红彤彤的，通身温软，摸上去像玉一样滑手。几番拨弄之后，冷梅枝醒了，二人相视一笑。

"陛下醒得这么早？"和赵吹鸾一样，冷梅枝也改了对刘邦的称呼，这是一种心理上的认同。

"我一向如此。"刘邦说，"多年的戎马生涯，养成了早起的习惯。"

"陛下进咸阳，已是关中之主，戎马生涯该结束了吧？"

"那可说不准。"刘邦想到项羽，不言而喻，如今这位结拜兄弟是他最大的一块心病。尽管楚怀王曾当众宣布，先入关者为关中王，但怀王的话对项羽并无多大的约束力，项羽什么时候都可以翻脸。

想到项羽滑稽的重瞳，那张易怒的、时常发红的孩子似的圆脸，刘邦不觉笑了。说来也怪，初见项羽时，他几乎心惊肉跳，然而时间一长，这种畏惧心理渐趋消失。项羽不可怕，尽管他生性残暴，力敌万人。

项羽更像是一个孩子，凶狠的、缺少心计的孩子。这种人，可以让人一时战栗，却不能令人长久害怕。

"陛下笑什么呢？"冷梅枝伸出纤纤玉指，抚摸着刘邦黑乎乎的胸部。

"我想起一个人，这个人有点儿可笑。"刘邦转过身子，将冷梅枝搂入怀中，一面抚摸她，一面又说，"不过，这个人也很可怕，动不动就烧杀抢掠。"

"他会进咸阳城吗？"

"极有可能。"

冷梅枝慌乱起来："那可如何是好？我们岂不是仍要遭殃？"

刘邦笑道："你尽管放心，有我呢。即使我有朝一日退出咸阳，也会将你带走，还有赵吹鸾。我刘邦在一日，就断不会让你们二位受惊。"

"那其他姐妹呢?"

"可以回家,也可以暂时找地方避一避。等我日后打回来,再一一加以安抚。"

"若如此,妾就放心了。跟陛下打仗,也很好玩的。"

"胜仗好玩,败仗就不好玩了。"

"陛下打了败仗,妾也决不相弃:妾骑一匹快马,紧紧跟随在陛下身边。"

"那可不行。那样一来,大家都将倒霉。你骑马骑得太慢,我不得不放慢了速度照顾你,于是敌人追上来,我们两个都完蛋。我吃了败仗,就把你藏在某个地方,我打回咸阳时,再来寻你回宫。——这方是上策。"

"陛下能打回咸阳么?"

"那当然,我是龙种嘛,普天下尽人皆知的。"

"陛下再进咸阳时,就会正式登基做皇帝了。那时,陛下封妾做什么?"

"封你做贵妃吧。"

"不做皇后?"

"皇后恐怕没你的份。我有个老婆,结婚许多年了。所谓糟糠之妻不可弃。"

"陛下的夫人厉害吗?"

"嗯,厉害。你最好别去招惹她。"

"皇后厉害,我们这些人的日子就不好过了。不如这样吧,妾不进宫,只在这京城内,做陛下的地下情人,以免万一冲撞了皇后,妾担当不起。"

"地下情人? 这个词儿倒不错。"

"寻常时候,妾在宫外一心一意等候陛下的消息,陛下一旦召唤,妾便悄悄地溜进宫来。"

"有时我也潜出宫门,与你相会。那场面一定有趣,神不知鬼不觉的。那叫什么来着？哦，对了，我想起来了，叫做娶不如偷。"

"陛下说得真难听！"

"哈哈！难听不如难看哩。"

刘邦笑着，搂紧了冷梅枝，又想做那种事了。冷梅枝推开他：

"干吗这么急呢？陛下圣体要紧。往后，咱们有的是时间。妾既是陛下的人，今生今世都服侍陛下。咱们起床吧，妾的肚子都有些饿了。"

于是二人起床。刘邦待要自己穿衣，被冷梅枝止住，一声传唤，两个宫娥上来，替刘邦穿戴。接着，又有几个宫娥端了银盆玉盆过来，服侍刘邦洗漱。刘邦自从做了沛令，也时常玩阔，却从未玩到这个级别。不禁叹道：

"这皇帝真是值得一做！"

宫娥齐声娇笑，笑出了粉泪，笑弯了纤腰，险些把盆里的水洒一地。

用过早膳，刘邦携了冷梅枝和赵吹鸾，到御园中散步。正是菊花盛开的季节，四处一片金黄。两个女人摘下菊花，插到对方的头上，互相调笑、追逐，发出银铃般的笑声，刘邦跟在她们身后，心满意足。千娇百媚的女人，而且结队成群，刘邦要的就是这个。打天下，做皇帝，缺了这些尤物，也就没多大意思了。

园中有一座三层高楼，矗立于草木之上，登上高楼，但见宫外的豪华建筑，也是迤逦相连，令人吃惊。

咸阳的繁荣，是在大秦帝国建立之后，之前，不过是中国西北边陲一座普通的城池。咸阳旧城，面积不大，而且民风尚俭朴，不尚奢华，除王宫外，城中很少画栋雕梁。到秦始皇一统天下，咸阳成为帝都，情形就不同了。始皇本人嗜土木，讲气派，几年间，咸阳在他手中扩大了三倍，景观大异往昔。又令天下富户十万家，迁居咸阳，富豪们斗阔，竞建府第，咸阳城更是锦上添花。

而在京城南面，隔着渭河，还有一座空前绝后的大宫殿，这便是阿房宫。阿房宫以数十万劳役，经年累月，至秦始皇驾崩，犹未完工，其规模之大，设计之精，不难想见。然而，它不久就会被人烧个精光，这人被某些学者称之为"悲剧英雄"。好像给人间带来的灾难越多，就越能够成为英雄。

这样的英雄，如果再多几个，中国历史就被改写了，或是没处写了。

阿房宫呈现于刘邦眼前，是第一次，也是最后一次。刘邦很想去看看，不是去放一把火，而是以参观者和未来的主人的身份，各处走走，饱一饱眼福。

身边的两位佳丽表示，刘邦若是愿去，她们即可带路，她们曾经随胡亥去过几次，大致熟悉宫中的布局。

刘邦点头，却没有马上走的意思。将来得了天下，这座宫殿便是他的，并不急在一时。当赵吹鸾说，一部分美女已陆续进入阿房宫时，刘邦才有些心动了。

他想：下午或是明天，得去走一趟，或许能寻得一位绝代佳人。

他去了就好了。此时的阿房宫中，真有一位天姿国色的佳人，刘邦这一去，必定与她相遇。这位佳人，也许称得上秦末汉初的第一美人。

然而，刘邦终于没去，于是错过了机缘。不久，佳人落入项羽之手，四年之后便玉殒香消，年仅二十一岁。据说红颜薄命这句话，最初就是讲她的。

行文至此，大家已知道她是谁。半数以上的中国男人，孩提时代就熟悉她的芳名：虞姬。她的形象频频出现在舞台上、银幕上和电视屏幕上。有人甚至建议把中国的四大古典美人增为五大古典美人，候选名单有十来个，而高居名单之首的，正是虞姬。

刘邦这一错，真是错得太远。

据说后来他十分后悔。后悔管什么用呢？一念之差，一代佳人就落到别人手中，就有了另一种命运：四年后，刘邦的三十万汉军困项羽于垓下，虞姬挥剑自杀。消息传入汉军营地，刘邦大哭一场，亲自设祭招魂。

这是后话。

刘邦已决定去阿房宫，为什么又终于没去？原来，有一条汉子闯宫登楼，扰乱了刘邦的心绪。

这汉子是樊哙。

樊哙跟刘邦的关系比较特殊，他既是刘邦麾下的一员虎将，又是刘邦的贴身保镖。刘邦很喜欢他，把自己的小姨子吕媭嫁与他为妻。这样一来，他们的关系更密切了。樊哙目不识丁，是个直肠子，早年以屠狗为业，耍刀弄枪是他的老本行。他不单武艺出众，而且敢于直谏，别人不敢在刘邦面前讲的话，他就敢讲。

刘邦进咸阳，一转眼就消失了身影。樊哙急得团团转。沛公如今是大人物了，将来做皇帝也说不定，沛公若是丢失了，被人绑架或是遭人暗杀，他可吃罪不起。他问张良，张良也不清楚刘邦的去向，刘邦走时并未跟他打招呼。

樊哙四处寻找刘邦，但咸阳这么大，上哪儿去找呢？十万大军入城，到处乱哄哄的。有人安抚百姓，有人抢东西，更多的将士在开怀畅饮。樊哙跑了许多处，处处落空，不禁心想：糟了，沛公恐怕真被暗杀了！

京城中不乏朝廷的死党，刘邦遭暗算的可能性是存在的，樊哙越想越怕。入夜了，仍不见刘邦的音讯，他只得再找张良，苦着一张脸，几乎掉眼泪。

张良想了想说："樊将军，你不用怕，我猜沛公八成去了某个地方。"

樊哙转忧为喜："先生快讲，沛公去了何处？"

张良笑道："沛公好色，远近闻名。这京城美女如云，你想沛公当去何处？"

樊哙一拍脑袋："嘿，我这脑袋，怎么就想不到呢？沛公一定去了妓院。"

张良摇头："以沛公的身份，入妓院岂不让人耻笑？另有个地方，佳丽成群，比之妓院不啻天上地下。将军想想看，这是何处？"

樊哙再拍脑袋（这脑袋不管用，可以随便拍），叫道："后宫，后宫！"

于是拉了张良就走，和刘邦一样直奔后宫。到宫门前，见守门的武士全是自家人，一问，方知沛公果然在后宫，而且已经进去大半天了。

樊哙欲进宫，被武士拦住。武士说，沛公有令，任何人都不得放进。

樊哙大怒。"你是什么东西，敢来拦我？快给我闪开，不然，我这口宝剑可不认人！"

武士抱拳，正色道："将军请息怒。小人不敢顶撞将军，但沛公有令在先，小人更不敢违背。将军请回吧，今晚横竖是不能进宫的。"

樊哙气得瞪圆了眼，"刷"的一声，拔出长剑。几个武士急速后退，也都拔剑在手。论武艺，他们均非泛泛之辈，却哪里敌得过樊哙神勇。

张良见状，急忙拉住樊哙。

张良说："自家人，何苦动干戈。今日天晚了，明日再来寻沛公不迟。"

樊哙把眼一翻，讲开了大道理："沛公入城，不安抚百姓，不与将士在一起，却匆忙往这脂粉堆里扎，这算什么？古来的明君，有几个是这般模样的？先生别拦我，我此番闯进去，非把沛公剋一顿不可。"

张良亦有一番道理："依我看，将军今晚最好别去。沛公正在兴头上，你这一去，必定惹他不高兴。你刚才讲的句句在理，但讲给沛公听，得挑个时机。古代贤臣进言，都要讲究时机。将军听我一句话：今晚罢了，明早再来。"

樊哙无奈，只得依言，二人打马回转。樊哙在马上扭过头去，恶狠狠地瞪了那几个把守宫门的武士一眼。武士纷纷打寒战，彼此瞧瞧，脸上都有怯意。

张良又说："你明天来，切不可动武：吓唬他们一下就行了。"

这回是下命令，樊哙唯唯而已。

幸亏他今晚没去，刘邦果如张良所言，正在兴头上，与表面上冷淡的冷梅枝爱得热火朝天，樊哙冒冒失失地闯进寝殿，必定给骂个狗血喷头。

第二天，刘邦在御园中的层楼之上，近看远眺，神清气爽。昨日的两度狂欢，已将欲望摆平。樊哙在这种时候出现在他面前，倒也不加责怪，只是笑问：

"守门的武士没拦你么？"

"怎么没拦？都被我打翻了。"

刘邦板起脸："你把他们杀了？"

"没有。军师有令，不可动武，不然的话……哼！"

"没杀就好。他们奉命行事，对他们动武，很没道理。来，见过二位美人。"

刘邦把冷梅枝和赵吹鸾介绍给樊哙。两个如花似玉的女人，倒把樊哙弄得几分窘，他涨红了脸，竭力不看她们的面容（担心看花了眼），只对刘邦道：

"能否让二位暂避，我有话要单独对沛公讲。"

这句话，显然是不给她们面子，把她们当外人。赵吹鸾还不怎么样，那冷梅枝却是冷下了一张脸，冷冷地对樊哙说：

"将军的什么重要话，我们原是听不得的。我们即刻就走，不妨碍将军同沛公说话。"

说罢，拉起了赵吹鸾的手，就要下楼。

刘邦有点冒火：这个樊哙，太不像话，竟敢对我的女人无礼！

刘邦道："二位且慢。你们都不是外人，他有话，当面讲好了。什么避不避的，没那个必要。樊哙，你今日闯宫，我不治你的罪，已是便宜你了。有话快讲。"

刘邦站在女人一边，气煞了樊哙。他有大道理撑着，却也不怕，犹自虎声虎气地嚷道："沛公，我且问你，你是想拥有天下呢，还是仅仅做个富家翁？"

刘邦道："这还用问？当然是拥有天下。"

"既如此，就应当离开此地。"

"此地怎么了？不就是有几个美貌女子么？"

"几个美貌女子，沛公说得倒简单。二世为何败亡，还不是因为她们！"

"樊哙，你说话客气些。二世荒淫，是他自己的事，与她们无关。再说，你也不该把我跟二世扯到一起，说这样的话不吉利。"

"我看这地方才不吉利！"樊哙豁出去了，为刘邦的前途，他要冒死以谏。"这些美女，好看好玩，让人意志松弛，不思进取。沛公，你要三思！"

刘邦笑了起来："这些小道理，还用不着你来教我，退下吧。你是个粗人，哪里懂得风流。"

赵吹鸾掩口娇笑。这一笑，樊哙更难受，一股说不出的滋味在心中窜来窜去：佳人的嘲笑原来如此厉害。而在刘邦面前，他又不敢过于放肆。于是，一转身，受了莫大的委屈似的，往楼下冲去。

楼上，刘邦一手揽一个佳人，冲他的背影笑得更欢。

然而，樊哙并非一去不返，他搬救兵去了。为了日后的江山，他决定把自己的一点委屈抛到脑后。而令人困惑的是，一路上，他老是听见赵吹鸾的笑声，还有她的身影，赶都赶不去。他想：这倒怪了，莫非我喜欢她，看上了那副媚相？

这念头使他受不了。去你妈的！他大吼一声，那笑声止住了，那身影也不复再现。

樊哙搬来了张良。

张良原不打算去的，他想过两天再说。刘邦是明白人，一般说来，不会糊涂到待在后宫不想走。让他过两天瘾，未必不是好事，免得日后老是牵挂。

但樊哙死活要拉张良去，张良拗不过他，只得随他进了后宫。

　　刘邦仍在那座楼上，不同的是转入了室内。他倚在榻上，眯着双眼，哼着小调。榻前，一队宫娥正翩翩起舞，伴奏的宫廷乐低回婉转。

　　一个随从进来，说张良求见。刘邦笑道：

　　"一定是樊哙请来的。这厮说不动我，便去搬军师。子房先生我是不能不见的，快请。"

　　随从出去。刘邦问两个妃子："听说过韩国的张良么？"

　　冷梅枝说："莫非是博浪沙行刺始皇帝的那位张子房？"

　　"正是他。如今做了我的军师。"

　　"他做军师？妾还以为这位张良先生跟樊将军是同一类人物。"

　　说话间，张良走了进来。冷梅枝眼睛一亮：原来是个眉清目秀的男子，而且举止有度，隐隐透出贵族气派。她凑到赵吹鸾耳边说："这一位倒是气度不凡。"

　　"我也没料到呢，"赵吹鸾说，"只当又来了一个凶神。"

　　两个女人嘀咕着，张良只作未见。华屋美女，他见得多了，因而不以为意。

　　张良未曾做声，刘邦先开口了："先生是樊哙请来的么？"

　　张良点头，说樊哙就在门外。

　　刘邦笑道："这厮和我赌气哩。唤他进来。"

　　随从去而复回，禀告说，樊将军宁愿待在门外。

　　"也好，让他观一会儿风景。"刘邦转向张良："先生有话教我么？"

　　"无话。特来看望沛公。"

　　"那就请坐吧。咱俩一块儿看她们跳舞，挺有趣的。"

　　张良坐了，把目光投向扭动着腰身的宫娥。刘邦纳闷：这张良弄什么鬼？明明是来劝诫我的，却又不言不语。

　　看了几分钟，张良对刘邦说："要不我还是出去吧，樊将军一个人待着，究竟不大好。"

　　说罢，站起身来。刘邦恍然明白，张良是要他到门外说话。张良不明说，是因为两位佳人在侧，他既不得罪她们，又把信息传给了刘邦，单是这个细节，就比樊哙高出许多。

刘邦亦起身，携了张良的手，往室外走去。身后的妃子体会到张良的用意，大为感激。善于思考的冷梅枝想得更远：刘邦帐下有这等人物，不愁得不到天下。进而想到由她设计的地下情人的生活，又好玩又刺激，真是天下少见。想着想着，不觉满脸绯红。冷不防赵吹鸾粉脸一晃，凑过来打趣：

"妹妹脸红什么？莫不是看上了那位貌若好女的张子房？"

冷梅枝一声冷笑："我看上谁了？别把自己的心思往别人身上搁。"

赵吹鸾红了脸："我若存有这个心，不得好死！"

"那你脸红什么？"

"我……"

赵吹鸾说不出话。冷梅枝见她可怜兮兮的模样，方饶了她。二人说些闲话，亲密如初。榻前的宫娥暂停了跳舞，三三两两地站着。有人掭发，有人低语，有人翻弄衣襟，有人却向门口张望，大约同样看上了张子房。

可惜张良对这一切浑无知觉。

此刻，他正附在刘邦耳边，不紧不慢地吐出一句：

"昨天接战报，楚军已逼近函谷关。"

刘邦一愣："这么快？"

张良又说："项羽的四十万大军，破关毫不费力。破关之后，他必定马不停蹄地朝咸阳打来。沛公估计，能否抵挡得住？"

"恐怕不能。先生估计呢？"

"以十万对四十万，悬殊太大。况且楚军气盛，我们胜的把握几乎等于零。"

"那眼下我该怎么办？"

"还军霸上，恭请项羽入咸阳——先做做样子，表明无意称王关中，等避过了这一阵，日后再与他周旋。除此之外，恐再无良策。"

刘邦想了想说："好吧，我照先生的话做，今天就退出咸阳。"

张良笑道："不用这么急嘛。三两天之内，尚无大碍。沛公且在宫中再住一宵，明天启程去霸上。"

刘邦大笑："知我者子房矣！"

复又压低了声音道："那两位佳人，姿色不错吧？"

"不错。沛公看上的女人，哪能有错？"

"我送你一个如何？"

"不敢生受。沛公留着自己用吧。"

"子房对女人不感兴趣？"

"哪会呢。食色，性矣。只是眼下情形，不容放纵。沛公可以享福，我们不行。过了这段时间，沛公若赠美女，我会收下的。"

刘邦与张良作密语状，樊哙就知趣地站在一边。他盯着楼下，自以为被御园中的景致迷住了，事实上，却是留意着传到门外的女人们的欢声笑语。想不听都不行：一连串娇语似乎主动来骚扰他，他甚至能分辨出哪个声音是赵吹鸢，哪个声音是冷梅枝。再听下去，他简直能嗅出声音中的气味……

刘邦招他时，他如梦初醒，吓了一跳。

第八章　惊心动魄鸿门宴

刘邦说话算数，十万大军第二天就退出咸阳，屯于霸上。霸上是霸水上游的一个小镇，小镇四周，有层层波浪式的小丘环绕，这一带被当地居民称为"白鹿原"。除霸上外，方圆百里不见人烟。

刘邦的军队一去，霸上热闹了。大大小小的营帐搭起数百个，直入荒原深处。

这天，刘邦举行盛宴，遍请关中各县的父老豪杰。他本来名声不坏，退出咸阳的举措更使秦地的百姓对他刮目相看：这完全不像一支强盗的队伍。

参加宴会的人十分踊跃，有些人不请自来，或献计，或自荐，刘邦一概以礼相待。宴会之前，他讲了一通话，这就是著名的"约法三章"。

刘邦说："秦地百姓苦秦苛法，时日已久。我奉怀王之命，率军伐无道。怀王与诸侯有约：先入关者，为秦王。今我已入关，当为秦王。现我与诸父老约法三章：杀人者死；伤人及盗贼，按轻重处罚；亡秦苛法，一律废除。"

刘邦一席话，赢得了一片欢呼声。

三秦大地是秦国六百年的根基，秦始皇也正是由此出发，荡平六国的。秦地百姓对战争的记忆尚未淡去，新的战事又起。诸侯把复仇的利剑指向关内，一旦杀进来，必定杀个血流成河，所以百姓惶惶不可终日。兼之暴秦新亡，盗贼蜂起，社会秩序极为混乱，而苛法仍在，各郡县的官吏动不动就对百姓砍头灭族，惹得怨声载道。刘邦的"约法三章"，来得非常及时，受欢迎是自然的。

刘邦打民心这张牌，打得非常成功。这一方面是天性使然，他原本宽厚，生长于农家，长期在底层混，深知民间疾苦，"爱民"大概是一种真实的感情。另一方面，形势也迫使他必须赢得民众的支持：论实力他远不如项羽，再失掉民心，他就完了。两方面的因素，使刘邦把民心提到战略高度。一心一意走群众路线，不单是他，同时也是他帐下的众多谋臣的共识。

刘邦爱民，立刻得到回报：秦地百姓纷纷送来牛羊酒食，以飨士卒，但刘邦辞而不受，说仓中粮多，不劳费民。这样一来，百姓更拥戴他，唯恐他不做秦王。

听到这些议论，刘邦不禁飘飘然。霸上的日子虽不如秦宫舒适，却有民众的赞誉作补偿。白天，到处是聚会，到处是美酒，夜里，热烈的冷美人依偎在他身边，交颈而眠。民心和美女，把他对项羽的恐惧抵消了一半。

赵吹鸾终于没被带走，留在了宫中。这是张良的意见，萧何也竭力附和。舆论很重要，对外只说沛公对秦宫的珠宝妇女原封不动，如果将两个头等姿色的嫔妃都带走，未免太惹眼。带一个，则问题不大，不致引起民众的猜疑。

冷梅枝在刘邦的营帐中，绝少外出。偶尔露面，一般人只道是沛公的小妾，不予留意。以沛公的身份，拥有一位漂亮姑娘，当属正常。

冷梅枝死心塌地跟随刘邦，几年后，刘邦称帝，吕雉做皇后，冷梅枝像她自己预言的那样潜入了地下，她不想与吕后争高下，不愿同别的女人争宠，而宁愿待在宫外。刘邦召她进宫，偷尝禁果似的与她同床共枕，有时，刘邦也微服出宫，到她的住所销魂一回。

冷梅枝后来为吕后所知晓，吕后非但不为难她，反而赠她许多珠宝，并默许她继续和刘邦暗中往来。吕后希望宫中所有的女人都以她为榜样，不搞宫闱斗争。至于陪刘邦睡觉，那不算什么：许多年前，吕雉就已经习以为常了。

刘邦死后，冷梅枝终身不嫁。她历经四朝，死于景帝初年。刘邦以后的三个皇帝都待她很好，惠帝又把她召进宫中，供她锦衣玉食。汉宫之中，她被称为最长寿、也最幸运的女人。

以今天的眼光看，她未必幸运。刘邦死时，她还年轻，不超过三十岁，后来的漫长岁月，不知她是怎么挨过来的。花容月貌的大美人，年复一年无人问津，该是一种什么样的滋味？她从此冷下去，成了名副其实的冷美人。

这是题外话。

且说刘邦在霸上，专等项羽到来，而项羽是不客气的，此时正率领雄兵四十万，杀向关中。

项羽入关前，做了一件惊天动地的大事。确切点说，他做的这件事，是苍天也要为之号哭的：他坑杀了二十万秦军降卒。

二十万，相当于今天一个中等城市的人口，而且全是生龙活虎的小伙子。项羽在一夜之间，把他们全都变成了尸体。尸体填平了山谷，又耸起来，成了一座山。

杀人的理由说来非常简单。

秦将章邯败于项羽之手，他投降项羽，手下的二十万秦军随之归入楚营。这是一支庞大的队伍，加上项羽的原班人马，足有六十万之众。四十万大军已将刘邦吓得不敢住咸阳，若是六十万，情形可想而知。

当然，收编降卒，需要做些安抚，以稳其心。这是一项细致的工作，没有耐心不行，而项羽是不会有这种耐心的，他有的只是疑心，疑心使他做出惊人之举。

秦卒被纳入楚营，日子自然不好过。这原是一支装备精良的骄傲的军队，横扫诸侯，几乎战无不胜，却撞上了项羽，终于一败涂地。秦卒在楚营中，受尽了楚卒的嘲弄和凌辱，发点牢骚是正常的，可牢骚偏偏被项羽听了去。

项羽想：降卒人数众多，一旦哗变，可是一件麻烦事。与其婆婆妈妈地做什么开导工作，不如杀了省事。杀掉这些人，他还可以节省许多粮草。

主意已定，他召来两个心腹部将：英布和蒲将军。他避开范增，因为那老头子肯定会反对。经过一番秘密商议，一个恐怖的行动计划出台了。

此时，项羽的军队在新安（今河南渑池县东）境内，新安有荒原，南面有山，山不高，但坑杀士卒已绰绰有余。这天夜里，驻扎在荒原上的二十万秦军降卒忽然被唤醒，说是有军情，于是他们向南疾走，进入两山之间的谷底。这时，忽听一声号令，两边山上齐刷刷站起无数楚卒，张弓搭箭，一齐劲射。更用火烧、用滚木巨石往下砸。可怜这些降卒，开始还以为遇上了敌人，待明白过来，已死伤大半，余下的小半死命突围，但两端隘口均被楚军封锁。冲了几次，都被打退了。火光熊熊，山上的楚卒吼一阵，山下的秦军就倒一片。更有被火烧的，连蹦带跳，哭爹叫娘，及至烧成熟肉，山谷之中弥漫着人肉的香味……

一夜之间，二十万降卒无一生还。

从技术的角度看，项羽做得很漂亮，不愧是杀人好手。

杀完就完事了，了却疑虑，解除了后顾之忧。项羽不像后来的诸葛亮，火烧藤甲兵，自己却在山顶上大哭，自谓必损阳寿。项羽是简单的，做一件事，只考虑它的直接后果。这个天真的杀人狂，比别的复杂的杀人狂可怕一千倍，有人偏偏盯住他的天真，说他可爱，为他写诗，为他写小说、拍电影……

英布和蒲将军回营复命，项羽尚在帐中酣睡。他做了一个梦，梦见的倒不是杀人场面，而是一位绝色女子。女子朝他走来，鲜活的大腿仿佛挟带着雷鸣电闪。力拔山兮气盖世，接下来，子孙绵绵……项羽乐得咧嘴笑了。

一觉醒来，英布正侍立榻前。

项羽定了定神，继而谈起梦中情景，开怀大笑，英布也跟着嘿嘿笑。

笑完了，项羽转问正事，英布轻描淡写地说："都解决了。一个不剩。"

"干得好！"项羽使劲拍了拍英布的肩膀，大呼："拿酒来，拿酒来！"

正痛饮间，忽见一个老头跟跟跄跄地奔入帐内，泪流满面，指定了项羽，厉声斥责："那二十万降卒，都给你杀掉了。伤天害理呵！你要倒霉的！"

老头是范增。

范增搅了项羽的好兴致，且说话晦气，旁边的人都为他捏一把汗，但项羽脸上不见怒容，反而赔着笑脸，一口一个亚父息怒。

自项梁死后，项羽尊范增为亚父，军中大小事宜，都尊重范增的意见。单单这件大事，却瞒着范增，范增如何不怒？照他看，项羽坑杀降卒的举动既残暴又愚不可及：残暴失民心，遭天谴，愚蠢是毁掉了一支生力军。

项羽一味赔笑，范增也奈何不得，只得拂袖而去。到帐外，自己寻思：遇上了这种人，真是老眼昏花，这天下是难以得手了。即使用强力打下来，也断不能持久。得民心方能得天下，他教过项羽一万遍，项羽只当耳旁风。看来，本性难移，说什么都不管用的。

范增很想一走了之，让这刚猛的、自以为是的家伙自去折腾，思之再三，又按下了冲动。离开此地，他到哪儿去混饭吃呢？改投刘邦帐下？好倒好，却让人耻笑。一把老骨头了，这又何苦？何苦让人家说他朝三暮四？

罢，罢，罢，范增一声长叹，终于决定不走。他认命了，命运让他遇上项羽，就陪项羽玩到底吧。

项羽坑杀降卒的消息传到关中，哀声恸地。半数以上的百姓家都少了亲人，他们捶胸顿足，泣血斑斑，从此，恨项羽入骨，吃其肉，饮其血，也难解胸中之恨。关内关外，项羽失尽了民心。

然而项羽是不管这些的，有四十万雄兵在，管什么民心不民心。民心值几个钱？刘邦打民心牌，是由于势弱，不得不走群众路线，项羽根本不需要这个。他太强大了：本人的武艺天下第一，率领的军队同样是天下第一。谁能跟他抗衡？谁敢跟他抗衡？答案是明摆着的。

项羽挥军，浩荡西进。函谷关有刘邦的士卒把守，被英布一气拿下。然后马不停蹄，直达戏亭（今陕西临潼县东北），在一个叫鸿门的地方扎下大营。

时为汉元年（前206年）十二月。

鸿门与霸上，相距仅四十余里。

如果项羽发起攻击，刘邦势必全军覆没，四百年刘家天下将无从谈起。

所谓历史的机遇，摆在了项羽面前，但这傻瓜糊里糊涂，不加以利用。打不打刘邦，他一直摇摆不定，刘邦是他的结拜弟兄，这弟兄能打么？再者，他一到戏亭，刘邦就派人送来大批酒肉，犒劳他的军队，并恭请他入主咸阳。

刘邦不称王，项羽放心了，后患之类，他根本不想。他是凭印象行事的，在他的印象中，刘季软绵绵的，不像个将军。刘季的十万军队不过是乌合之众，哪里经得住打？他的大军扑过去，等于数十只猛虎扑向几头羔羊。

打刘邦是范增的主意，这老头把形势看得很清楚。刘邦进咸阳，复又还军霸上，不动京师的财宝妇女，还约法三章，如此种种，用意已非常明显：刘邦打不过项羽，想避过一时，再借助百姓的力量，同项羽对抗。在范增看来，刘邦的软绵绵是绵里藏针，比项羽外在的刚猛更厉害。

范增劝项羽趁机消灭刘邦，他清醒而项羽糊涂，以清醒劝糊涂，往往不能收效。范增火气大，一发火，又犯口吃的毛病，只听他结结巴巴地对项羽说：

"你，你，你听不听我的？你，你不听，我马上就走！"

范增激动得脸红脖子粗，想必不是说来吓人的，项羽只得赔笑道：

"好吧，我听亚父的。打刘邦还不容易？手到擒来。"

说归说，却不动。两天过去了，项羽仍无发兵的迹象。范增再进言时，项羽只说士卒太劳累，休整几天再说，反正刘邦也跑不了。

糊涂虫怎么劝也是糊涂，范增一气，转身走了，到帐中喝开了闷酒。

促成项羽下决心的，是一个偶然事件。

历史的关键时刻，心思动得厉害的，不只是主帅和谋臣，一般人也会眼珠子乱转，试图从中捞点什么。刘邦帐下的曹无伤是个再好不过的例子。

曹无伤位居左司马，按说不是泛泛之辈。刘邦得天下，他或能封侯，可惜他和范增一样看清了形势，继而做出判断：刘邦断不是项羽的对手。与其陪刘邦送死，不如早打主意。他决定出卖主子，投降敌人，以谋取日后的高位，岂止封侯，他还要称王哩。

曹无伤开始行动了。有道是聪明人先发制人。有道是无毒不丈夫。刘邦待他不薄，他反咬刘邦一口，打他的翻天印，欲置之死地而后快。

这叫什么？叫无情。而无情乃是社会和自然界的普遍法则。

这天夜里，一个百姓装束的男人潜入楚营，要见项羽。项羽召他进帐，问道：

"你夜间找我，为了何事？"

这男人回答："小人是左司马曹无伤派来的密使。特来禀告上将军：沛公入关后，欲称王关中，用子婴为相，秦宫中的一切珠宝妇女，都想据为己有，因将军势大，不得已才暂居霸上。沛公的野心，关中已是路人皆知。"

项羽听罢，二目圆睁："此话当真？刘季真有这个胆量？"

男人笑道：“将军别小看刘季。左司马说，将军若是错过了这次机会，将来与将军争天下的，必是刘季。”

“既如此，我明天就发兵，踏平刘季！”

别人的话，项羽倒是听得进去，他下了决心。

男人又说：“左司马有一个请求，不知将军肯不肯应允？”

“你讲。”

“将军攻霸上，左司马愿作内应，以减少将军的损失。事成之后，请将军封左司马为王。”

“你一口一个左司马，你的左司马叫什么？你刚才讲的，我已经忘了。”

“将军，左司马叫曹无伤。”

“好，曹无伤。我记住了，也答应他的请求，日后封他为王。”

男人退下，连夜赶回霸上，向曹无伤报告消息。曹无伤欢喜无状，激动得彻夜难眠，召来美酒，与扮作密使的小吏痛饮。他就要称王了，什么王姑且不论，是王就不错。项羽是大王，他是小王，小王亦有小王的封地、派头、娇妻美妾、珠宝玉器，更不在话下。

喝得半醉，曹无伤禁不住口吐狂言：张良算什么？一介书呆子而已。萧何等而下之，大不了是个郡县之才。谁是真正的智者？用什么样的标准衡量？标准只有一个：看谁能抓住历史的机遇。

张良显然不行。此刻他仍在刘邦帐中，装作运筹帷幄的样子，和刘邦讨论如何对付项羽。这叫以卵击石，表面聪明，其实愚蠢。

萧何更差劲。此刻他亦在刘邦帐中，一副愁容，一副忠心耿耿的模样。真是愚不可及，没救，死定了。

唯有曹无伤是高人，唯有他掌握着时局。他得意至极，压低了声音狂笑，小吏受他的感染，也把脸笑歪了。不过，笑完之后，小吏随即问到自己的前途。曹无伤说：“我封了王，还怕没你的官做？放心好了，我曹某决不亏待你。”

小吏高兴昏了，扑通一声拜倒在地。曹无伤上前扶起，二人复又饮酒，直饮到酩酊大醉，呼哧哧做起了美梦。

帐外，飘起了雪花。雪落无声，荒原上一片静寂。

所有的营帐都熄了烛火，只有刘邦的中军帐灯火通明。几个人影在帐中，时而移动，时而不动。

这样的夜晚，做首脑的哪能入睡？不要说刘邦，就连张良也是心中没底。世间事，偶然居多，谁能算尽？项羽每一分钟都可能改变主意，袭击霸上，那样的话，刘邦就完了。

又不能观天象。外面，除了白的雪，就是黑的夜，刘邦凶吉如何，不得而知。

于是，只能默然等候，看命运之手怎么安排。

刘邦总是运气不错，这回又撞上了一位福星。

霸上有人吃里爬外，戏下也有人胳膊往外拐，所不同者，是戏下的这位先生并非为了私利。

这人叫项伯，项羽的叔父、张良的朋友，一位颇具侠义心肠的忠厚长者。在楚汉战争的开幕式中，由于忠厚，他扮演了一种近乎滑稽的角色。他不惜打乱自己人的战略部署，以保障对手的安全，为此，范增气得七窍生烟，而项羽的最终失败，至少有一半责任要由这位叔父承担。

事情发生在同一天夜里。

曹无伤的密使一走，项羽立即下令：五更造饭，清晨发兵讨伐刘邦。

项伯得到了消息，立时慌了。

张良是他的好朋友，当年他杀了人，多亏张良相助，方免于灾难。知恩图报，现在机会来了。

他骑上一匹快马，冒着漫天大雪离开楚营，径往霸上奔去。他具有特殊身份，楚卒也不来拦他。他的念头很简单：叫张良尽快离开霸上。张良一走，他就放心了，至于刘邦的安全，他暂时还不会去操心。

快马在雪夜里奔驰，四十里路，片刻工夫就到了。刘邦的营地静悄悄的，显然没有任何准备，几个零零星星的哨兵在雪地上游走。

幸亏我赶来了，项伯想。不然，子房休矣！

张良在刘邦的营帐中，士卒报告项伯来访，张良颇感吃惊。刘邦说：

"项伯此来何意？"

"必有要事相告。"

"那就请他入帐吧。"

张良出帐，见项伯在不远处站着，四周都是纷纷扬扬的雪花。二人相见，项伯却不肯进帐，他对张良说："愚兄此来，只为一件事，说完就走。"

"什么事急成这样？"

"请子房今夜速离此地。"

"这又为何？"

"楚军明日来攻，沛公绝非项羽的对手。子房且到别处避一避，或是随我到戏下，我把你推荐给项羽，我那侄儿也一向看重先生的才学。"

"沛公待我不薄，弃他而去，非君子之所为。"

"既如此，子房自己保重，我得走了。"

"且慢。"张良哪能让他走。他这一来，刘邦就有了一线生机。张良本是侠义中人，然而事关大局，也不得不对项伯加以利用。原则问题上，张良可不含糊。

"大冷的天，仁兄不妨到帐中，暖暖身子再走。"

项伯摇头："沛公在，我是去不得的。军机大事，未可泄露。"

张良笑道："你把消息告诉我，就等于告诉了沛公。"

项伯看张良一眼，有些不满："你我交厚，所以赶来向你通报，没想到你会告诉沛公。你这么做，岂不是令我尴尬？"

张良说："我不告诉沛公，沛公就完蛋了，于公于私，我都不忍。请仁兄务必见谅。"

项伯默然。张良的话不无道理，怪只怪他不该来。但不来也不可能，除非他不是项伯。侠义二字，远不止是贴在身上的标签。他非来不可，而张良又非告诉沛公不可，这样一来，倒霉的只能是项羽和范增。

当然，项伯不至于想这么多，他只是觉得有点不快。张良拉他进帐，他不再推辞了，这时，才感到雪地里委实太冷，周身已冻得冰凉。

帐内，刘邦和萧何围坐在火炉旁，还有一个戴儒冠的老者，白须红脸，瘦高身材，项伯却不认识。刘邦介绍说，老者名叫郦食其。

郦食其拱手为礼，然后默默地坐到一旁，滔滔辩才，此刻一无施展的余地。

项伯心想：这大约又是一位足智多谋的高士。

张良把项伯刚才对他讲的话转述了一遍，只略去瞒着刘邦这一层。刘邦听了，大为感激，忙叫军士摆下酒宴，款待项伯，项伯莫名其妙地做了个大人情，只得应允，在席前坐了。张良、萧何、郦食其依次相陪。

张良目视刘邦，刘邦会意，对项伯说道：

"我入关后，秋毫不敢有所取。之所以派兵守住函谷关，是怕有盗贼出入，岂是为阻挡项将军？请足下转告项将军，我移军霸上，日夜盼望尊驾入关，决无二心。"

项伯答应转告，仅仅是转告而已，他不会在项羽面前为刘邦力辩，这一点，不用张良提醒，刘邦也明白。他不禁心下焦急：明天项羽打来，他只能逃跑。

急中生智，刘邦忽然想到自己有个未出嫁的女儿，联姻，这可是个好主意。于是脱口问道："项伯兄，你膝下的儿女大概已成人了吧？"

"大儿快满十八了。"

"不知有无婚配？"

"没有。"

刘邦松了口气。如果对方没儿子，或即便有，却已定下婚事，他的宝贝女儿就是想塞也塞不出去。

刘邦笑呵呵地说："我有个女儿，姿色尚可。如蒙不弃，可与你家大公子结为佳偶。"

项伯迟疑着，连说：

"沛公乃一军之长，不敢高攀。"

张良大笑，接过话来：

"刘项二家，情如兄弟，共约灭秦，又齐至咸阳，现大事已定，两家结为婚姻，正是门当户对，项伯兄何必过谦。来，我们以杯酒为盟，一言为定！"

张良率先举酒，项伯只得相随。饮过之后，气氛渐趋融洽，刘邦一口一个亲家，项伯开始觉得别扭，多听几遍，耳就顺了。他转而寻思：我那个不成器的儿子能娶上沛公的女儿，亦是他的莫大福分。

思想通了，脸上就有了笑容。刘邦和张良、萧何诸人也相视而笑。炉火熊熊，映照着五个男人的笑脸，帐外的寒意似乎远隔千里。

项伯喝到三分醉，打马而回。临行前，刘邦少不得叮嘱再三，项伯拍着胸口说："沛公放心好了，一切包在我身上。但明日清晨，你须到鸿门走一趟，拜见项将军。"

刘邦应允，亲送项伯走出营门。

项伯回到楚营，已过半夜。营中人马多已安睡，唯项羽大帐，灯火仍明。项伯步入帐内，见项羽和衣倒在榻上，鼾声如雷。

项伯使劲把项羽摇醒。

项羽抹了一把涎水，问道："深更半夜的，叔父有何事？"

项伯说："我刚从霸上归来，有话要与你说。"

"叔父去霸上何干？"

"我有一故友张良，以前曾救过我的命，现在刘邦麾下。我怕明晨攻打刘邦，张良亦难保，因此前去寻他，欲邀他来降……"

项羽性急，忙问："张良可来否？我得此人，如虎添翼矣！"

项伯摇头："不仅张良未来，反说沛公入关，未负将军，而将军欲加害沛公，故不肯轻易来投。"

项羽闻言，忿然道：

"刘季守关拒我，怎说不负？他将财物妇女据为己有，怎说不负？"

"将军怎不想想，沛公若不破关，我军岂能轻易入关！况且，沛公守关，全为防备盗贼起见。他攻取咸阳后，封库府，闭宫室，还军霸上，财物不敢取，妇女不敢幸，以等将军入关，商议处置，你若草率发兵攻打，岂不令天下诸侯失望！"

这番话，是项伯在返回戏下的路途中想好的，和刘邦的口吻完全一致，他觉得自己是站在公正的立场上，因而说得振振有词。几年后，当项羽血溅垓下，项伯在逼人的血腥气中陡然想起这些话，才感到当年的他事实上是个内奸。

项羽本来就有些犹豫，听了项伯的话，寻思一回，因问：

"那曹无伤所言，又如何看待？"

"一面之词，不足为凭。"

项羽默然。看情形，态度已有所转变。

项伯又说："明日沛公来当面谢罪，宜热情款待，以结人心。"

项羽说："好吧，就照叔父的话办。"转而笑道，"若非叔父一席话，刘季明日就惨啰。那十万人马，正好让我杀个痛快。"

随即传令三军，明晨只须睡大觉，等刘邦送来好酒好肉，大嚼一回。

传令之后，项羽复又倒在榻上，很快响起了鼾声。

项伯悄然退出。雪仍在下，他走向自己住的营帐，心里乐滋滋的。他做了一件仁义之事，三言两语就免去了一场战争，这场战争毫无意义，这是显而易见的，他并不需要说服自己。他确实做了一件大好事，刘邦真该好好感谢他。

想到那门亲事，他乐得一颠一颠的。真是一举三得呵，于公于私，皆大欢喜。那一趟真没有白跑：四十里快马加鞭，几百年美名流传。妙呵，妙呵！

到了帐中，项伯唤过一名军士，命他速去霸上，向沛公报告消息。好事做到底，他不能让自己的亲家太着急。

军士去而复返，带回了几件珍宝，全是沛公赠给项伯的。自家人，干吗这么客气呢——项伯想。一高兴，干脆扔了一件珍宝给军士，军士喜出望外：雪里送消息，值！

然而，有人喜得眉开眼笑，有人却恨得咬牙切齿。喜的是项伯（包括四十里之外的刘邦），恨的是范增，这老头得知项羽不发兵时，脸都气歪了。

时已五更，范增翻身下床，待要披挂出征，却见周遭毫无动静，一问，才知道改了军令。

妈的，朝令夕改，能成什么大事！范增一路骂着，直奔中军帐。

项羽尚在梦中，脸上挂着笑意，看来是一场好梦。范增三两下就把他摇醒，他的脑袋像是范增手中的一个玩具。

项羽两度被人摇醒，不禁大怒，叫道："老子杀了你！"

定睛看时，却是范增，只得按下怒火，怏怏地问："亚父有何事？"

项羽发火，范增先是吓了一跳，挟带的一腔忿恨消失了一半。毕竟年纪大了，哪里禁得住项羽打雷似的吼叫？他本来也想吼几句的，不得已，转为冷冷地质问：

"听说你又改了主意，不打刘邦了？"

"是的。"项羽打着呵欠，表示他没有睡醒。

"这是为何？"

"刘季这小子，谅他不敢对我无礼。我打他，天下人会耻笑我，说我不义。"

"面子重要，还是破敌的机会重要？失去这一次良机，你将悔之莫及！"

"亚父，你恐怕把刘季估计得太高了。他算老几？沛县的一个无赖而已。十万人马无非是乌合之众，我要擒他，易如反掌，不必非要在这一次动手。"

"将军糊涂！将来与你争天下者，必是刘季！"

"那又怎样呢？他能打过我么？"

"他今天打不过你，明天可说不定。"

这话把项羽激怒了，又吼起来："我今日偏要放他一马，看他明日能奈我何！"

范增哑然，有点后悔不该把项羽逼急了。事到如今，劝他发兵恐大不易，不如改弦更张，另作图谋。

范增缓和了语气，对项羽说：

"不发兵也罢。老夫有三条计，望将军选择其中一条。"

"亚父请讲。"

"明日请刘邦到鸿门赴宴，未入席时，责之入关三罪：放子婴，藏玉玺，派兵守关，拒我入内。若刘邦不能答，一剑斩之，此为上计；将军不欲自己动手，可令帐下埋伏两百余人，刘邦入席后，老夫看时机，举玉玦为号，即唤伏兵杀之，此为中计；如二计不成，可使一人将刘邦灌醉，醉后必失礼，因而杀之，此为下计。"

范增一口气说完，由于激动，胡须乱颤。为杀刘邦，他使出了浑身解数。

上中下三条计，条条都要杀刘季。莫非亚父跟刘季有仇？项羽闪过这个念头。当然，他缺乏证据。再说，杀不杀刘邦，他都觉得关系不大，亚父若有适当的理由，杀便是了。

于是表示同意，并委托范增安排一切。

范增走了，项羽第三次倒在榻上，呼呼大睡。

范增迅速以项羽的名义修书一封，遣一伶俐小校送往霸上，呈与刘邦。书云：

"初与公受怀王约，共伐暴秦，以安黎庶。幸今天兵西下，子婴授首，关中收附。百工之绩，三军之劳，宜陈宴乐，以贺亡秦。

公为元勋，礼请端席，惟乞早临，以倡群僚。"

小校走后，范增抚须自笑。狐狸再狡猾，终究逃不过好猎手。狐狸者谁？刘邦是矣！猎手者谁？居巢范增矣！

小校驰往霸上，已是破晓时分。刘邦一夜未睡，此刻正搂着冷梅枝，睡得格外香甜。帐外，雪已经停了，东边还出现了亮光：今天或许是个晴天。

楚使送信来，自然要唤醒刘邦。刘邦懒得下床，倚在床头展开写在绢帛上的书信，看了几行，不觉额上冒汗。这觉是睡不成了，并立即唤来张良、萧何、曹参、樊哙、郦食其等人，到大帐议事。

大家看罢书信，感觉与刘邦相同：这个彬彬有礼的邀请暗藏杀机。刘邦原计算主动去戏下的，这跟对方的邀请大不一样。越是委婉的措辞，越让人放心不下。张良断言，信是范增写的，与项羽无干，至多征得了项羽的同意。范增既能写信，主意也多半由他拿。由此观之，鸿门设宴，凶多吉少。

刘邦去还是不去？去了，凶吉难卜（很难说范增那个老匹夫，会耍出什么样的鬼把戏）；不去，则更麻烦，等于公然与项羽作对。

两相权衡，刘邦不得不硬着头皮走一趟。

上午十点左右，刘邦启程了。太阳果然跳了出来，明晃晃地挂在天上，荒原上一片耀眼的白色。霸上的士卒在雪地里嬉戏、奔跑，显得兴高采烈，他们的主帅刘邦却垂头丧气的，他对身边的张良说：

"我这一去，恐怕再也回不来。"

"沛公不必过于消沉，"张良说，"此行虽有凶险，未必有大碍。"

"先生是安慰我么？"

"不尽然。项羽虽残暴，但头脑比较简单，沛公只需镇定对答，多奉承他，令他不能动杀心，范增则由我去对付。再者，沛公是有福之人，上苍不会扔下你不管。这一次，亦定能逢凶化吉。"

张良言之有理，刘邦的情绪有了好转。

这时候，情绪是非常重要的，沉得住气，就赢了一半。

接近午时，刘邦一行百余骑抵达戏下，到鸿门拜见项羽。

刘邦领人步入营内，但见士卒环列，刀枪林立，弥漫着浓浓的杀气。刘邦边走边感到一股寒意流遍全身，不禁握住张良的手。

来到中军大帐，樊哙等人被挡在帐外，只准刘邦和张良入内。

身入虎口，刘邦和张良肯定想到了这个词，没有比这更恰当的词汇了。当然，接下来涌入他们心中的，可能是另一个词：虎口脱险。

帐内，项羽居中而坐，左有项伯，右有范增。身材魁伟的项羽全身甲胄，刘邦进帐，他只身子微动，就算待客之礼。范增也死死地盯住刘邦，意在让对方胆寒。

刘邦趋前几步，跪下了。

这举动颇使人感到意外。刘邦与项羽原是结拜兄弟，各率人马击秦，如今胜利会师，至少名义上是来赴宴，共贺亡秦的，兄弟相见，长揖为礼就够了，但刘邦二话不说就跪拜于地，不单是帐中的楚军将领，连张良也吃惊不小。

对刘邦来说，这举动却是自然而然的。二十余年的嬉皮生涯，练就了一身嬉皮本领，见机行事，见强人低头，原是他的长项，没什么难为情的，只要形势需要，向谁下跪都行。

男儿膝下有黄金，这话对项羽适用，对刘邦不适用。刘邦膝下什么也没有，空空如也。下跪的念头一经生出，双膝已然着地，继之以双掌、脑袋，五体投地了。

真有点煞风景，帐中有人捂了嘴笑。

然而，谁是真正的男儿，还难说得很。

项羽脸上掠过一丝笑意，也许是嘲笑。他本来就看不起这个刘季，现在更看不起了。但刘季正好需要他看不起，岂止看不起，最好是看成一堆不起眼的狗屎。

项羽的笑意稍纵即逝，然后是冷笑：

"刘季，你知罪吗?"

刘邦此时已横下一条心：是福不是祸，是祸躲不过。遂朗声说道：

"我与将军同力攻秦，受怀王之命，将军战河北，我战河南。虽是两路并进，但仰仗将军神威，力挫秦军主力，我才得以先入关灭秦。尔后，我遂下令封存秦廷珠宝财物，还军霸上，以待将军。因不知将军何时到来，所以派兵守关，以防盗贼。今日亲见将军，我之心愿已了，一切处置，全凭将军定夺。可恨的是有小人在中间进谗言，令将军与我有隙，还请将军明察！"

刘邦讲话时，项羽听得很仔细，同时察看刘邦的表情，看他是否在撒谎。察看的结果是：刘邦没有撒谎，还挺委屈似的。据项羽判断，撒谎的人，不会有这副委屈的模样。于是心想：刘季所言，和叔父的话大致吻合。

项羽的长处是性情豪爽，胸无城府。既然认为刘邦没说假话，便把杀他的念头抛开了。他走下座来，扶起刘邦，拍了拍刘邦的肩膀说：

"你我兄弟，闹到这步，全怪你那左司马曹无伤。是他跑到我这儿来，说了许多你的不是，不然，我怎会如此待你？"

项羽话一出口，曹无伤就死定了。可怜的聪明人，此刻尚在霸上静候佳音哩。

而另一个人再次气歪了脸，这就是范增。项羽不动手，他的第一条妙计落空了。当然，他还有第二条、第三条，伺机而发，专取刘邦的性命。

接下来，正式开宴，项羽笑呵呵地邀刘邦入席。刘邦朝北面坐了，项羽和项伯朝东，范增南向，张良西向。帐外乐声大作，帐内杯觥交错，你喝我饮，但各人心境不同。项羽豪气大发，刘邦提心吊胆，范增时时寻找杀机，张良处处小心防范，除了项羽，这顿酒宴没人吃得轻松。

酒过三巡，气氛渐渐上来了，虽然是一种虚假的气氛。项羽大叫大嚷，只要找人赌酒。找张良，张良不行，一个状如好女的男士，哪里是项羽的对手？三两杯就被摆平了，面红耳赤，东歪西倒。项伯见了，不觉心疼，连声叫道：

"子房醉矣，子房醉矣！贤侄快找别人赌去，别难为了子房！"

项羽闻言，立时收手，对张良笑道：

"博浪沙刺秦王的英雄，我以为必是豪饮。"

张良佯醉，口齿不清地说道："张良不……英雄，大王才……英雄。"

项羽哈哈笑道，转过身去，一把捉住刘邦。

"你我兄弟，先饮十杯再说。"

刘邦本来善饮，这时却不敢放开酒量。性命要紧，若是醉了，一言惹来杀身之祸，岂不是太不划算？因而央求道：

"刘季是上了年纪之人，将军且饶我这回吧。十杯太多了，三杯行不行？"

刘邦一副可怜相，项羽不便用强，许他只饮三杯。喝过了，项羽越发神气活现，指着刘邦、张良道：

"尔等不能豪饮，战场上哪有豪气？"

刘邦赶紧承认，确实没豪气。张良想到一句话，出不得口，硬生生吞了回去。这话是：我等没豪气，却有灵气加运气，我的灵气能将你的豪气变成傻气。至于运气，更不得了。运气来时，直把你弄成没气！

这段话，近于顺口溜，而张良原是编顺口溜的好手，有眼前和后来的事迹为证。所惜者，是发乎脑袋，止于唇齿之间，自己的作品只能自己欣赏。

今日之张子房，远非昔日之张子房。昔日博浪沙一击，全凭匹夫之勇；今日谈笑自若，胸中装着十万兵。泰山崩于前而色不变，炸弹崩于侧而目不瞬，区区项羽，何足道哉！

不过，旁边还坐着一位高士，名曰范增。

据说范增曾经和张良的师傅黄石公同窗读书，按师承关系，当是张良的师叔。以才智论，不说在张良之上，至少在伯仲之间。张良运气好，遇上刘邦；范增运气坏，遇上项羽。项羽自负，死要面子，自己没远见也罢了，最恼人者，是对别人的远见不当回事。范增有劲使不上，合该闷一肚子气。

项羽喝酒喝得高兴，四处找人赌酒。他麾下的英布、钟离眜等人，个个是海量，陪他猜拳，乱叫乱嚷，闹得一塌糊涂。范增以目示之，却抓不住项羽的目光，索性举起身上佩带的玉玦，连举三次。这个杀人信号，只有他和项羽能懂，项羽兀自哇哇叫着，视若无睹，旁人倒是注意到了，凑上前来，嬉笑着问：

"范老先生，这玉玦很值钱么？"

范增脸都气青了，一把将这人推开，夺门而去。

项羽这才愣了一愣，叫声亚父。亚父头也不回，径自出帐走远了。

范增一走，刘邦松了口气。这老家伙始终板着一张脸，目露杀气，比项羽更可怕。他一再举玉玦，刘邦猜了七八分，不禁周身冰凉，幸而项羽未予理会，不然，刘邦恐已吓得昏死过去。上苍保佑，那老匹夫终于愤而离席。

刘邦松了口气，转而寻项羽猜拳，露出嬉皮本相，哇哇哇地叫开了。

半醉的张良始终保持着足够的警惕性，范增这一去，他觉得不是好兆头，不过，为今之计，只能坐观其变。

帐中煞是热闹，酒气弥漫，肉气翻腾。门口，一个年轻的执戟郎中冷眼瞧着。时已午后，他肚子早饿了，酒气肉气扑面而来，他忍不住一再吞口水。真不公平，但无法可想，谁叫他只是个小小的执戟郎？而席上的这些人，论级别都可以称将军。

他一面吞口水，一面冷眼打量。之所以叫冷眼，是因为他有一颗不同寻常的脑袋，看问题向来入木三分。他嗅到了隐在热闹之下的腾腾杀气：和张良一样，他知道范增离帐绝不是危险解除的信号。

谁有这样的眼光，几乎不让张良？

不言而喻，只能是韩信。

张良偶然接触到他的视线时，不觉为之一动。这眼神古怪得紧，张良想。他问身边的项伯，此人是谁？项伯嘻嘻一笑，答曰："韩信，一个自以为是的年轻人，当年曾钻过别人的裤裆。"

几个武夫闻言，仰面大笑。韩信大约听见了，背过脸去，武夫笑得更欢了……

韩信。张良把这名字默念了一遍，并记住了那张脸。

众人发笑，刘邦忙问："你们笑什么？说来听听，让我也笑一回！"

此时，刘邦的安全感大大增强，他同样要闹要笑，笑完了，打马回营，搂着千娇百媚的冷梅枝，睡他个三天三夜！活着，是多么美好！

可惜他高兴得太早。正当一武夫指着门口的执戟郎中，欲告诉他发笑的缘故时，忽听到一阵急促而有力的脚步声，一老一少两个人闯进帐来。老者银须飘动，非范增而谁？少年壮如铁塔，从长相到身材都活脱脱是一个小项羽。

少年姓项名庄，乃是项羽的同胞兄弟（一说是堂弟，殊难考证）。

项庄拱手一礼，说道："愿在席前舞剑，以助酒兴。"

项羽说声"好"，项庄便拔剑起舞。他既是项羽的兄弟，剑术也自然了得。只见他剑随身走，跨跃腾挪，挽起朵朵剑花，煞是好看，众人一齐喝彩。

只是苦了刘邦。

项庄入帐，他就感到不对劲，因为那小子竟然恶狠狠地盯着他，忽而又舞起剑来，越舞越快，剑光游走，渐渐向他的座前逼来，他惊得直冒冷汗……

由于事起仓促，张良也惊呆了，这时候，再有妙计也派不上用场。而张良乃一介书生，手无缚鸡之力，纵有十个，也挡不住项庄刺向刘邦的利剑。

沛公休矣！张良闭目长叹。

在赤裸裸的肉体的力量面前，他第一次痛苦地感到所谓智慧的软弱。

然而，世间事，偶然性太大，也是刘邦命不该绝。正当项庄渐渐逼近时，有人忽然起身拔剑，说道：

“一人舞剑不好看，两人对舞，更为可观！”

座中人急视之，原来是项伯。

历史的紧要关头，他又跳了出来，站到了敌人一边。从楚军这一面看，他简直是跳梁小丑、不折不扣的内奸。有趣的是，他主观上并非如此。当时的氛围是暧昧的，他不明所以，只看出项庄舞剑，意在沛公，于是，不假思索就挺身而出，要保护自己的亲家。

单论剑术，项伯不是项庄的对手，但他以叔父的身份出招，项庄不得不让他三分。两人战成平手，项伯把刘邦护得风雨不透，项庄要杀刘邦，除非先杀项伯。

这个怪诞的局面，范增事先根本没想到。只道刘邦必死无疑，不料跳出个项伯，又是自家人，身份亦高，除了项羽，没人敢叫他滚一边去。

范增恨得跺脚，长吁短叹，拿眼看项羽时，项羽正看得津津有味。

竖子不足与谋！现在，轮到范增闭目长叹了。

张良见此情景，自然是惊喜莫名。不过，他历来行事谨慎，只项伯一人护驾，恐不能做到万无一失。趁两人斗得正紧，急切之间，难分高下，他便悄悄溜了出去。

他找到樊哙，把帐中的情形说了一遍。樊哙一听，二话不说，直奔大帐，两旁的卫士见状，纷纷举枪拦截。樊哙力大如牛，甩翻了几个，一面大呼：

“鸿门设宴，随从通无毫厘酒饭。我见项羽，讨些酒饭吃！”

樊哙带剑拥盾，撞到中军帐，用剑尖将帐帷挑起，大步走到项羽座前，仗剑而立，头发上指，目眦尽裂。

这又是一个凶神！项羽暗自吃惊，一手按剑，一手指着樊哙问：

"你是何人?"

樊哙正待回答，被张良抢了先：

"他是沛公参乘樊哙。"

项羽听后，随口赞道：

"好一个壮士，可赐他卮酒彘肩。"

左右闻命，忙取来好酒一斗，生猪肘一只，递给樊哙。樊哙谢过，立着就将斗酒一气喝干，又将猪肘放在盾上，用剑切割，边切边吃，顷刻也尽。

如此豪气，项羽不禁引为同类，满心喜欢。看他吃完了，又问：

"壮士，可再饮否?"

樊哙见问，越发豪气大发，朗声道：

"臣死且不避，还怕喝酒?"

项羽有些奇怪："壮士何出此言?"

樊哙正色道：

"秦有虎狼之心，天下皆叛。怀王与诸侯约，先破秦者为关中王。今沛公先入咸阳，秋毫无所取，还军霸上，以待将军。如此劳苦功高，将军不予封赏，反听小人之言，欲诛有功之人，此又亡秦之续耳，窃为将军不取！今见项庄舞剑，意在沛公。臣不避诛戮，干冒盛筵，一则为饥渴而来，二则为沛公申冤：此臣所以死且不避矣！"

堂堂正正的一席话，说得项羽无言以对。于是挥退项庄，命樊哙坐下，吃肉喝酒。

刘邦惊魂稍定，不敢在席上久待，借口上厕所，溜出帐外。张良、樊哙也跟了出来。

张良说："这儿太危险，沛公宜速回霸上。"

刘邦尚犹豫："不辞而别，恐不大好。"

"事到如今，顾不了许多了。沛公先走一步，我留下来对付项羽。"

樊哙也接话道：

"有啥好不好的，如今我们是人家菜板上的肉，凭他宰割，不走还等什么？"

刘邦仍在犹豫，张良又说：

"沛公请回吧。这里的一切，由我担当。沛公来时，可带来什么礼品？"

刘邦即令随从取出白璧一对和玉斗一双。白璧是呈给项羽的，玉斗是送给范增的，由于刘邦的慌乱，还没有来得及出手。张良接了礼品，复又催刘邦上马，刘邦这才拿定了主意。三人正欲分手，却见一个楚军将领走过来。

这人叫陈平，项羽麾下的一个都尉，出了名的美男子。陈平的故事很多，好故事坏故事都有，坏故事甚至不堪入耳——此系题外话，容后再表。

陈平是奉了项羽之命，专门来寻刘邦的：刘邦上厕所的时间太长，项羽已经起疑了，可他派出的陈平偏偏对刘邦素有好感。

刘邦见了陈平，立刻装作醉得东歪西倒的模样。张良代为求情，对陈平说：

"沛公已不能饮，几杯酒就醉了，我们正为他发愁呢。"

刘邦趁机说酒话："陈都尉，你来得好。快扶我归帐，我还要喝，喝个痛快，喝到死……"

陈平皱起眉头："沛公醉成这样，不能再喝了。"

樊哙道："不如回霸上。"

陈平没做声，显然是默许了。这美男子有心帮刘邦一把，目送着刘邦从小路走远了。樊哙等人也跟着回霸上，只留下张良与项羽、范增周旋。

张良回帐，取出白璧玉斗，分别献上。项羽见白璧光莹夺目，心中喜欢，便置于座上，又问张良：

"沛公现在何处？"

"因怕将军督责，沛公已脱身而去，此时怕已返回营中了。"

项羽有些不快："为何不辞而去？"

张良坦然道："将军与沛公本为结义兄弟，不致加害沛公，惟将军部下，有的与沛公有隙，想趁将军宴请之时，除掉沛公，也乘机嫁祸将军。沛公对此不便明言，只好脱身避祸，留臣禀告实情，还望将军明察！"

项羽闻言不语，不觉把目光移向范增。范增此时说不出的恼怒，见项羽注视他，禁不住怒火上升，气上加气。人要是动了真气，礼节就多余了。只见他取过玉斗，掷在地上，一剑将其砍成数块，口中还恨恨地说：

"将来夺项氏天下者，必是沛公。今日不听劝告，他日必成为人家的俘虏！"

项羽念他一片忠心，不与计较，转身走入内帐。

至此，宴席不欢而散，范增设下的三条妙计，终于条条落空。

张良于黄昏时分返回霸上，刚入军营，就听到一个消息：左司马曹无伤已被沛公斩首。

张良想：这个沛公，动作倒快得很！一念未已，忽听哈哈一声朗笑，薄暮中，刘邦已带了萧何、曹参等人，远远地向张良迎了上来。

第九章　佳人与魔鬼的爱情

且说项羽鸿门宴杀刘邦未成，范增痛心疾首，项羽不以为然。在他看来，刘邦的分量太有限了，不足以构成日后的威胁。再说，刚灭暴秦，便杀兄长，名声不大好。项羽把名声看得极重，由此，嘲笑他的人多，钦慕他的人也不少，但无论如何，这最终导致他自取灭亡。

项羽不杀刘邦，却对另一个人耿耿于怀，这就是降了刘邦的秦王子婴。

项羽西进以来，一路上杀气腾腾，入秦地，更是怒不可遏，恨不得把秦地的一切毁个精光。这种愤怒，可理解的成分不多，更多的是疯狂，是不可理喻的复仇之举。

子婴投降刘邦，旋即受到刘邦的庇护，可惜好景不长。项羽一来，刘邦的庇护就立刻显得苍白无力，项羽向刘邦索要子婴，刘邦不敢不给，鸿门宴已经把他吓得半死。他召来子婴，对后者说：

"项羽有信来，要你去见他，我是留你不住了。"

子婴一声长叹："此去惟有死路一条。项羽的为人，我早已听说了。"

"未必。你多赠些珠宝给他，或可保命。"

子婴的旧臣劝他逃走，他拒绝了，理由是：他一旦逃走，项羽很可能屠城，那样一来，咸阳的百姓就要遭殃。

子婴死到临头，还为百姓考虑，可见他与胡亥不是一路货色，项羽不管这些，只要砍他的头。子婴携了大量珠宝，提心吊胆地前往楚营，等着他的果然是死亡。

项羽简单问了他几句，便喝令推出斩首，送来的珠宝一律照收不误。

帐外，年轻的子婴人头落地，这仅仅是个信号，是大屠杀的开始。

刘邦进咸阳，第一件事是直奔后宫，专在美女身上下功夫。项羽则不然，对他来说，首要的快感源自杀戮，而不是什么男欢女爱——鲜血比女人的颜色更为动人。

项羽坑杀二十万秦军降卒，秦地百姓恨不得剥他的皮，吃他的肉。项羽丝毫不考虑缓解这种仇恨。他迎着仇恨上：这才是英雄本色。他铁蹄入咸阳，身后跟着四十万强大的楚军。他有的是力量粉碎任何一种仇恨，并在旧仇之上再添新仇。

项羽是什么人？力拔山兮气盖世！区区咸阳百姓，何足挂齿。他每天杀一千人，让英布和钟离眜统计数字，不多不少，正好一千。接连杀了好几天，几千个脑袋在空中飞舞，咸阳终于鸦雀无声了。项羽提长槊，骑乌骓马，耀武扬威地走过咸阳街头，百姓从门缝里偷看他，内心满是恐惧。这位凶神，比秦始皇可怕一万倍。

"彼可取而代之！"当年的豪言壮语，如今变成了现实。岂止取代，项羽是有过之而无不及。

当然，他的寿命比秦始皇更短，仅仅是后者的一半。不说天命，只看人事，他也活该倒霉。过于霸道的人，或迟或早都有这种下场。

而眼下，他得意得很。

杀人杀得差不多了，接下来是抢东西。咸阳既为秦都，宫中的财物应有尽有。刘邦白走了一趟，除了在后宫睡了几觉，并偷偷带走一个叫冷梅枝的女人外，别无所取。他不取是因为不敢取，项羽可不同，他想杀便杀，想要就要，普天之下，谁敢说个不字？

他把宫中的珠宝玉器悉数装车，并将有姿色的女人捆在车上，准备东归。曾与刘邦有过一夜之欢的赵吹鸾亦未能幸免，她隐瞒了身份，并把自己弄得蓬头垢面，这样，连项羽的部下都没人要她，车行至中途，她被放回了咸阳。几年后，刘邦称帝，赵吹鸾再度入宫，封为妃子，一辈子荣华富贵，尽管不复受宠：其时，刘邦已有许多大美人，顾不上她了。

项羽东归，反对的人不少，最激烈的当数范增。咸阳是一块宝地，秦始皇因之以成霸业，放弃了太可惜，但范增的话，项羽听不进去，偏要一意孤行。

这老头于是气得不行，在项羽帐下，他真有生不完的气。什么远见卓识，全他妈的不管用。项羽愚蠢也罢了，还自以为是。范增简直觉得自己像个糟老头子，被尊为亚父，完全是名义上的，和张良相比，他可差远了，刘邦对张良，言听计从，可他呢？

一把老骨头，总有气得散架的一天。

项羽执意东归，有个堂皇的理由，这在历史上是出了名的，叫做富贵不归故里，如衣锦夜行。这段话，项羽是对一个叫蔡生的人讲的。

蔡生乃咸阳高士，和范增一样，想到项羽手下谋个一官半职。他对项羽说：

"大王切不可东归，咸阳是最理想的都城，土地肥沃，山河险要，周围有函谷关、武关、散关和萧关，再强大的敌人也不易进犯。大王据守咸阳，就能做天下诸侯的霸主，何必非要回江东呢？大王听我一句话，霸业可成。"

殊不料项羽听了，哈哈一笑，对蔡生道：

"你这个书呆子，只知其一，未知其二。咸阳有什么好？我看这地方很有些晦气。胡亥的下场如何？还有那个子婴，刚刚被我杀了，可见咸阳待不得。至于雄关险隘，更是扯淡，连刘季都挡不住！还有一个道理，你在书上是学不到的，让我来教你吧。富贵不返故乡，不让家乡父老知道，就譬如穿着锦绣的衣服在夜里行走，有谁看得见呢?"

项羽话没说完，蔡生心就凉了。原来项羽是这种人，表面上刚猛无敌，其实呢，是个目光短浅的家伙。且让他回江东，衣锦昼行去吧。

蔡生恭恭敬敬地说了句"谨受教"，然后躬身而辞。一代高士，从此收拾稻粱谋，不问世事，终老于咸阳，不提（真正的隐士，想提也无从提起）。

蔡生之后，又来了一位韩生，亦有高见。不过，这位韩生与蔡生不同，他喜欢讽刺别人。他也劝项羽留在咸阳，本是一番好意，可项羽听了心烦。项羽懒得跟他饶舌，只打发他走人，韩生走也罢了，偏偏又在出门之前冒出一句俏皮话，惹来杀身之祸。

韩生说："我常听人说，楚人是沐猴而冠，干什么都只凭心血来潮，没个常性。今日一见，果然如此，大约楚人都是猕猴变的吧。"

话音未落，忽听身后一声大喝："站住！"韩生扭头看时，脸立刻白了。

项羽怒目圆睁，吼道：

"你祖宗八代才是猕猴！来人，把这狂妄之徒给我烹了！"

可怜韩生，活生生被扔进油锅，转眼间，变成了一堆香气四溢的炸肉。

项羽撤离咸阳之前，还做了一件使他名传千古的事，那就是火烧阿房宫。

阿房宫位于渭水之南，与咸阳隔水相望。秦始皇以七十万劳役，经年累月，建造这座前所未有的宫殿，未及建成，就一命呜呼了。到二世胡亥手中，阿房宫大致成形，选自全国各地的美女源源不断地流入宫中，但胡亥没享几天福，也一命呜呼了。接下来的三世子婴，在秦王位上仅四十六天，历代史家一般都对他忽略不计，秦二世而亡，并没有三世。

在中国历史上，阿房宫极负盛名。何以如此？原因有两个。一是它的规模空前绝后，二是它刚刚建成，就被一把大火烧了。此外，唐朝杜牧的一篇《阿房宫赋》，也为它增色不少，全仗着这篇文字，人们才得以想象阿房宫究竟有多大、有多美。

阿房宫号称三百里，其实际规模，当不在百里之内。一座绵延百里的宫殿，在今天看来，已不可思议，何况它还是"五步一楼，十步一阁"，豪华得令人目瞪口呆。正由于它，蜀中的山全都变成了荒山，所有的材木均被伐光，用以建筑宫殿，难怪后来的大火一烧就是三个月。

阿房宫是秦始皇性格的外化，秦始皇不愧为中国的第一个皇帝，干什么都要求第一流。燕赵齐楚的建筑艺术，在阿房宫得到最完美的体现。杜牧写道：

"廊腰缦回，檐牙高啄；各抱地势，钩心斗角。盘盘焉，囷囷焉，蜂房水涡，矗不知其几千万落。长桥卧波，未云何龙？复道行空，不霁何虹？高低冥迷，不知西东。歌台暖响，春光融融；舞殿袖冷，风雨凄凄。一日之内，一宫之中，而气候不齐。"

至于流入宫中的珠宝和美女，更是不计其数。杜牧描写这些美女，真是不惜笔墨。这儿不妨再录一段。

"妃嫔媵嫱，王子皇孙，辞楼下殿，辇来于秦，朝歌夜弦，为秦宫人。明星荧荧，开妆镜也；绿云扰扰，梳晓鬟也；渭流涨腻，弃脂水也；烟斜雾横，焚椒兰也。雷霆乍惊，宫车过也，辘辘远听，杳不知其所之也。一肌一容，尽态极妍，漫立远视，而望幸焉。有不得见者，三十六年。"

从这段文字看，杜牧亦对女色颇为敏感，后面写到的六国珠宝，就没有这样的想象力。

如此堂皇的宫殿，项羽何以要毁它？有论者认为，宫殿是建立在人民的血肉之躯上，所以项羽才看它不顺眼。这纯属谬谈，照这种说法，万里长城也应当拆掉。项羽看它不顺眼是真，动机却与人民无关（尤其是秦地的人民，即使死光了，项羽也断不会心痛）。项羽火烧阿房宫，绝无深刻的、堂皇的理由，他也不需要这类理由，看它不顺眼，这就够了。

为什么不顺眼？因为它是秦王朝最大的宫殿，而秦王朝之于项羽，国有国仇，家有家恨。项羽西进灭秦，灭就是灭掉一切，与刘邦的概念大不相同，后者的目的只在于推翻一个王朝。项羽一路杀过来，心中始终有一团复仇之火，坑秦卒，屠秦都，焚秦宫，这一连串举动，都是这团复仇之火喷发的结果。换句话说，阿房宫毁于项羽的私愤。

如果项羽决定不走，以咸阳为都，那就是另一回事了，阿房宫会免于劫难。而项羽欲东归，留它何用？这么漂亮的宫殿，项羽不享用，别人谁敢享用？与其让它白白地矗立于渭水之畔，不如放一把火，烧掉了事。

"楚人一炬，可怜焦土。"

八个字，说尽了无限悲哀。

司马迁《史记》中也记叙道："屠咸阳，杀秦降王子婴，烧秦宫室，火三月不灭。"

然而，鬼使神差的是，项羽烧阿房宫，不仅烧出了一个千古骂名，也烧出了一段千古姻缘。

美人配英雄，虞姬配项羽，中国英雄美人的模式，大约就由这对男女而起。不过，以笔者观之，项羽不应是英雄。列宁说过，真理再往前迈一步，即是谬误。即使承认项羽走的是英雄路，但他也未免走得太远，所以是魔鬼。英雄杀人是不得不杀，魔鬼杀人则是嗜杀成性，两者的区别很明显，用不着求证或争辩。

虞姬是大美人，三言两语恐难搪塞过去，得细细道来。

阿房宫中，一座吴国式样的建筑物里，有个十六七岁的少女，正倚在门首，呆望着院子里的梅花。梅花开得正艳，粉红的花瓣恰如她两颊上的轻红。

不过，她似乎看得心不在焉。这几天，宫中乱糟糟的。有各种各样的传闻，闹得人心惶惶。宫女和太监都诉说着一个叫项羽的名字，说项羽日食斗米；项羽力能扛鼎；项羽有四十万大军，还有一匹日行千里的乌骓马；项羽进咸阳，一口气杀了几千人……

人们几乎谈项色变，但这位少女不为所动。没什么好怕的，她觉得这些事跟自己无关。

前些日子，已经闹过一回了，那时是闹刘邦。这个刘邦又叫沛公，沛公的十万人马开进京师，引起普遍惊惶。都说沛公原是山上的强盗，带兵下山，打进关来，不为别的，只为烧杀抢掠。可结果如何呢？沛公的军队仅仅驻扎了几天，又秋毫无犯地撤出咸阳，还在霸上约法三章，安抚关中的父老乡亲。

沛公赢得了咸阳百姓的好感，于是，关于沛公的说法大大改变，宫女们叽叽喳喳地议论，说沛公原是个美男子，高鼻长颈，左腿上生着七十二颗黑痣：这可不得了，乃是龙种的标志。而且，沛公待人很温和，永远微笑着，尤其对女人……

宫女们越谈越兴奋，少女则站在一边不说话，她沉默的姿态像一尊玉雕。

有姐妹推推她，问她怎么不说话，她灿然一笑："听你们说就行了，叫我说什么呢？"

是的，她不必说话，她站在那儿，已经表达得够多了。她身体的任何一个细微的动作都足以构成完整的句子，玉树临风，梨花带雨，难道还需要声音作额外的表达？

美到极点的女人，不开口则已，一旦开口，看她启玉齿、动红唇的男人，岂不是要昏死过去？

幸亏少女周围没有男人，有的只是几个假男人：非男非女的内侍，或曰太监。

少女身边没有男人，不等于心里不想男人，青春妙龄，对异性的憧憬和花开一样自然。姐妹们谈论沛公，她倾听着，心想：这沛公既是美男子，又待人和气，必是个可亲近的人物。

宫中一度传闻，沛公要到阿房宫来。而沛公好色，尽人皆知。

这不要紧，男人不好色，岂不成了太监？少女很想见沛公一面，当然，想想而已，说不上对传说中的美男子有什么倾慕。

有宫女跟她开玩笑："虞姬，你是我们中间最俏的一位，沛公来了，必让你去见他。"

叫虞姬的少女微微红了脸。"去你的，"她说，"你才最俏呢。你去见那位沛公吧。"

"怎么，你不想见他？嫌他年纪大了？"

"混说！什么年纪不年纪的，沛公有多大？总不至于是个老头吧。"

"那可说不准。嘻嘻嘻……"

宫女笑着走开了。虞姬歪着头想了想，想不出一个所以然。她发现自己无法把心思集中到那个叫沛公的男人身上。没影儿的事，来不来还不一定哩。

两天过去了，沛公果然没到阿房宫来，稍有姿色的女人便显得失望，认为失掉了一次机会。沛公不扰民，来去都静悄悄的，宫里的女人们把他想象成一个好皇帝，或一个好的关中王。但沛公竟去了，无意留在咸阳。女人们七嘴八舌地议论着，长吁短叹，都有些夸张。

虞姬倒不觉得有什么值得叹息的，走就走呗，犯不着大家都来叹气。沛公是好人，可沛公跟咸阳无缘，也跟她们无缘。虞姬别的不信，最信缘分。

此刻，虞姬倚在门首，望着院子里的蜡梅。昨夜下过一场雪，地上有雪痕，今天太阳一晒，雪已化得几近于无。虞姬无心看蜡梅，也无心回想今儿早晨铺了一地的雪是什么样，她另有心事。她想着一个男子，这个男子既非沛公，亦非项羽。

男子是她的哥哥，叫虞子期。

她从江南来（具体是江南何处，史料不载），江南有她的家，有日夜劳作的父母，她家不算很穷，比她家穷的人家比比皆是。男人们大都抽走了，不是当兵，就是做劳役，只剩下女人维持生计，哪能不穷？虞姬有个大哥，前些年被拉去修骊山墓，去便去了，十余年杳无音信，母亲一度气得卧病在床。母亲也生得漂亮，原是里中的一朵花。亭长怜悯她，亲自到病榻前问候，并拍了胸脯，决不让她的第二个儿子去充劳役。

这第二个儿子即是虞子期，虞姬是小妹妹。

亭长一句话，管了许多年。这些年，虞姬无忧无虑地生长着，家里有两个男子撑着，明显强于一般人家。虞姬快乐地生长着，极少有皱眉头的时候。转眼已长到十六岁，村里的后生一见她，一颗心便怦怦乱跳，多美的人哪，长腿、纤腰、圆而坚挺的乳房，还有那张俏脸儿，别提了，简直像春天的太阳，光灿明艳，谁也不敢仰视，怕晃花了眼。

后生见虞姬，不是心跳便是叹气，他们自惭形秽，老远就低了头，夜里在榻上，却一个个欢天喜地，在梦中与虞姬捉对成双。当然，一觉醒来，依然是叹气。

父老见虞姬，一面拍她可爱的脸蛋儿，一面亦复叹息。他们互相印证，然后诅咒发誓：上溯三代，方圆百里，绝对没有出现过虞姬这样的美人儿。有外出闯荡过、见过些世面的老者甚至断言，天下的女人，没一个比得上虞姬。

虞姬听着这些话，只报以淡淡一笑，她早已听惯了。小时候，人家说她乖，说她可爱；长大了，又说她漂亮、标致、俊俏、好看，所有好听的词儿，仿佛生来就与她结缘。她究竟有多美？这问题一来没法比，二来呢，是她自己没兴趣。她极少照镜子，从不在水边顾影自怜。对她来说，美丽从来不是一个问题，正如大观园中的贾宝玉，天生富贵，不用为钱财操心，只一味在姐妹们中间混。

虞姬美成这样，做父母的自然格外留了一份心。提亲的人家，一概婉拒，只说孩子尚小，过些日子再说。非为一心攀富贵，却总得找个像样的人家"不然，委屈了如花似玉的女儿。"

天生丽质难自弃，一朝选在君王侧。

白居易写杨玉环的这句诗，放到虞姬身上，一样贴切。

半年前，秦廷的采花使者到江南，挑选年轻漂亮的女孩子送进京师。父母问虞姬愿不愿去？虞姬回答说：随便吧。她对京师和皇宫充满好奇，又舍不得离开日渐衰老的父母：去了京师，恐怕再难见上一面。想到分离，娇媚的女孩子眼眶儿红了。

虞姬的态度是可去可不去（至于去不去得成，则不在话下），父母便决定：干脆不去。于是找来亭长，央求他别把虞姬报上去。亭长还是那个亭长，喝下三杯酒，和当年一样拍着胸脯说：

"放心，包在我身上。咱虞姬是孝顺孩子，不会走远的。日后嫁人，远了就不嫁。"

出于感激，虞姬叫声大伯，把头靠在亭长大伯的肩上。亭长笑眯了双眼……

几天后，亭长又找上门来，一脸愁容。原来情况有变，上面来了一道命令：凡三十岁以下的男子，不问情由，一律当兵去。亭长说，多半是关内吃紧，皇帝老儿慌了手脚。

如何是好？二十出头的虞子期，生得高大，在家中早已是一把好劳力，又说了媳妇，年底就要娶过门。他这一走，好好的一个家就垮了一半，虞姬的笑容再也不会那么甜了……

合家沉默着。父亲叹气，母亲抹眼泪，哥哥闷在门首，使劲扯一根麦草。虞姬也垂下了头，这颗可爱的头，十六年来是第一次垂下。

亭长闷了一会儿，直愣愣地望着虞姬，忽地抛出一句："有个办法，不知行不行？"

一家人都抬起头来。虞姬的眼睛闪闪发亮，忙道："什么办法？大伯快讲。"

亭长将视线移向一家之长。停了停，才说出口：

"为今之计，只有将虞姬报上去，方能留下虞子期。除此之外，再无良策。"

做父亲的忙问："这样行么？"

亭长道："怎么不行！上面有规定的。有女人入选皇宫，便是莫大的光荣。将来在宫中，料不定做贵妃、做娘娘哩，谁敢动她家中的一根汗毛。只是……"

说着，目光转向虞姬，父母兄长也望着虞姬，大家只等她一句话。

虞姬笑了笑，启齿道："好啊，就这么定啦！"

大家一齐问："怎么个定法？"

虞姬细眉一挑："还能怎么定？我去京城呀。我这一走，哥哥就可以留下，爹妈也不用犯愁。我一个女子，迟早要离开这个家。咸阳有多大？皇宫有多美？我多想明天就去……"

于是，合家欢喜，虽然欢喜中夹杂着别离的悲哀。亭长再度被留下来喝酒，醉得一塌糊涂。亭长何以喝醉？因为亭长高兴。亭长何以高兴？因为替亭长斟酒的人是虞姬。虞姬也高兴，喝下了几口酒，喝着喝着，眼泪却下来了……

汉元年（前206年）5月，一个骄阳如火的日子，虞姬离开父母，离开江南的青山秀水，西赴咸阳。与她同行的，还有十来个漂亮女孩。这些女孩，都以为自己姿色天下第一，谁也不让谁，及至见了虞姬，才将争奇斗艳的心思收起。所谓山外有山，她们心服口服……

虞子期一直把妹妹送到咸阳。阿房宫前，兄妹作别，抱头哭了一场，虞姬一步一回头：妹去矣，莫牵挂！

虞姬进宫后，只做了个普通宫女，暂时隐没于成百上千的女孩子当中。她大部分时间用来学习宫廷礼仪和宫廷舞蹈，她学得很认真，一学就通，一点就灵。尤其是舞蹈，她挺拔的腰身和柔软的四肢，天生就是跳舞的材料，加上标致的面容，简直流光溢彩，很快就呈现出压倒群芳的势头。

不过，时间长了，虞姬也发现，宫中不那么简单。除了一大群女孩子，还有一小群不长须发的男人，他们被称作内侍，亦叫太监。女孩天真活泼，了无城府，太监则始终木着一张脸，偶尔发笑，笑容也显得虚假……但就是这群太监，个个都称得上人物，他们都善于心计，无一例外。性力消失了，心计就漫天涌来。他们只关心两件事：一是互相排挤，二是在女孩中间做手脚，施展本领。

虞姬不喜欢太监，除了工作关系，一般不跟他们搭腔，可太监们偏要主动接近她，关心她的学习和起居。这些个假男人，看女人倒有一双锐眼。虞姬色艺超群，眼见得是个大美人，日后，谁把她献给皇上，谁就会升官发财，这是明摆着的，所以他们才争先恐后，像苍蝇一样围着虞姬打转。

虞姬很烦，躲瘟神似的躲着太监，实在躲不开，就给他们冷脸瞧。大小太监一个接一个碰钉子，一腔热情渐渐冰凉，所有计划化为泡影，不禁恼怒了：一个小小的宫女，竟敢如此！几个太监决定联手整治她，不给她出人头地的机会。

虞姬入宫数月，不曾一睹圣颜。圣颜者，即是胡亥的那张脸。胡亥倒是时常到阿房宫，有时一住就是几天，却显得心烦意乱，对成群结队的美女不甚留意。他爱美女胜于爱江山，但江山都快要保不住了，哪有心思谈什么爱美女？

八月，胡亥死于赵高之手。九月，赵高倒在子婴剑下。再过四十六天，子婴率群臣降沛公于轵道（咸阳东郊）。接着，沛公来而复去，项羽挟雷霆之势，入驻咸阳。

一连串的变故，使阿房宫混乱异常。一些人跑了，一些人留在宫中，坐观其变。

虞姬属于后者，她有点留恋宫中生活，暂时还不想回家。

"虞姬，发什么呆呀？"

虞姬回过头来，见是同伴彩鸾。众多的宫女中，彩鸾和她最要好。

"昨夜下过一场雪。"虞姬答非所问。

"昨夜好像有个男人来找过你。他穿着黑色的夜行衣，有人看见了，说是很英俊呢。虞姬，咱俩是好朋友，你有事，可别瞒着我。告诉我，那英俊的男人是你的什么人？"

"我哥哥。"

"我不信。一定是你的相好。"

"骗你干吗？真是我哥哥。他专程赶到咸阳来看我，见宫中有些乱，便悄悄摸了进来，打听了半天，才找到我的住处。我们只说了几句话，他就走了。"

"你哥想接你回去？"

"是的。我想等几日再说。"

"项羽就要来了，你不怕？"

"有啥好怕的？他再凶，总不至于对咱们怎么样。你呢，彩鸾，你走不走？"

"姐姐不走，我也不走。将来姐姐出息了，我宁愿做姐姐的侍女，一辈子伺候姐姐。"

彩鸾一口一个姐姐，虞姬听着很感动，握了她的一只手。彩鸾靠过来，两人脸挨脸地站在门边上，瞧着几步之外的梅花。宫中寂寞，女孩子成天嬉戏，也掩盖不了这种寂寞。寂寞之源是缺少异性，她们不得已，便在同性之间想办法：几乎人人都有一两个最要好的女伴。

虞姬和彩鸾同住一间屋，夜里为方便说话，常常同榻而眠，开起玩笑来，不是你压着我，就我爬到你身上，说到动情处，则相偎相挨，俨然一对情侣。有一回从梦中醒来，竟发现紧搂着对方光滑如玉的身子，于是，各自一笑，分开了。

这天夜里，两人仍是同榻而眠。由于天太冷，她们紧挨着，说话时，呼吸相接。好在口中的气味都好闻，所谓吹气如兰。虞姬心中无事，不多一会就睡了。灯火之下，她的睡态十分迷人，两颊鲜艳欲滴，嘴唇也红红的。彩鸾怔怔地望着……

第二天，项羽果然来了，带了几百人，蜂拥而入。一来就下令，珠宝、妇女，一律装车！

内侍们抱头鼠窜，担心被砍头。项羽顺手抓住一个，拎小鸡似的提到半空，厉声问：

"可有绝色女子？藏在何处？"

也是机缘凑巧，这太监偏偏认识虞姬，一面手脚乱舞，一面在慌乱中闪过一念：将那小蹄子塞给这大魔头。

"吴宫……吴宫有一个，叫虞姬。"

"哈哈，虞姬！"项羽将太监往地上一扔，太监立时跌得昏死过去。

项羽直奔吴宫。

和昨天一样，虞姬仍倚在门边上，身后是彩鸾，正翻弄着她的衣带。

项羽入宫的消息，她们已经知道。阿房宫这么大，项羽未必会寻到吴宫。再说，纵是寻来了，虞姬也不怕，瞧他能怎么着！彩鸾胆子小，已吓得埋头垂泪。

忽然响起一阵惊天动地的脚步声，项羽从另一道门仗剑而入，一帮全副武装的汉子紧随其后。

项羽冲着虞姬的背影走来，大约是受了命运之神的大力牵引，自以为威风凛凛，其实是身不由己：他即将进入一场由上苍导演的爱情悲剧。

"谁是虞姬？谁是虞姬？谁……"

喊声未落，门首的虞姬转过身来。

项羽怔住了。十步之外的虞姬，疑非凡间女子，她站在那儿，一动不动。

项羽不觉改了语气："请问，你是虞姬么？"

虞姬点了点头："敢问将军是谁？"

"项羽。"

项羽说罢，再也吐不出一个字，只觉得喉咙被哽住了。眼前的少女光芒四射，刚猛无敌的大魔头，刹那间已被折服，差点拜倒在少女的石榴裙下。

当然，拜倒的是虞姬。盈盈一拜，急煞了铁塔似的伟男，赶紧上前扶起，一双巨手，莫名其妙地有些发抖。这颤抖传给虞姬，伸出的玉指也像触了电。

瞬息的阴阳交流，奠定了长达四年的爱情基础，对他们来说，这四年也是一生一世。

金刚似的项羽，留给虞姬的第一印象完全是另一回事。杀人也好，放火也罢，通通烟消云散了。项羽的呆样，表明他陷入了爱情，而且脑袋发昏，两眼都直了。

虞姬忍不住想笑：这大王真好玩，哪里是什么凶神恶煞？同时意识到他爱上了自己，不觉芳心乱跳。偷眼打量他，除了长得威猛外，还很年轻。

不能说虞姬对项羽一见钟情，没那回事。颤抖归颤抖，爱情还在后头。

这天晚上，项羽留宿阿房宫，自然由虞姬侍寝。

红烛高照的夜晚，金碧辉煌的宫殿，佳人把盏，霸王痛饮，四目相对，两心相通，一个长袖起舞，舞姿柔曼，端的妙不可言；一个在座上呆若木鸡，忽地豪气大发，击节而歌，破嗓子声震屋宇。项羽笑了，佳人更是捂了嘴，娇笑不停。

夜深人静，该是卸衣解带的时候了。

虞姬背朝项羽，俏立着，显然是不胜羞怯：毕竟是第一次，尽管说不上太勉强。项羽讪讪地走过去，想动手抱她，手伸到半途又缩了回来。气吞山河的一条汉子，此刻深陷在柔情中，生怕吓着眼前的绝代佳人。

据史载，虞姬之前，项羽一直未娶，遇上虞姬时，约二十七岁。二十七岁的男人，且是一军统帅，身边不可能没有女人。项羽之所以迟迟不娶，大概是要学他已故的叔父项梁：霸业未成，不谈婚事。眼下，霸业既成，恰遇虞姬，可谓天赐。

人是会改变的。坠入情网的人，往往变得最快，一日不见，面目全非。现代人叫做灵魂的升华，古人叫什么，不得而知。

傍晚，虞姬跟随项羽入咸阳城，离开了待了半年多的阿房宫。她一身珠宝，坐上了皇后才能坐的辇车，别的宫女羡慕得要死，彩鸾横竖要跟她走，服侍她，做她的丫头。

辇车行进着，穿过偌大的宫殿，项羽骑着乌骓马，缓缓相随，黄昏的天光中，他的身形显得异常高大。有这样的伟丈夫，虞姬心满意足，一种类似幸福的东西在心中油然而起。

许多士卒在宫中忙碌，虞姬探出头来，问项羽他们在忙些什么。项羽左右看看，笑了笑说，他也不清楚，这些事，只有下级军官才知道，他一般不予过问。车马沿渭水朝咸阳方向行驶，速度加快了。身后，隐约有火光闪烁，虞姬再问时，项羽回答说，大概是士卒生火取暖。

然而，火越烧越大。车抵咸阳，虞姬回首望去，渭水之南的阿房宫已陷入一片火海。她大惊失色，项羽方道出实情：他命令手下在宫中放了一把火。

火光冲天而起，映着项羽的脸，那重瞳闪闪发亮，呈现出某种痴迷。毁灭带来的快感丝毫不亚于男欢女爱，以至虞姬责备他，他听而不闻，反倒哈哈大笑。

魔鬼！虞姬想。但她已是魔鬼的女人，只能随他去了。

旁边还有个老头，望着河对岸的大火，双泪长流。他对项羽大吼：

"你要遭报应的！"

项羽皱了皱眉头，转向老者：

"亚父何故出言不逊？"

范增不理他，扭头便走。虞姬忙叫：

"亚父！"

"别理他。"项羽说，"他不会走得太远的。"

项羽所料不差，范增走出百步，果然停下了，一屁股坐到河边的一块石头上，以手托腮，像以往一样生开了闷气。

几天后，项羽连同他的四十万大军撤离咸阳，又放火烧掉了这座有六百年历史的都城，皇家宫殿成为焦土，富豪府第变为瓦砾。百姓逃亡，街巷一空，野外处处见新坟。那些凄凉景象，在项羽看来，大抵称得上赏心悦目。他惬意地微笑着，如果不是对范增和虞姬的态度有所顾忌，他随时都可能开怀大笑。

其时刘邦在霸上，见咸阳方向烟火蔽日，不禁悲从中来。冠绝天下的一座都城，就这样被毁了，而他实力有限，欲与项羽抗衡，只能假以时日。

项羽驻军戏下，开始筹划一件大事：分封诸侯王。谁来分封呢？当然是项羽本人，他觉得自己像春秋霸主，号令天下，莫敢不从。唯一的一个障碍，是彭城还有一位楚怀王，号令天下者，名义上是这位当年的牧羊童。项羽耐着性子，修书一封，命人火速驰往彭城，看怀王对分封之事怎么说。

怀王回信了，只有两个字：如约。

项羽大怒，立刻把信扔进火盆，写信的绢帛化成了一道轻烟。

当初在彭城约定，先入关者为关中王。如约的意思，是让刘邦称王关中。言下之意，分封诸侯王的人，不该是项羽，而应该是怀王。

按项羽的脾气，很想把怀王废了。若他不从，一刀杀之，比杀一条狗还容易。范增认为不可，杀怀王，诸侯一定不满，不如留他一个名号，反正他的王位形同虚设。

这一次，项羽采纳了范增的意见，不但不杀怀王，反而尊他为义帝，条件是不能住彭城，必须迁往江南，都于郴州。理由很巧妙，想必不是出自项羽之口：

"古之帝王，地方千里，必居上游。"

项羽安置怀王，如理家中事。"怀王者，吾家武信君所立耳"，当年起事之初，把乡间放羊的穷小子扶上王位，对项羽是有用的。如今暴秦已灭，怀王大可弃若敝屣，尊他为义帝，已相当不错了。

然而怀王偏偏不买项羽的账，这年轻人血气方刚，欲以空名与实力雄厚的项羽相搏，死活不离彭城。项羽仁至义尽了，先礼后兵，几个月后，派刺客暗中干掉了怀王。

可怜的牧羊童，做楚王只活了不到三年。

项羽分封诸侯，纯粹以一己的好恶为标准。十八个诸侯王，大半是项羽看得顺眼的，有几个是他的部下，如九江王英布、雍王章邯、塞王司马欣、翟王董翳等。难办的是刘邦，项羽和范增商议，打算封刘邦为蜀王。蜀地僻远，乃秦时罪地，也就是专门流放犯人的地方。刘邦功最高，反而被打发得最远。

消息传到霸上，刘邦终于沉不住气了，拍案而起。樊哙、周勃、夏侯婴等武将也嚷着要跟项羽决一死战。这当然是匹夫式的冲动，以刘邦的智力，原不该在此列的。他被迫离开咸阳，接着又在鸿门宴上惊出一身冷汗，心中早已憋了一大口闷气，眼下复被扔到蜀地，封个什么鸟王，哪能不怒？众将一嚷，他越发血往上涌，拔剑在手，大有明天早晨就发起进攻，一日之内把四十万楚军扫平之势。

张良默然。他吃透了刘邦，知道刘邦是虚张声势，稍一冷静，自会把宝剑插回鞘内。吼几句也好，免得憋久了生病。

萧何急了，连忙劝谏。说了一大通话，归为一句就是：当忍则忍，封个蜀王也不错，日后再作良图。高阳酒徒郦食其也进言，意思和萧何差不多：不能跟项羽硬拼。

刘邦气消了一半，又转问张良："先生何故不语？莫非另有高见？"

张良道："有一个想法，未必行得通。我试试看，成功了，再告诉沛公。"

刘邦是急性子，忙问是何妙计。帐内人多，张良不便明言，便附在刘邦耳边说了几句。刘邦听了，面呈喜色，几个文臣武将不知所云，个个茫然，又都想知道张良说些什么。别人不作声，独樊哙叫道："子房先生有妙计，何不说出来？俺也想听听，吃个定心丸。"

张良有些为难。这事的把握并不大，再者，牵涉到另一个人，那人几乎是打入敌人心脏的间谍，轻易暴露不得。张良只得目视刘邦，后者瞪樊哙一眼，斥责道：

"不让你知道的，你就休问。"

樊哙唯唯，其余的人便不复打听。

张良的妙计，是利用一个人，此人在鸿门宴上是帮了刘邦的大忙的，再帮一次，想必问题不大。他既是刘邦的亲家，又是张良最要好的朋友。

不用说，此人是项伯。

鸿门宴后，刘邦感激张良，赠他金百镒、珠二斗。一镒等于二十两，百镒就是二千两，这是什么概念？且不说还有珠二斗，或许更值钱。刘邦出手阔绰，一则是张良功高，二则是他多年养成的习惯：没钱时嬉皮，有钱则随手闲抛，不当回事。一大帮人才方能团结在他周围，替他卖命。这是刘邦为人的高明处。

而张良不爱财，且不说视钱财如粪土，至少和刘邦一样不当回事。五世相韩的人，何曾缺过钱？何况是天下第一高人，胸中装着万里江山，一点钱自然不算什么。沛公所赐，他悉数转赠别人。赠给谁？赠给项伯。

赠给项伯是为了大局，换句话说，是为了公事。按照今天的规矩，是可以报账的。然而张良自己掏腰包，一掏就是金百镒、珠二斗，这等举动，刘邦如何对他不敬？

是夜，张良潜入楚营，见项伯于帐中。项伯正在火炉旁打盹，这几天他心情不好，范增跟他吵了一架，说他在鸿门宴上袒护刘邦，坏了大计。他反唇相讥，指责范增不该暗里放冷枪，鬼鬼祟祟的，自作主张，简直目无霸王。二人各不相让，范增气得发抖，项伯呼地拔出了剑，若不是项羽把他们分开，说不定会干上一架。

张良进来时，项伯揉了揉眼，原本模糊的双眼忽地发亮，眼前竟摆着几大箱子金银珠宝。

"子房，你这是干吗？"

"一点小意思。"张良轻描淡写地说，"你救我一命，这些东西不足以报答万一。"

"见外了，真是见外了。当年你救我一次，如今我救你，也算扯平，何必又送此大礼。"

"务必收下。项兄请毋多言。"

"好吧，恭敬不如从命。"

项伯旋即命人把几个沉甸甸的大箱子抬入内帐，这事若让他侄儿知道，毕竟不大好。

项伯问起刘邦。十七个诸侯王齐集戏下，为何单单不见沛公？张良回答说，沛公染疾在身，已向霸王禀告过了。停了停，又叹口气说，沛公眼下情绪亦欠佳。

项伯问："什么事让沛公心烦？"对这位未来的亲家，项伯格外关心。

张良再次叹气："唉，这事不提也罢。"

项伯哪肯放过，追问道："沛公究竟怎么了？子房但讲无妨。我这儿，不碍事的。"

张良这才说："沛公先行入关，不做关中王也罢了，却被封为蜀王。蜀地险恶，尽人皆知，沛公有被流放的感觉，故而郁郁不乐。我想，这未必是霸王本意，多半是范增的主意。"

提起范增，项伯气就来了，将日前吵架之事向张良讲了一遍。张良暗喜：撞上这种事，真是运气。于是简单附和几句，未作过多的表示。此时的张良，看上去像个老滑头。

话题回到刘邦身上，张良方直言，请项伯在项羽面前美言几句，改封别的什么王。后者想了想说：

"替沛公求情没问题，但没有绝对把握。范增那老匹夫……"

说话间，有人掀帐进来，项伯随即住口。这举动，已有几分间谍相。

来者是陈平。

美男子披着虎皮风衣，进门后脱下，里面是一身玄裳，越发显得身子修长，面如冠玉。汉朝初年，以貌美著称的男人，仅他一人而已，张良状如好女，亦须让他三分。

陈平官居都尉，在项羽帐下不可谓不得志。但此人聪明绝顶，且能审时度势，他跟随项羽已久，知道项羽难成大器。别看项羽拥有雄兵四十万，文有范增这样的高人，武有英布、钟离昧等一大批悍将，但项羽自负，这是他的致命伤。

陈平看好刘邦，所以才有鸿门厕所旁之举，任刘邦溜掉。

近来，陈平跟项伯往来密切，所谓臭味相投，都有一副间谍相。自然，有些话还不能说到明处。三人寒暄后，陈平对项伯道：

"刚才你二人好像谈得很起劲。什么新鲜事儿，且说来我听听。"

项伯支吾着："也没说什么。只闻戏下有一美妇人……"

陈平笑着打断他："别哄我了。那美女是否叫范增？且是个老匹夫。"

三人大笑。

张良以实言相告，说沛公被封蜀王，有些牢骚。陈平快人快语：

"项伯兄为沛公说情，甚好。适当的时候，我也助上一臂之力。"

陈平此言，显然是讨好刘邦，为日后跳槽作铺垫。张良已猜到了七八分：陈平有不悦项羽之意。项伯只道是陈平做个顺水人情，帮自己的忙，亦复欢喜。

三个男人想法一致，谈话就轻松了。

项伯唤随从摆酒，围着火炉欲畅饮一番。张良告辞，说是回霸上还有事，项伯强留不住，任他去了。张良出帐，上马，消失在夜幕中。

留下项伯与陈平对饮，谈起张良的离去，均感遗憾。与张良做彻夜谈，不失为一种享受，如此高人，一席话也就是一本书，且不说胜读十年书。

事实上，张良无事，之所以要走，是别有考虑。

陈平与项伯，一个是有心向汉，一个是无意间做了内奸，二人可抵千军万马，其重要性，张良最清楚。留下来围炉煮酒，畅快倒是畅快，却容易引起怀疑，为日后计，太不划算。

智与忍，张良一生就是这两个字。眼下是小忍，不值一提。夜色中，他纵马归霸上，单骑走荒原，但闻马蹄嗒嗒，天上不见月色明，天外几颗星，隐隐约约地放着寒光。张良放慢了速度，荒原有种特殊的韵味，说不清，摸不着，只在胸中鼓荡。如果他活在两千年后，一定会下马，坐到草地上，抽它几支香烟，望孤星闪烁，听野狼嗥叫，置身于层层夜色，一任荒原的风掀动衣襟。美是人生极致，这话用于张良，不为过。男儿本色，并非只为你争我夺，终生不渝（或曰不知悔改）。归隐林下，看野鹤闲云，不硬充豪气，染些仙气，未尝不是一种大境界。人境作仙境，古往今来，有人境资格的人不多，张良是其中一个。

张良缓缓行进着。坐下的良驹，日行八百里，去霸上，须臾可至。它此刻却悠悠晃晃，和它的主人一样悠闲，想必对荒原之美亦有某种感悟。它沉默着，像个旷世智者，偶尔朝天打个响鼻，以示内心之愉悦。

远处忽见几簇火把，有人飞骑而来。原来是樊哙和周勃。刘邦见张良久不归来，担心出事，特派二员猛将前来接应。樊哙眼尖，见前面一人一骑，必是张子房，于是大叫，那巨大的嗓门，在寂静的荒原上听上去像是鬼叫，野狼都吓得屏声静息。

张良走得慢，看上去似乎没精打采。二将便想：大约在楚营碰了钉子，所以才灰溜溜的。唉，高人亦有不高明之时。所谓智者千虑，必有一失。樊哙话多，待张良走近了，便加以安慰说：

"先生好像不快活，莫非事没办成？没办成就没办成，有甚要紧？回霸上，俺陪你痛饮几杯。"

张良笑了笑："回去再说吧。酒是要喝的，倒不是为替我解闷。"

周勃忙问："先生大功告成了？"

张良去戏下，所为何事，二将并不知晓，只猜测必是大事，与沛公封王有关。难道张良摇三寸舌，说动项羽，改封沛公为秦王或齐王？有这等神力，张良就太伟大了。樊哙缠着张良，想让后者透露点消息。张良但笑不语，猛一加鞭，良驹四蹄扬起，绝尘而去，樊哙与周勃奋力追赶。

不多时，三骑跃入汉营。

进中军帐，张良对刘邦耳语了几句，刘邦大喜，包括萧何在内的其余诸人都有些莫名其妙。刘邦不宣布，大家不便问，连樊哙也学乖了，只大呼："拿酒来拿酒来！"

再说项伯。

第二天，项伯入见项羽，未提刘邦事，项羽先问：

"听说昨夜张良来过，他找叔父何事？"

项羽斜着眼睛看项伯，说不上怀疑，但目光有点那个。幸亏项伯有备而来，从容道：

"刘邦染疾，不能来戏下，特遣张良前来通知我，让我转告大王。"

"这张子房，何不直接来找我？"

"他有点害怕你。"

项羽一笑："世之高士，怕我一武夫么？"

项伯亦笑。"上次鸿门宴，刘邦和子房都吓坏了。"

说着，瞟了旁边的范增一眼，范增扭头看一边，少顷，借故出去了。

范增一走，项伯转向项羽：

"张良到戏下，大王何以知之？"

项羽无甚心计，说是范增告诉他的。一大早，范增入帐，谈的就是这件事。项伯听罢，哼了一声，欲说什么，项羽打断他：

"你二人一个是我叔父，一个是我亚父，论亲疏，你在他之上；论职位，他在你之上。你俩扯皮，闹不团结，我就难办了。从今往后，不可在军中像一对斗鸡眼似的，恨不得你吃了我，我吃了你。明白吗？"

项羽问起刘邦得的什么病，项伯趁机说，刘邦卧病，一来是身体不适，二来是情绪欠佳。被封为蜀王，远走蜀地，心里着实不舒服，又不敢声张，闷在胸中，故而闷出病来。

项羽笑道："这刘季原来如此小气。蜀王好歹也是个王，若我不封他，只让他做个郡守，他岂不是要气死？人称刘季大度，看来徒有虚名。"

"刘季可怜，确是实情。大王能否改封他，让他到别的地方去？"

"叔父对刘邦蛮有感情嘛。鸿门宴上护着他，如今又为他求情。噢，我想起来了，你们原是儿女亲家，可以理解。但这事不好办，十八个诸侯王，已然受封，不便更改。再者，亚父一再提醒，对刘季这样的人，得时时加以防范，他手上毕竟有十万人马。"

正说话间，陈平掀帐进来，问项伯与霸王讨论何事。项伯说刘邦为封蜀王事，生病云云。陈平沉吟道：

"此事在诸侯王中亦有议论，替刘邦叫屈。刘邦先行入关，分封倒落在众人之后，难免有怨气。依我愚见，对刘邦这种人，要么一刀杀之，要么加以安抚。他若心怀不满，暗中联络诸侯，鼓噪是非，反于我们不利。大王以为如何？"

项羽点点头。陈平说话，水平就比项伯高。项伯系武将出身，而陈平是读书人，应付这类事，当然比项伯强。何况他在项羽手下，一向扮演心腹的角色，心中所想，不漏点滴。项羽头脑简单，真以为这美男子都尉对自己忠心耿耿。

项羽思忖片刻，对二人说，可将汉中之地加封给刘季，且改蜀王为汉王。

二人互相瞧瞧，心想这也不错了，于是告退。项伯亲往霸上，把这消息告知刘邦。

刘邦改封汉王，胸中略平，众将也不复嚷着要跟项羽拼命。现在，刘邦得到的地盘是：巴郡（今四川西部）、蜀郡（今四川东北部）、汉中（今汉水上游，陕西秦岭以南一带），以南郑（今陕西南郑县）为都城。

项羽在戏下一待就是两个月，主要为两件事。其一是分封诸侯，把华夏版图分为十九块。有个名义上的皇帝，尚赖在彭城，不肯迁往项羽指定他居住的江南。项羽自封楚王，因为一经复国，念念不忘在家乡父老面前扬眉吐气。在王号之前，他又加上一个霸字，效仿春秋霸主，号令天下，全称是西楚霸王，等于皇帝的别号。

如此安排，项羽心满意足。时年他二十有七，称得上年少得大志，指点江山，如理家中事。兼有虞姬这样的娇娃，夕夕相伴，夜夜同床，说不尽的风流，道不完的缠绵。人生于项羽，已达巅峰状态，复有何求？但项羽这人，毕竟与人不同，他还想要，要个没完。

要什么呢？

要财宝。

男女之欲，项羽比较专一，不需妻妾成群，一个虞姬已足以快慰平生。但于财宝，他的欲望无止境。秦宫被洗劫一空，珠宝堆成山，他还嫌少，又打起了秦始皇陵墓的主意。

秦始皇葬于骊山（今陕西临潼县东南），此山山势峻美，地出温泉。秦始皇生前看中此山，征调数十万人穿山造墓，深达三泉，方圆五六里。骊山有土无石，筑椁之石，都是人力从巴、蜀运来。待石椁建成，犹如一座豪华宫殿，上如天，下如地。上嵌无数绝大的珍珠，当作日月星辰，下铺无数水银，当作江河大海。墓中堆满了珍奇玩物、人间瑰宝。为防人盗墓，又令能工巧匠在各种关卡设置了机弩、暗器。再从东海捕捉人鱼，取油作烛，点燃后可长久不熄。

项羽对始皇陵墓垂涎已久，必欲盗之而后快。不然，一旦东归了，让别人盗去，岂不是大大失算？项羽早有这念头，待十八路诸侯相继离开戏下，他便开始行动。

挖别人的坟，历来是件缺德事，比之生前谋杀，更令人愤慨。当年伍子胥鞭楚昭王尸，乃是怀着深仇大恨，鞭完了，出了胸中的恶气，便掉头而去，并不计较墓中有多少财宝。项羽对秦始皇，有国仇无私恨，还抱着某种钦佩之情：他为自己定下的奋斗目标，就是做第二个秦始皇。而事实上，他比秦始皇厉害多了，烧杀抢掠，件件在始皇之上。现在，还要掘始皇墓，非为鞭尸，而是掘出奇珍异宝，一股脑儿装车运往江东。

范增竭力反对，他一出现，项羽便皱眉头。这老头自恃亚父身份，坚决反对这件事，说了一大通，无非是帝王坟墓挖不得，挖了要倒霉，且招天下人非议，等等。

项羽不予理睬，我行我素，骊山墓中的财宝，可比范增的几句话重要。

好个西楚霸王，自领十万兵，往骊山掘墓，士卒个个争先，劲头之足，远非打仗可比。苦战三天三夜，大冢挖开了，却不见正穴，显然是一座疑冢。项羽焦躁起来，召来英布，命他务必在数日之内找到真正的始皇陵。

项羽找对了人，恰好英布当年是修过骊山墓的，他率人仅用两天时间，便挖个正着：入地五丈深，发现空隙。这空隙显然是通往墓穴的，再挖数尺，一座石牌楼赫然出现，楼的后面是石城石门，两扇石门紧闭。英布命军士爬上城头，见石龙两条，一升一降，中间有石管心，用铁锤将石龙击碎，里边一声响，管心落地，石门开了。

项羽大喜，带人蜂拥而入。只见一条用白石砌成的大路，比咸阳的街道还宽，路两旁全是白玉栏杆。奔入二三里，方见坟门，门内大殿、享殿、寝殿、三宫六院一应俱全，石雕的人物宛如活人，陪葬的男女煞是可怕，一触就倒，一碰就碎，墓室中，到处弥漫着腐烂的人体气味。

始皇灵柩置于寝殿中，照例有女人陪伴，十二个如花似玉的女子，已变成十二具干尸。灵柩前，堆积着金银宝物，数不胜数。秦始皇把生前的豪奢延续到死后，宝物美女，华丽居所，样样不缺，缺的只是生气，金碧辉煌的寝殿，一片死气沉沉。

一个男人的狂笑声陡然响起，在阴森的墓道中久久回荡。

狂笑之人，当然是项羽。

秦始皇的财宝，悉数落入他的掌心，秦始皇拥有的东西，他全都拥有了，包括权力。他不叫皇帝，但西楚霸王四个字，比始皇更动听，"彼可取而代之！"他说到做到了。

项羽伸手摸了摸灵柩，对身边的英布说：

"把它砸开怎么样？我想瞧瞧他是否像当年一样威风。"

英布说，人已死去多年，哪来的威风？况且石椁之内，定有暗器，或许还有毒气。暗器不可怕，大不了死几个人，毒气就麻烦了，为一睹始皇容颜而丢了性命，太不划算。

项羽笑笑。"好吧，依你所言。这墓穴已被我等掏空，留他一个人孤零零躺在这儿吧。"

旋即命令士卒搬运财宝。金银玉器之外，尚有珍珠、玛瑙、翡翠、琉璃，多为易碎之物，士卒由于兴奋，免不了手忙脚乱，不知打碎了多少。有人偷偷往怀中揣几件，一人动手脚，十人相仿效，衣袖、帽子、头上、脚下，乃至口腔与肛门，都成了藏珍宝的所在。及至墓外，光天化日之下，一个个心中窃喜的士卒才傻了眼：

九江王英布带了军士，对走出墓穴的士卒严加搜查。那些个军士甲胄不同，一律高大威猛，面若冰霜，相当于现代的宪兵队。项羽下令：凡私藏珍宝者，格杀勿论！

这一杀，杀了几百人。

只一种人侥幸过关，他们将珍珠、宝石之类的光滑的东西塞进肛门，有小如豌豆，有大如乒乓，后者就值钱了，说价值连城也不为过。

项羽掠宝东归，浩荡入楚地、进彭城。骑乌骓马，携大美人，身后四十万雄兵，几十车财宝，普天之下，古往今来，衣锦荣归（或曰衣锦昼行）者，莫如项羽。那得意劲，可想而知。江东百姓扶老携幼，来迎接这位楚国的大英雄。

然而好景不长，不久，几个诸侯王就起来造反了。

第十章　张良火烧栈道

项羽欢天喜地归彭城，有个人却哭得很伤心，这便是义帝——数月前的怀王，数年前的牧羊童米心。项羽早就催他迁往江南，他不愿意，现在项羽来了，一城不容二主，他不走亦得走，走得非常凄惶，那是不用说的。一班老臣随他而去，包括素有善名、官居上柱国的陈婴。项羽亦派了几个臣子同往，明义是护驾，实则是监视。

项羽派出的几个人，有些昏头昏脑，途中，竟为陈婴言辞所动，转憎霸道的霸王，发誓效忠正直的义帝，殊不料这一来，反送了义帝的性命。

有细作把情况通报项羽，项羽立刻动了杀机。日前，按范增的意见，是要暂留义帝一条命的，以免诸侯以弑君为由，起而反叛项羽，如今义帝一帮人露出反相，死期便提前了。

史载陈婴其人，善而有智，辅佐义帝，已有数年，义帝由无知无识变为有主见、有胆量，全仗陈婴的功劳。可惜聪明人一时糊涂，说动了几个无关紧要的臣僚，却招来灭顶之灾。

这一次，范增不加阻拦，大约他也认为义帝是非死不可。

项羽自己不动手，暗中命令衡山王吴芮、临江王敖截杀义帝。

二王出手，马到功成，可怜义帝一行三百余人（一半是妇女老幼），均遭屠杀，尸首扔进了长江。

纸是包不住火的，项羽所为，迅速传遍了诸侯。范增十分紧张，担心诸侯王联手来攻，催促项羽严阵以待。但事实上，没人打出为义帝复仇的旗号，最有资格反抗的汉王刘邦，此时正前往蜀地，在崇山峻岭之中艰难地跋涉着。

倒有人怕得要命：韩王成在项羽身边，日夜提心吊胆。他的封地在阳翟。别的诸侯王早都走了，各赴各的地盘，唯独他被留下来。项羽告诉他，之所以留他，是倚重他的才干，借用他一段时间，共同治理天下。

其实韩王成屁本事没有，项羽留他，意在张良。张良是奇才，如果能把他网罗到楚国，项羽便如虎添翼，而刘邦则少了一只臂膀。不过，凭韩王一句话，张良并不会背汉就楚。

韩王成不知这一层，住在彭城，无所事事，心中莫名其妙而又七上八下。项羽根本不来找他议事，倚重之类，纯属戏言。时日一长，韩王成复又大胆起来，生异心，与别的诸侯王联络，终被项羽所杀。此系后话。

反项羽的人是齐王田荣，但与义帝被杀无关。

田荣本非齐王，而是原来的齐王田市手下的一员骁将。这两个人，项羽都不喜欢，戏下封王，田荣落空，田市勉强得了个胶东王。还有个叫田都的将领，项羽看他顺眼，封为齐王。

田荣肺都气炸了，于是踞临淄（齐国都城），扣田市，不准他前往胶东，同时摆开阵势，在临淄郊外与田都大战，田都败北，逃往彭城。

田荣得胜回城，发现田市跑了，到胶东做他的胶东王去了。田荣恨其无志，引兵追杀。六月，杀田市于胶东之都即墨（今山东平度县东南），自立为齐王。

三个姓田的，多半本是一家人，为了一个王位，三田去掉二田。司马迁叹曰："相残如此，人性本善乎？"

还有一位济安王田安，被彭越所杀。

关于彭越，大家知道他是刘邦兵过高阳后，在巨野相遇的那位壮汉，武功既高，独立性也特强，与刘邦相知，而不愿归其麾下。一年多来，他纵横沼泽地，拥兵万余，是个有实力的草寇，一般人也不来惹他。不过，他的势力范围仅限于巨野。项羽在齐地封了三个王，真想消灭他，亦非难事。他观望着，想有所归属，时局迫使他收敛独打天下的雄心。

田荣以新立齐王的身份招安彭越，授予将军印绶，供给粮草甲兵，彭越便为他效命，领兵杀济安王田安于博阳（今山东泰安东南），田荣遂并三齐。

田荣势力大了，投奔他的人不止彭越一个。

赵将陈余，也是以为自己会封王的，但项羽只给他三县之地。另一个赵将张耳，就封为常山王，地盘比陈余大了几十倍。陈余大为不满，想借田荣的力量把张耳赶走，条件是把赵国变为齐国的藩国，永不背叛，田荣求之不得，当即应允，派兵助陈余攻打张耳。

陈余张耳交锋，张耳一败涂地，率残兵向西逃窜，竟投刘邦去了。

陈余迎回原来的赵国君主，而自己做了代王，满意了。齐王田荣有了一个卫星国，等于做上小霸王，也十分满意。齐赵联手，加上彭越，正式扯起了反抗项羽的旗号。

项羽在彭城得讯，发兵讨伐，派去的将领被彭越杀得大败。项羽怒不可遏，欲亲率大军杀向齐地，忽闻关中又乱将起来。

回头说刘邦。

刘邦离开霸上，往南郑出发，成千上万的秦地百姓主动来送行，赠钱赠物者不计其数。刘邦被迫入蜀，心里不痛快，但见此情景，也着实感动，一感动，有些话就往嘴边涌。他很想说，这是战略性撤退，总有一天会打回来的。话未出口，已被张良拦住。张良指了指后面，汉军之外，尚有数万楚军尾随于后，意在监视汉军入蜀。

刘邦垂下头来，叹一口气。旋即催促三军，速速西进。

十余万汉军昼行夜宿，一日百里，四、五天后，入宝鸡县。再行两百里，过大散关，过清风阁，于凤州境内的蚀中山谷，踏上了栈道。汉军多为山东人，哪里见过什么栈道？但见依山搭起的窄窄的木板路，蜿蜒起伏，不知其几百里。年久失修，却要承受十万大军的重量。每天都有士卒从断裂处栽进深谷，绝望的喊叫声撕人心肺。这样走一段修一段，一日十数里，走得极其艰难。樊哙、灌婴、周勃等武将，一路发着牢骚，要杀回关内，跟项羽拼命。将领发牢骚，士卒的情绪更受影响，叫苦声盖过了阳春三月的百鸟齐鸣。

于是思想工作成了重要课题，主要是针对刘邦。刘邦本来就憋了一肚子气，眼见山重水复，耳听将士叫嚷，一股恶气便一阵接一阵往上蹿：年过半百的人了，干吗要吃这个苦，受这种气？思想情绪渐与樊哙等人合拍：凭什么一忍再忍，不如反身杀向咸阳！

返与不返，只在刘邦的一念之间。瞧他木着脸，皱着眉的模样，随时都有返回的可能。这样一来，几个谋士可忙坏了，张良、萧何、高阳酒徒郦食其，轮番相劝，苦口婆心，终于按下了刘邦心中的那团恶气。汉军继续在栈道上歪歪斜斜地行进。

好歹到了南郑，三军休整，刘邦吃了睡，睡了吃，别的一概不管。睡是荤睡，搂着洗得干干净净的、苗条而又丰满的冷梅枝。大美人随刘邦翻山越岭，刘邦感激不尽，差点许下诺言，封她为汉王王后。转而想起陪着刘老太公待在沛县的吕雉，又觉不该如此。两个女人都对他忠贞不贰（事实上，他的正配夫人在沛县，不时与美男子兼老情人审食其鬼混），而吕雉在先，王后的位置应当为她留着。

刘邦讲信用，对冷梅枝直言相告。这佳丽倒不在意，王后或是皇后，她不是很在乎，她在乎的是刘邦本人，她喜欢他，用今天的话说，她爱上了他。初见他时冷若冰霜的冷美人，如今已热得里外都是一团火。颠鸾倒凤，撇开不谈，更重要的是心意相通，爱意绵绵，帝王与嫔妃，还原为男人与女人，单纯的欲望和单纯的情感，不夹杂权势之类，双方都是既爱又被爱，这基础就夯牢了。

当然，两人不可能完全平等。对冷梅枝而言，刘邦是唯一的男人，对刘邦，冷梅枝则不是唯一，远远不是。遇上好的，刘邦不会放过。三十年前他就以好色著称于沛县丰乡，何况眼下他是三军统帅，堂堂汉王。

冷梅枝最大的心愿，是日后做刘邦的地下情人，神秘、好玩、刺激。过栈道时，她几乎如愿，真的到了地下，将神秘尝了个饱。这地下乃是万丈深渊，她一不留神，娇躯一晃，已跌在半空，幸亏樊哙的一只巨手抓住了她的裙带。

刘邦惊了一身冷汗。佳人一旦跌将下去，他保不准自己不往下跳。

此刻在小城南郑，冷梅枝回想当时情景，犹自芳心乱跳。刘邦说：

"你死了，就真做了我的地下情人了。可见有些话，平时说不得。"

冷梅枝把脸贴紧他：

"有惊无险。不会再有第二回了。"她悄声娇语，一面伸手抚摸他。

"我死后，你会想我么？"

她像全世界所有的女人一样，对这个话题饶有兴致，而刘邦也像所有的男人那样回答：

"想呢。哪能不想？"

"可你身边有的是女人。"

"可她们都不如你。"

"可她们是活的，又鲜艳又活泼，白天陪你说话，夜里陪你上床。"

"可我还是要想你。每天都想，即使每天都和她们上床。"

"可我毕竟亡故了，人一走、茶就凉。亡人越望越远，你不会每天……"

"不可！"刘邦伸出大手，捂住冷梅枝的小嘴，"不可再说这些，再说会灵验的。"

"好吧，不说这些了。咱们换个别的话题。"

这是下午四、五点钟光景，山中的太阳斜斜地从窗户中照进来。刘邦欲小睡片刻，闭了一会儿眼，睡不着，几天来他睡得够多了。过栈道他掉了几斤肉，数日工夫又恢复如初。

他盯着窗外，脑子里忽东忽西地想些事情。

明天开会，已与萧何定下了。萧何被内定为汉丞相，他提出了今后行动的总战略：

"王汉中，养其民以致贤人，收用巴蜀，还定三秦。"

这个战略，刘邦征求过张良的意见，张良完全赞成，明天在会上，想必会获得一致通过（通不过也不要紧，一切刘邦说了算）。"还定三秦"，说得太好了，这是全体汉军将士的心声。

问题是，张良要走。

韩王成被项羽软禁在彭城，探马早已报来了消息，张良一直心中不安，他毕竟是韩国丞相的后代，对韩王有一份眷念。他想到彭城看看，主要是想为韩王成说几句话。

刘邦舍不得张良，却也不强留，走或是不走，由张良自己拿主意。他们曾经分过一次手，这是第二次，但愿亦有第三次相逢，张良对刘邦太重要了。刘邦表面上不说什么，只在言语间显出依依不舍。他善于演戏，一向是个好演员，这次是动了真感情。

张良送刘邦一直送到南郑，未提东返之事，刘邦窃喜，以为张良改变了主意。张良不开口，他也不问，反正他已表明了态度：去或留，张良自行定夺。

几天过去了，张良仍待在南郑，闲居无事，时常一个人在山间散步。刘邦偶尔看见他清瘦的身影，穿行于草木之间，不禁心想：子房先生大约已决定留下了。

眼下，他躺在榻上，想着这件事，脸上浮现了笑容。

忽闻军士在门外禀报：张良求见。刘邦翻身下床，一面大声说道：

"快请!"

二人在外屋相见，刘邦衣冠不整，鞋也穿倒了。张良笑道：

"沛公何事如此匆忙?"

刘邦笑了笑："难得几日清闲，有啥好忙的? 一天只有三件事：吃，睡，跟女人同床。"

话题扯到女人身上，刘邦问张良何不找个红颜知己。

张良的妻室在韩地，一年难见一面，有个女人陪着，未尝不是一件好事，不过他对女人似乎兴趣不大，至少远不如刘邦。

张良半开玩笑地说，他在楚国有一位红颜知己，此番去彭城，正好顺路探望她。

刘邦一愣："先生仍然要走?"

张良点了点头。

刘邦默然。张良道：

"这些天未能启程，并非犹豫，我考虑了几件事。项羽拘韩王于彭城，意在不让我对沛公尽心，这点我明知，却也不得不走一趟。我不会为项羽谋，沛公但请放心。我与沛公有缘，今日一别，不至于相见无期。这是第一件。

"昨晚我算了一卦，此番出行，或能为沛公觅一帅才。沛公手下不乏勇将，樊哙、曹参、灌婴、周勃、夏侯婴等，皆为将才，而调度三军，有奇谋、知兵善战者，得另有人选。我觉得此人，不管他在哪路诸侯的帐下，一定叫他投奔汉王。此系第二件。

"最后一件，也最为伤脑筋。我想了几天，方下定决心，只恐沛公不能答应。"

刘邦抬起头来："先生请讲。"

"我欲火烧栈道。"

刘邦一惊："烧栈道，岂不是绝了我们的后路?"

"正是要断绝后路，令项羽放心。项羽所深忌者，沛公一人而已。烧了栈道，表示你一心做汉王，无意与他争天下。沛公赢得时间，于汉中培植势力，日后方能杀回关内，平定三秦。"

刘邦沉吟着说："栈道已毁，我如何杀得出去？"

张良笑道："我已为沛公定下一计：明修栈道，暗度陈仓。日前我走访了几位山中老人，探知山后尚有一条通往陈仓的小路。时机成熟时，沛公以奇兵袭取陈仓，定能打破雍王章邯、塞王司马欣、翟王董翳的联手布防。"

刘邦大喜，趋前，握紧张良的手说：

"先生临走，还殚精竭虑，为我定下妙计。大恩不言谢，请受我一拜。"

刘邦说拜就拜，张良赶紧扶起："沛公尊为汉王，怎可轻易下拜。"

刘邦起身，拍了拍膝上的尘土，笑道：

"我刘邦人称嬉皮，也不见得逢人就拜。今生仅拜过两个人，鸿门宴上拜项羽，那时双膝一软，不知怎么就跪了下去。今日拜先生，乃是心甘情愿，你别见笑。一般说来，不会有第三回了。"

二人皆大笑，笑声惊醒了睡在里屋的冷梅枝，伸懒腰的咿呀声隐约可闻。

刘邦唤她出来，与子房先生道别。少顷，随着佩环声动，打扮停当的佳人转了出来。

张良不觉眼睛一亮。

用脑过度的男人，这时想到了另一个词：秀色可餐。

这天晚上，刘邦大摆筵席，为张良饯行。文臣武将，济济一堂，欢乐的气氛中夹带着些许伤感。足智多谋的张良，人缘也非常好，军中人人都乐于亲近他，如今他就要走了，或许一去不返，再难见面，许多人心中都不是滋味。文臣比较能忍，例如萧何，只淡淡地说几句祝福之类的话。武将则不然，例如樊哙，跟张良接连干了三杯酒，动感情的话便脱口而出，眼圈儿竟有些发红，猛一扬头，唱起了当时流行的别离歌。

每个人都想和张良干一杯，文弱的男子如何招架得住？于是由樊哙代饮，樊哙醉倒，周勃又上，周勃喝得颠三倒四，灌婴再来接替他，为张良挡驾。

灌婴之后，还有高阳酒徒郦食其……

如此感人的场景，刘邦最高兴：大家喜欢张良，张良去而复回的可能性就会增大。这叫做情感投资，必能获得相应的回报。情感投资，当时没这个词，但不等于没这层意思。

刘邦这人激动不得，一激动，老毛病就犯了（其实说不上毛病）：他要走下王位，当众跳一回舞，萧何急忙拦住他。

"使不得。"萧何说，"你现在是汉王，汉王得有汉王的威仪！"

刘邦颇不以为然：汉王怎么了？汉王就不许跳舞么？汉王就必须高坐在王位上，拿腔拿调，木着一张脸，像个高级傻瓜？真是这样，做个汉王有啥意思？

萧何横竖拉住他，不松手。他挣不开，只得作罢，收敛了舞兴，复归王位。

宴席闹到深夜方罢，百十条醉醺醺的汉子，一一与张良拥抱作别……

第二天，却传来消息：张良火烧栈道。他命其所随之人，走一段，烧一段，直到将三百里栈道全部烧光。

汉军大哗：栈道烧了，不要说杀回关内，就连回家探亲的可能都不复存在了。

三军将士先是茫然：张良为什么这么做？

继而疑虑：张良莫非投项羽去了？烧绝栈道，只为向项羽邀功？

然后是愤怒：知人知面不知心！好个张子房，表面向汉，实则向楚。装得倒像哩，明里一把火，暗里一把刀。十足的伪君子，十恶不赦的奸人，彻头彻尾的宵小之辈……

汉军营寨，对张良的臭骂声处处可闻。包括樊哙在内的高级将领都面呈忿忿，士卒更相信张良此举是坑汉，置十余万汉军于险山恶水之中，永无出头之日。

几位将军约好，到丞相府见萧何。上午开会，在宣布萧何为汉丞相的同时，丞相府三个金字招牌已挂在萧何住宅的门口。萧何峨冠博带，正在房中与一班幕僚喝茶，幕僚们正叽叽喳喳地议论着什么，樊哙等人一到，都住了口。他们大约亦是在谈论张良火烧栈道之事。

樊哙粗中有细，当了众人，不便嚷嚷，将萧何拉到一边去，压低了声音问：

"子房烧栈道，莫非有深意？"

萧何摇头，表示他也莫名其妙。张良临走时，他曾和刘邦一道送出数里，张良没有露出半点口风。

"该死！"樊哙骂了一句，显然是骂张良。这面色转青的汉子想了想，又问：

"汉王没召你进宫议事？"

萧何说，他去过一次汉宫，汉王称病不见。上午开会时刘邦还好好的，下午却称病，连丞相都拒之门外，樊哙分析，此事肯定与张良有关：沛公多半气出了病。沛公视张良为知己，反受张良的翻天印，且击中要害，焉能不病？

樊哙掉头就走，要去见刘邦，周勃、灌婴等人随了樊哙，大踏步离开丞相府。萧何在后，艰难地追赶着，大呼：

"樊将军，不可鲁莽！"

走过半条街，即到汉王宫前。所谓汉王宫，不过是南郑郡衙换了一块招牌，一切均处于草创阶段，比不得咸阳的豪华宫殿。宫门前，一队持枪荷戟的军士倒站得很整齐。

樊哙先通报姓名，然后等着闯宫。蓄势待发，那样子就有些吓人：不时恶狠狠地朝那些守门的军士盯一眼，令后者一再打寒战。片刻工夫，刘邦传话，让他们进去。

军士个个转忧为喜。樊哙从他们身边走过，鼻腔中哼了一声，没能闯宫，似乎很有些遗憾。

刘邦在后花园欣赏初开的玫瑰，神态悠闲，不像有病。

樊哙叫了一声汉王，觉得拗口，改口叫沛公。周勃、灌婴不敢放肆，仍称汉王，并伏地跪拜。他们跪下了，樊哙亦少不得跪了一跪，心中却想：老朋老友的，要什么派头！

"你等入宫，有何要事？"

刘邦慢吞吞地说，他这时的神态，很有几分像张良，俨然世之高士。

"张良烧栈道，汉王知否？"

"知。"

"张良此举，是否另有深意？"

"不知。"

"栈道一烧，我等如何能打回老家去？"

"那就不回去嘛。汉中不好？"

"可'还定三秦'的大政方略又如何实现？"

"当实现便实现，不当实现便不实现。尔等不用多问，都退下吧。"

诸将告退，到宫外，七嘴八舌议论开来。汉王的话扑朔迷离，让人摸不着边际，但有一点可以肯定：汉王没病，而且心情不坏，这说明……

说明什么，诸将不得而知。汉王既乐，他们也乐将起来：是谓知亦乐，不知亦乐。

乐陶陶者，还要数刘邦。诸将走后，他捋须而笑，刚才一席话，句句藏机锋，俨如后来的禅宗大师。既不走漏消息，又安慰了众人，他第一次感到自己十分高明。

于是，迈开方步，寻他的爱妃冷梅枝去了。

且说张良。

烧栈道是一件痛快事，走一截烧一截，带着火苗的木板一块接一块落入深谷，煞是好看：惹得虎啸狼啼，引来山民的一阵痛骂。山民的骂是小骂，汉军的骂才是大骂，张良完全能想象他们义愤填膺的模样，汉奸、小人、势利之徒、伪善之辈，除此之外，他们还能骂些什么呢？

但愿他们别骂我的祖宗三代。张良想。

一路烧过去，他的确异常快活。破坏有一种快感（从根本上讲，破坏是为了建设），暂且遭人误解是另一种快活。许多年后，当他归隐林下之时，回想这段奇妙的经历，仍然忍不住发笑。

善做大事者，举重若轻。烧栈道关系重大，弄得不好，刘邦"还定三秦"的战略将变成一纸空言。换了常人，多半左思右想，临到纵火时，还会犹豫：万一搞砸了怎么办？凡事都有个万一，比如那条通往陈仓的小路，虽经几位蜀中的老者一致证实，但张良毕竟没去亲自考察过，万一……

张良非常人，他不考虑万一。凡事有七分把握就可以干了，而且干得轻轻松松。三百里栈道，他一把火，烧得干干净净。

如果真有万一的话，刘邦就得委屈一下，终生做他的汉王。说到底，这没什么大不了的，历史就是这么回事。

玩历史于掌股之上的张良，烧完栈道，出蚀中山谷，过凤州，将入宝鸡地面，忽见山中闪出一支人马，为首的将领大叫："子房休走，亚父命我等在此，我已等候多时！"

张良惊得几乎跌下马来。脑中闪过一念：天外有天，范增竟高我一筹。吾命休矣！

然而不过是虚惊一场。那将领跳下马，赶紧赔不是，原来是项伯的手下。

项伯料定张良送刘邦入蜀，必从原路返回，故派了个心腹专门等候。张良惊魂方定，也不加责怪，两哨人马并作一哨，往楚地行进。几天后，入楚都彭城（今江苏徐州市），住进项伯家中。

作为礼节，张良拜见了西楚霸王项羽。项羽对张良比对刘邦客气。他向来看不起刘季，张良则不同。首先他是韩国贵族，和项羽一样出身高贵。其次他有韬略，是个难得的人才。这样的人才居然乐意为刘季做事，项羽觉得不可思议。他希望张良成为自己的谋臣，试探了几句，发现张良无此意，张良是奔韩王成而来的，并于言谈间表示，已脱离汉王刘邦。

项羽不予勉强，此等高人，勉强也勉强不来的。于是吩咐项伯，善待张良。

范增吃不透张良，却也不来为难，张良在项伯家中，既舒适又安全。

他拜见了韩王成。这时的韩王成，正加紧与其他诸侯的联系，离死期也不远了。张良没承想到，他翻山越岭，千里迢迢赶来朝见，倒碰了一鼻子灰：韩王成认为自己之被软禁彭城，全因为张良。事实也似乎是这样，张良欲辩无辞。他有隐情，却说不出口：如果他改投项羽，韩王成就可能被释放，而张良又不可能这么做。

二人话不投机，君臣间的缘分淡了下去。

张良待在彭城，优哉游哉，今天这儿喝酒，明天那儿做客，逢着好天气，便邀了项伯一同出城远游，过着闲云野鹤般的日子。韩王成下榻的馆驿，他偶尔去一次，更多的是一纸问候。他已经有种预感：脱离韩王只是时间问题。

他倒是时常牵挂远在巴蜀的刘邦。他想着刘邦的性格为人，脑子里不时闪过刘邦日常生活中的片断。

这一天，有个丽影浮现在脑海，竟是冷梅枝。

张良不会对冷梅枝动非分之想。不过，冷梅枝确实非常迷人。止乎礼是一回事，发乎情又是另一回事，如果对冷梅枝这样的佳人全然无动于衷，那就怪了。

项羽请他到宫中赴宴，唤虞姬出来，在席前翩然起舞，张良的眼睛又是一亮，并再度想到那个诱人的词：秀色可餐。

是呵，秀色可餐。佳人为伴，不失为人生一大快事。这些年，张良东奔西走，忙于动脑筋，把身体和情感（男女之情）的需要大致抛到了脑后。而眼下，他闲居无事，日子过得非常轻松。富贵思淫欲，轻松想佳人，面对美人，张良自然而然地浮想联翩。

张良看女人的目光，瞒得过别人，瞒不过项伯。

一日，项伯对张良说："你一个人过，夜里未免孤单，我替你物色一位绝色女子，如何？"

张良道："女色之类，我生疏得久了，只怕不容易讨人家的喜欢。"

项伯笑道："子房貌如好女，不似我等粗俗之辈，不讨人喜欢才怪哩。"

张良又说："不一定十分姿色，善解人意就行。"

楚地多美女，项伯很快找到了一位，此人姓李，叫李媛媛，父母双亡，流落彭城，被一个上了年纪的商人收为养女，商人有纳妾的意思，老妻却从中作梗，故迟迟未动。项伯与商人有些交情，一次造访府第，见李媛媛举止动人，打听身世后，便提出将她说与张子房。商人不情愿，无奈老妻竭力赞成，只得首肯，不受财礼，权且做个人情，让项伯带走了李媛媛。

李媛媛十九岁，除了人长得妩媚，还识得几个字，能歌能舞。她一见张良，顿生好感。此时的张良，虽是四十出头的男人，但究竟比那商人年轻了许多，而且相貌英俊，待人温和。不用项伯费力，二人已然有情有意了。

得来太顺手，缺少刺激性，但张良似乎不需要这种刺激，花前月下，你爱我怜，已经足够了。

三两个月下来，两人已是如胶似漆、难解难分了。

李媛媛得到好男人的滋润，越发生得玉润珠圆。一笑百媚生，再笑可就不得了啦。张良和她同吃同睡，饱餐秀色之余，不禁大发感慨：佳人的诸般滋味，真真妙不可言。

高人悟出最基本的道理，从此在女人身上格外留了一份心。当然，他不是刘邦那样的花花公子，一生拥有的女人很有限，佳丽级别的，就只有这位李媛媛，后来功成身退，家中添了几位侍妾，不过是年轻活泼，富有朝气而已。这些故事见于《留侯传奇》，那是刊行于明朝崇祯年间的一本薄薄的小册子，正史不载，当在意料之中。

六月齐地乱，七月赵王反，楚都彭城每天都有军队调动，车辚辚，马萧萧，行人弓箭各在腰，百姓纷纷闪避，躲进家中，不敢出门。却见一辆漂亮轻便的轺车，不时穿城而过，士卒让道，将军行礼，羡煞了城中的老百姓，他们满腹疑问：轺车中坐的什么人，竟有如此派头？

有知者答曰：那是韩人张良，携带了一位红颜女子，出城游玩山水。

问者再问：可是当年刺秦皇于博浪沙的那位张子房？

知者曰然。于是，问者不复再问，听众一片肃然。再逢着轺车出现时，他们壮了胆，站到街边上，一齐向驾轺车的张良行注目礼。车内的李媛媛不明所以，掀开帘子问：

"子房，他们都是你的朋友么？"

张良笑而不答。

张良在项伯家中一住就是几个月，快活得无以复加，原本有些苍白的脸转为红润，体重也增加了。幸福既是一种添加剂又是一种麻醉剂，他养成了睡懒觉的习惯，日上三竿还赖在床上，不想起来，反正起床也无事可干。挑灯看剑、闻鸡起舞的日子变得十分遥远。

两人恩恩爱爱没个完，一代高人意志松懈，杰出的大脑时常陷入晕晕乎乎的状态，很难把一个问题从头想到底。"这不好"，他提醒自己，但转眼便忘了。眼前李媛媛的那张娇媚而又可爱的脸，显得比一切都重要，现在不是秀色可餐，而是被淹没于秀色之中了。

项羽知道了这件事，觉得有趣。他告诉范增，老头子乐得直打哈哈，亲到项伯家中看视，果然看见张良一脸幸福，两眼蒙眬，大约从此沉入温柔乡……

范增出门，笑得前仰后合，笑完了，仰天叹息：英雄难过美人关，看来智者亦复如是。只有我这糟老头子，不为色欲所动，始终保持头脑清醒。啊哈！

范增认为项伯做了件大好事，不管有意无意，总之对西楚、对霸王均有益处。往常，项伯以刘邦的亲家和张良的朋友自居，接连干了几件有损国家利益的傻事，范增对他很不满，两人互相抬杠，谁也不买谁的账，项羽夹在中间，委实难处：一个是叔父，一个是亚父，偏向谁都不妥。而自从范增得知项伯把李媛媛塞进张良的怀抱，立刻尽释前嫌，主动和项伯修好，项伯莫名其妙，倒也不拒。

张良居南郑时，曾经有过一个想法：到彭城小住一阵，然后效仿苏秦，凭三寸舌，游说诸侯，背楚向汉。几个月后的今天，想法仍在，张良却懒得动身。游说诸侯须是只身前往，带个女人可不像话，而把李媛媛扔在彭城，他又于心不忍。

过两天就走，张良总对自己说。可是两天过去了，他仍待在原地不动，有各种各样的理由阻止他迈出客居的寓所：天气不好，出门不吉，李媛媛身子不舒服，项羽派人送来请柬，请他某日进宫赴宴……等等，张良明白，类似的理由可以无穷无尽。

夏日将尽，眼看就要进入秋季了。秋高气爽，正是出门的大好时机，张良再不动身，真有些说不过去。他首先说服自己，然后去说服李媛媛。她会哭的，他想。她无父无母，他既是她的男人又是她的父亲，他走了，她等于同时失去两个亲人，重返孤独无助的境地。尽管他不是一去不返，但很难预计什么时候能回来。

她会哭得非常伤心，他想。他对自己缺乏把握：或许她这一哭，他又会动摇。

李媛媛在园子里的水池旁看残荷，张良冲她的背影走过去。这是午后，风掀动她的白色裙裾，几片落叶在她的头顶飞舞。她优美的身形一动不动。

张良走神了，突然冒出一个奇怪的念头：她的生命中若是没有我，她就会枯萎！

他进入了情人角色，而且有意无意地强化着。他不是什么谋臣、天下首屈一指的智者，此刻，他仅仅是个普通情人，有着普通情人的念头。

听见脚步声，李媛媛回过头来。

张良走过去，欲言又止。他装作欣赏残荷，却装得不像，李媛媛瞅着他，抿嘴笑笑。捕捉情人的心思并体贴入微，她可比他强。

"你好像有话要对我讲。"她望着他的脸。

张良叹口气，终于说出他的远游计划，他选择着词句，说得结结巴巴，可他刚一开口，李媛媛就听懂了，"你去吧"，她简简单单地说，"我等你回来。"

张良吃了一惊：她的反应出乎他的意料。他原以为她会哭，可是……

莫非她不喜欢我？张良犯疑了。她嫌我老了，希望我及早离开？几个月柔情似水，难道只是一场戏？或者她看上了某个后生，等我一走，便跟他约会……

一代高人满腹狐疑，几乎炉火中烧。李媛媛又道：

"你有心事，我如何不知？你要离开我，又不愿把我一个人留在别人家里，故而时常叹气、发呆。我是你的女人，岂能连这点心思都猜不透？你的事，我也略知一二。出了名的男儿伟丈夫，当做大事的，不该一味守在一个小女子身边。你且放心去吧，我在这儿等候你的消息，三年五年也等。"

李媛媛如此识大体，张良一阵感动，当即发誓：无论他走到何处，一定回到她身边。彭城不行，就派人接她出去，到别处聚首。总之，分离是暂时的，接踵而来的将是重逢的欢娱。这时候，李媛媛眼圈儿一红，两滴晶莹的泪水夺眶而出，扑灭了情郎的炉火。

二人回屋，张良摇了一卦，两天之后有个吉日，宜远游，这意味着他们在一块儿的时间不多了。

晚上，张良去了项伯的住处，向这位老朋友打一声招呼。他穿过一条连接厢房的甬道，步履匆忙，并边走边系衣带。他刚刚起床，肚子有点饿，身子有些歪歪斜斜。最好是在项伯那儿吃点什么，补充点能量，以备夜里不时之需。方便的话，把李媛媛一并叫来……

张良一面转着这些念头，一面踏上项伯住处外的台阶。有下人告诉他项伯将军在书房，他皱了皱眉头，进书房时，心想：项伯已吃过晚饭了，看来还得饿上半个时辰。

项伯正埋首于灯下读着什么，见张良进屋，遂笑脸相迎。二人在案几前席地而坐，一个侍女端了茶进来，又悄然退出。

张良说："项伯兄夜里还读书，未免太辛劳。"

项伯扫了桌上那些竹简和绢帛一眼，淡淡说道：

"并非读书。有人呈文策与霸王，霸王读过了，转于我处收藏。"

项伯当时主管各类奏章和文策，所谓书房，更多的是这类东西。

张良说，既是机密之地，不妨移到别处说话。项伯表示没有这个必要。老朋友他还信不过？

张良喝着茶，欲提正事，项伯却谈起摆在桌上的那篇文策，说是霸王读后，火冒三丈，要治那呈上文策的家伙的罪，经项伯苦劝方免。

张良顺便问了一句："那是个什么人？"

"韩信，一个执戟郎中。不知天高地厚，居然指责霸王这也不是，那也不行，好像他比霸王高明十倍，好像堂堂西楚，没人比得上他。"

张良对韩信这个名字毫无印象，倒是对执戟郎有点儿记忆，于是再问：

"莫非是鸿门宴上，执戟站在门口的那个年轻人？"

"正是。子房认识他？"

"噢，不认识。当时有人开玩笑，说他钻过别人的裤裆，所以记得。"

项伯仰面一笑："并非开玩笑，真有其事哩。狗都不如的东西，竟口出狂言。"

"怎么个狂法？可否让我一览？"

项伯拿过写在绢帛上的文策，递给张良："子房看了，只怕会笑掉大牙。"

张良看了一遍，还给项伯。他嘿嘿发笑，笑得不自然，所幸灯光较暗，项伯未曾察觉。

事实上，张良大吃一惊。文策的高明处，不仅十倍于项羽，连他自己也未必能及。

这一惊，把他从绮梦中彻底惊醒。能纵观全局者，天下绝不止他一人，楚军中就藏龙卧虎。幸好他今晚来了，幸好这些日子他一再延宕，以至阴错阳差，撞上这位名叫韩信的奇人。他得想法结识他，如果此人受到项羽重用，刘邦就惨啦。

智者的大脑一旦恢复正常，便思绪如潮，他想得很远。当初在南郑，他曾算过一卦，此行或可为刘邦觅一帅才，难道韩信就是他要找的那个人？

他边想边和项伯搭话。项伯问他是来闲聊呢还是有事相告？他说没事，几天不见，特来聊几句。项伯说，既是闲聊，不妨摆上酒菜，边喝酒边聊天。张良喜道：

"如此甚好！"

项伯出了书房，命下人安排酒菜。张良起身，在房中转悠，趁机把那篇文章再看一遍。

文策非同小可，故全文录于后：

　　臣闻治天下之道，贵审天下之势，贵识天下之机。势者，察虚实，明强弱，知利害，详得失，然后天下可得而理也！不然，则虽强盛一时，不过恃其勇力，终必败亡。机者，辨兴亡，定治乱，究几微，明隐伏，然后天下可得而图也！不然，则草莽倥偬，苟且得国，张难久安。

　　今陛下虽霸关中，人心未服，根本未立，民畏其强而已，惧其威而已，格其面而已。然而强可弱也，威可抑也，面非心也。三者乃陛下之所恃，使一旦馁而不振，天下不可一朝居也。欲望长治，岂可得乎？此臣所以寒心而为陛下忧也。

　　刘邦昔居山东，贪财好色，今入关中，发政施仁，财物无所取，妇女无所幸，约法三章，收束人心，秦民悦服，恨不得为关中主也。陛下入关，不闻善政而唯有杀戮，听谗邪之言，蹈嬴秦之弊，杀子婴，掘骊山，烧阿房，大失民望，盖不知势之可立，机之可察，而弊端恶孽隐伏于天下而未动耳。使刘邦一倡，诸侯从风，不期强而自强，不期胜而自胜，陛下之所恃者，毕为刘邦得之也。就如近日，烧绝栈道，使陛下不疑其东归，三秦不为严备，然后收用巴蜀之民，复取关中之地，此正审天下之势，识天下之机，而陛下茫然莫之知也！

　　为今之计，莫若益兵严备，巡哨边关，收回章邯等三人别用，另选智勇之士阻塞关隘，更取刘邦家属，拘于辇毂之上，昭布仁义，整饬兵马，训练行伍，内求贤相，外访元戎，制服诸侯，遵行周政。如此，则刘邦不敢东向，而社稷有磐石之固矣！

　　看罢第二遍，张良微微一笑。韩信的见解固然高明，却有一个致命的缺点：锋芒太露，措辞不留余地。处处揭项羽的短，项羽不火冒三丈才怪哩。即如刘邦，对如此尖刻的指责，亦未必能平心静气地接受。

　　年轻人，犯了急躁的毛病，和当年在博浪沙逞匹夫之勇的张良一样。

　　张良这么想时，心中释然了：比之年轻的韩信，他毕竟更成熟，更能知己知彼。炉火纯青的智者与初出茅庐的智者，在自制力上拉开了距离。

　　而韩信的急躁，想必与处境有关。怀才不遇，满腹牢骚，方有此等激烈的言辞。劝他背楚归汉，到刘邦帐下一展才学，对张良来说不过是小事一桩。

　　张良盘算已定，身后响起脚步声。项伯提了酒壶，打着哈哈走进来。一个厨子模样的中年人跟在旁边，手上有鱼，有狗肉和几样果子，一大盘热气腾腾的狗肉，香味儿四溢。张良旋即意识到肚子饿得不行，胃口好极了。

酒足肉饱之后，张良告辞，回自己的住处。推开门，却见李媛媛坐于几前，几上同样摆着酒菜。"我叫下人弄的。"李媛媛说，"有你喜欢吃的狗肉，一大盘呢。"

张良说，他已经吃过了。李媛媛作失望状。张良挨着她坐下，在她耳边低语几句。佳人回嗔作喜："怎么又决定暂不动身了？莫非是牵挂奴家……"

"放心吧，这次与你无关。我须寻一个人，办一件事，办好后，再定行止。"

"这人很重要么？"

"非常重要。"

"他叫什么名字？"

"他的名字无关紧要，我今天也是头一次听说。快吃吧，狗肉趁热吃最好。"

李媛媛夹一块狗肉送进口中，边咬边说："子房对我也保密？"

"并非保密。有些事，你不知为妙。来，我替你斟一杯酒。"

"那我不问了。"李媛媛喝下一口酒，顿时两颊泛红，"从今往后，我什么也不问，只知世间有你，有我。"

"还有这盘香喷喷的狗肉。快吃，别说话。孔子说：食不言，寝不语。"

"好吧，我食不言，可你也得做到寝不语。"

"寝不语更好，那咱们就……"

余下的话，张良不说了，两人互相看一眼，眼里满是柔情蜜意。

窗外，月光如洗。

第十一章　韩　信

　　张良在彭城盘桓数月，欲游说诸侯而迟迟未能成行，离开彭城的，倒是另一个人。

　　这人大约二十七八岁，长身，短须，身后背一把长剑。他骑马出城，快马加鞭，往汉中方向行进。他骑的是一匹枣红马，那原是张良的坐骑，临行时赠予他，让他速往南郑。张良还交给他一张地图，上面标有通往汉中的一条鲜为人知的小路。因栈道已毁，只有通过这条小路，方能进入汉中，抵达汉王刘邦的都城南郑。

　　楚天空阔，楚地亦是沃野千里，枣红马跑得格外起劲，四蹄翻飞，尘土高扬。疾行数日，入宝鸡地面，道路便渐渐迂曲，马蹄声的节奏缓慢下来。

　　宝鸡地处咸阳以西。在雍王章邯的封地之内。相传秦文公在这一带狩猎时，发现了一块石头，夜间能发光，黎明能做鸡啼，文公便把这块石头称为宝鸡石。后因商业繁荣，人口增多，便筑为城池，名为宝鸡城。

　　经宝鸡城向南，越过秦岭，即是汉军的所在地南郑。

　　这时候，马是派不上用场了，年轻人将它变卖，换作盘缠，开始了徒步旅程。

进入深山，光线暗了许多。山间有剪径的强盗，有伤人的大虫，他不敢夜行，看看天色将晚，便投宿于山野人家。偶有客栈或酒肆，即使天光尚早，他也留下，住一夜再走。

越过小松林，攀上峨眉岭，有个樵夫主动来为他指路：前面是太白岭，岭下有酒肆，岭后有人家。下太白岭之后，直走孤云山、两角山，然后渡黑水、过寒溪，再走数十里，南郑便到了。

年轻人深谢樵夫，拿出二百钱作酬谢。樵夫收下了，却无论如何要留他吃一顿饭。

走出二三里，即是樵夫的家：三间草屋，倒也干净。堂上有一位老母，闻客人来，满是皱纹的脸上堆起笑容。除老母外，家中再无别人，樵夫看来是独身，是娶不起老婆的那种汉子。

樵夫弄了几样野味，又走出几里地，买回了一罐村酿。村酿有些浑浊，年轻人瞧了瞧，心想：山中的酒大约就是这样。更不相疑，拿碗就喝，接连喝下三大碗。喝下之后，只觉脑袋昏沉沉的，只想上床睡觉。樵夫殷勤侍候，扶他进屋躺下。

时为正午，秋天的阳光在窗外闪烁。年轻人睁开眼，往口中塞了一颗什么，复又闭上眼。

几分钟后，他呼噜呼噜地睡将起来，嘴角奇怪地露着一丝笑意。

门开了，有人进来，在榻前停了停，大概对他的鼾声感兴趣，然后轻轻掩上门走了。

门外，响起一阵简短的对话。

"我儿，你拿刀去做什么？"

"儿决意将他砍了"。

"是个好人呐，出手就给你二百钱，你砍一月的柴也值不了这么多。"

"可他那布袋里的钱更多，我砍了他，全都是我的了。"

"不砍成不成？"

"不成。不砍他，我就娶不上媳妇儿，你老也抱不上孙子。我砍了他，便把翠姑娶过来。娘，我想老婆想了好多年，索性狠一回心。"

"不砍死成不成？一条人命哩。"

"不成。他是个会武艺的汉子，瞧他身上那把剑。我砍死他，会为他垒一座坟的。"

"不可以埋在附近。村里人知道了，会骂你、骂我、骂你死去的老爹。"

"老娘放心，儿自会处置。儿将他埋得老远，一个人不知鬼不觉的地方。"

对话结束了，接着又是开门的声音。樵夫闪进来，手持一把明晃晃的砍柴刀。

光天化日之下，砍人可不像砍柴那么简单，樵夫的手在抖，大约心也在抖。为了稳住心，同时稳住颤抖的手，他必须想他以后的好日子，想那个名叫翠姑的好姑娘。他想她好几年了，但愿今天是最后一次想，因为以后就不用想了：将她娶过门，早晚搂着，睡他个昏天黑地！

动力变成了定力，樵夫持刀向床榻逼近。年轻人仍在打呼噜，他必须像砍一截粗大的树枝一样砍下年轻人的脑袋。干净利索，对双方都有好处。

樵夫走近时，年轻人的鼾声忽然停了，并且睁开眼。

"想杀我？"他冷冷地问。

樵夫惊得说不出话，一阵战栗，砍柴刀掉到地上。

年轻人坐到床沿上，打了个呵欠。他拿过床边的那把剑，抽出来，又插回去，神情仍然显得冷淡，甚至有些心不在焉。他不想杀人，确实不想杀人，早在几年前，他就错过了杀人者的生涯。

这时候，樵夫已退到墙角，看样子似乎要贴到墙上去。

"我不杀你。"床边的汉子说。

樵夫得了这句话，便慢慢向门口移动，几步之遥，却觉得十分艰难。他终于一闪身，溜了出去。

年轻人重新躺下，门外再次响起老妪与樵夫的对话。

"我儿手软了么？"

"不……是他手软，儿从他剑下逃了出来。"

"我就说呢，是个好人呐。"

年轻人重新闭上眼，不久，鼾声如故，这回是真的睡着了。

半个时辰之后，他醒来，一摸身边，发现羌女不在，他笑了，原来刚才做了一个梦，梦中他和羌女同榻而眠，羌女柔软的四肢环绕着他结实的身子。他揉了揉眼睛，方始明白身在何处。地上有一把锋利的砍柴刀，有个樵夫曾打算用这把刀砍下他的脑袋。

他翻身下床，背了剑，胳膊上挎了那只沉甸甸的布袋。出门时，见那老妪依然坐于堂屋中央，一张老脸似笑非笑。她儿子蹲在房前的小院子当中，见他出来，立即戒备地站起身。

"要走啦？"老妪跟他打招呼。

"多谢款待。"他不冷不热地说。

"山里穷，没啥可款待的。走好呵，小心路上蹿出一条大虫。"

樵夫才是大虫，他想。穷得娶不起老婆的樵夫，或许个个都是大虫。这么想着，他已经迈出门槛，来到院子里。樵夫已离开原地，站到了院子的边缘，那儿有一条通往山下的小路，供他随时逃跑。也许是有了安全感，于是他贪婪地瞅着那壮汉挎在肩上的布袋。

感觉身后亦有一道老人的目光，直射布袋，年轻人探手入袋，摸出一块金子，扔到泥地上。

"拿去娶老婆吧。"

说罢，头也不回地走了。

走出里许，却见樵夫一阵风似的追上来，他下意识地望一眼自己身上的布袋，心想：这厮怎地贪心，连命都不要了？身形一晃，剑柄已握在手中。

然而，樵夫扑通一声跪下了。

"敢问恩人高姓大名？"

"姓名怎的？要为我立墓碑么？"

"小人不敢。小人一时财迷心窍……"

年轻人不理睬他，继续往前走，樵夫紧追不舍，走出十余里，两人仍是一前一后，一个像是另一个的影子。年轻人不得不再次停步，拼腿力，他显然不是樵夫的对手。

"你这家伙是不是有毛病？我姓甚名谁？与你何干？再不走，我这剑可不留情。"

"恩人有些不知。这山里的规矩，若遇大恩人，须在家中为他立下牌位，朝朝叩头，夜夜祈祷，祝他将来大福大贵。今日若是讨不得恩人姓名，我回去，一定被老娘骂个狗血喷头。"

神仙似的供着倒也不坏——年轻人想。于是启齿一笑，说道：

"淮阴人韩信。韩国的韩，信义的信。现在可以放我走了吧？"

樵夫傻笑着，叩一个响头，转身就跑，边跑边冲着山崖大声喊叫：

"淮阴人韩信，淮阴人韩信……"

秦时的淮阴是一座大城，淮河环绕城郭，滋润着这一片土地，城里不乏富户，堂皇的府第随处可见。和任何一座城市一样，这淮阴城除富人区之外，亦有贫民区，韩信生于后者。

韩信的早年生活已不可考，只知道他是个生长在穷人家的穷孩子，但不是那种穷得叮当响的人家，不然，他也没法读书、习武树立志向。他还有一把祖传宝剑，可见并非三代赤贫。十六岁起，他开始背上这把宝剑在淮阴城中晃荡。说晃荡，是因为他在一般人眼中不务正业：不当兵，不做买卖，不入仕途（例如混个门吏或亭长之类）。他从城东走到城西，从城南走到城北，由于背上的宝剑而俨然是个人物。他不说话，总是沉默着，所以不少人以为他天生就是一个哑巴。

韩信不说话，倒不是因为无话可说，恰好相反，他的话太多了，一旦涌上来就滔滔不绝。若是出现这种现象，说者和听者都会觉得莫名其妙，继而陷入尴尬，重归于无言。韩信有过两次这样的经历，两次都是在醉酒之后，面对一群不三不四的听众，他突然大说特说。事后，有人向他描绘当时的情形，他后悔得不得了，从此不复在酒馆中醉酒。

韩信晃荡了几年，没能晃出个名堂，既没有显贵发现他，也没有伯乐推荐他，他依旧默默无闻，满脑子思想，在淮阴城中走来走去。他与刘邦不同，刘邦是里阳村中的无赖，他却同城里的任何一个二流子都划清了界线，不过，以他的家庭背景，他也攀不上富人家的子弟。两头不沾边，他就成了独行侠式的人物，在人群之中格外惹眼。

韩信对自己充满信心，这几乎是所有成大业者早年生活的共同标志。刘邦自信，有一定的外在条件：他生有异相，尤其是左腿上那七十二颗黑痣，赢得了舆论的广泛关注。而韩信找遍全身，也找不出特异之处。他长得像一个普通人，所以必须在行动上与普通人保持距离，若是一味混同于后者，天长日久，很难说他能保持异于常人的自我意识。

韩信一如既往地晃荡着，而家境每况愈下。父亲死掉了，母亲在病中挣扎了半年，也一病归西。韩信变卖了家中所有值钱的东西，用以安葬母亲。他看中了城外的一块高地，但此地价格昂贵，他若买下它，就再也付不出买棺木的钱。两相权衡，他舍去了棺木，代之以几张草席。

逝者长已矣，活着的人是宝贵的，他希望母亲的在天之灵保佑他飞黄腾达。

晃荡变成了流浪，他常常是饱一顿，饿一顿，形体消瘦，面色苍白，衣裳是襟襟片片，且又短又小，头发倒是老长，在风中飞飘，形如饿鬼。虽如此，他却仍然固执地背着那把镶了金的宝剑。

街上的二流子于是看他不顺眼，他们早就对他有看法，只因摸不透他的底细，没来惹他。现在，他终于露出底蕴，一副乞儿相，而神气一如当年，拒绝与他们为伍：这岂不是一副挨打相？

二流子来找碴了，先是尾随、取笑，继而迎面相撞，挽了袖、叉了腰，在韩信的鼻头上指指点点。韩信欲躲避，哪里躲得过？二流子最大的特性就是无处不在。

这一天，一个二流子拦住韩信的去路。

二流子说："你成天佩剑上街，想跟人比试么？"

韩信摇头，算是作答。他侧身要走，二流子摊开了双手，嘻嘻一笑：

"今儿豁出去了，向你讨教一招，你不会不给面子吧？我叫王二，老爹是屠户，街面上都闻我的名头！"

韩信盯着对方，仍是一言不发。叫王二的二流子发火了，嚷将起来：

"你韩信今天别想走，我王二横竖是缠上你了！你有宝剑，你不得了，我王二也不是吃素的。大家说，我王二吃不吃素？"

王二振臂一呼，一群围上来的二流子齐声回答："王二不吃素！"

王二一脸得意："听见了吧？这是群众的声音。今天我和你打个赌。这是你的剑，这是我的头，你若是条好汉，就把我这头砍下来，否则，须从我胯下钻过去。"

韩信被逼到这个地步，只得启口："我凭什么要砍你的脑袋？"

"你是个剑客啊。"

"剑客也不能随便杀人。"

"可我要你杀，怎么着？我偏要你杀！杀死不偿命，我王二说话算话。大家说，我王二是不是说话算话！"

十来个二流子再次响亮地回答："说话算话！"

王二得意至极，一张丑脸笑得稀烂："不杀也成呵，那就从我的胯下爬过去！"

"爬过去，爬过去，从胯下爬过去！"所有的二流子齐声呐喊。

二流子们富于节奏的喊声，惊动了半个淮阴城，市民奔走相告，闻讯而来，看热闹的人众堆山泄海，轧断了一条街，几百个人伸着鸭子似的长颈项，个个笑逐颜开。

韩信平生头一回被这么多人瞩目。他曾在想象中无数次地扮演主角，指挥千军万马，想象不能变为现实，又使他无数次地感到头痛，今天倒好，他终于有了观众。他终于被人群围在中间，一举一动都有人观赏。当他走神时，一种大人物的感觉油然而生。

然而这种感觉持续的时间太短，十来个二流子又开始狂叫：爬过去，爬过去！一些小孩也加入进来，声势更大了。韩信不得不面对现实，而所谓现实只是王二叉开的胯。

他决定钻胯，而不是用剑洞穿这个二流子的身体。

他趴下身子，屏住呼吸，从王二的胯下钻了过去。哄笑声冲天而起。

这一钻，把中国的"忍"字哲学发挥到登峰造极的地步，一个瞬间确立的象征意义，延续了两千余年。大丈夫能屈能伸，今天的中国人几乎人人熟悉的这句话，与韩信的胯下之辱有极大关联。

他成功了，仿佛完成了一项壮举。他站起来，由于憋气而涨得满脸通红。

有人扔果皮，有人吐口水，有人大笑，有人尖利地打着口哨，韩信垂下了头。

这头垂下了，就再也抬不起来。有个鱼贩的女儿，曾对他有点意思，而自从他钻胯的名声远扬，小姐的媚笑就变成了冷笑。士可杀不可辱，虎落平阳被犬欺，韩信也觉得自己确实是一副熊样。

后来，有了漂母的故事。淮阴城下一个浣衣的女人，见韩信可怜，便不时赏他一口饭吃。韩信为一口饭而感激涕零，发誓日后富贵，定当图报。不料漂母反而斥责他。

漂母说："你一个堂堂男子汉，经常饿肚子，我是可怜你才给你饭吃，难道是图你的厚报吗？前程要紧，小伙子好自为之吧！"

韩信记下了漂母的话，也记下了王二胯下的奇耻大辱。项梁起兵反秦，他远走会稽，离开待了二十多年的淮阴，他暗暗发誓：不混出个名堂，决不重返故乡。

在项梁军中，他不受重用。项梁死，项羽立，韩信转而寄希望于这位力能扛鼎的人物。他得了个执戟郎中的职务，不是因为才华，而是因为外表：他披挂执戟的模样像那回事，明显强于一般士卒，所以合该站立在中军帐下，以显示主帅的威风。

离项羽近，应该说进言的机会就多，但韩信多年的沉默，给表白带来障碍，他没有张良那样的滔滔辩才，甚至不如郦食其，饮酒辄醉，醉辄高谈阔论。一方面是急于出人头地，另一方面却是不善言辞，他迟迟得不到项羽的提拔。再者，他的才华重在指挥三军，不在于沙场驰骋、百万军中取人首级，后者容易表现，前者却难。

项羽九败章邯，打入关内，鸿门宴上吓得刘邦抱头鼠窜。继而入咸阳，烧杀抢掠：烧阿房宫，杀老百姓，抢奇珍异宝，掠走天下第一美女虞姬。然后，衣锦昼行，带着西楚霸王的名号回他的江东去。

楚军驻扎咸阳时，韩信亦有收获：他在京城的废墟中结识了羌女，她是选入秦宫的美女，姿色不难想象。

兵匪入城，高官大贾和稍有姿色的女人都十分害怕，有财有势的怕失去财势，女人则担心失去贞操。连年转战的军士，大半是性饥渴者，见了女人便如饿狼扑食。

姿色出众的美女，均被项羽装车运往彭城。霸王自己不用，因为他拥有虞姬，掠来的妇女通常用来赏赐给部下——这是古代战争的通例，不独项羽如此。刘邦"妇女无所幸，财物无所取"，主要是出于战略上的考虑。

羌女属次一等的美女，故而免于装车。她躲在一座被烧得七零八落的府第中，用木炭将俏脸涂成丑脸，光顾废墟的士卒竟对她不屑一顾。

韩信发现她时，最初是可怜她，给了她一点吃的东西，并和她闲谈了几句。也许韩信获得了羌女的好感，羌女拉他到淮河边上，用河水洗净了脸，将本来面目呈现于韩信面前，韩信这才吃了一惊。不过他没去动她，而是默默地领略她的姿容——这个举动再次赢得了羌女的好感。

楚军东返，韩信把羌女带往彭城。按他的级别，原是没有资格带家属的，他向项羽求情，项羽破例恩准他——对这类事，项羽历来不放在心上。

有个心爱的女人，韩信的功利之心更为急迫：他要让羌女过上锦衣玉食的日子。于是上书霸王，洋洋千言，却惹得霸王动怒，如果不是项伯从旁相劝，项羽或许会将他斩首。

韩信心灰意懒，对项羽彻底失望了。

他转思投往别处。项羽之外，刘邦的实力最强。韩信也一向看好刘邦，可刘邦远在南郑，且栈道已毁，他欲投之而不得。如何是好呢？

于是，整日价唉声叹气，羌女的抚慰也无济于事。大丈夫建功立业，乃是头等大事。

恰好张良来找他了。张良来得正是时候，不须大动唇舌，韩信便决定跳槽，背楚向汉。张良写了一封推荐信，信中备述韩信的过人之处。韩信略一迟疑，将书信收下。他向来自信，一切靠自己，不喜欢别人来推荐，尽管他深知张良对刘邦的影响力之大。

羌女的去留是个问题。蜀中山水险恶，韩信不想带她同往，受那份罪。留下亦有麻烦：项羽知他入汉，可能降罪于羌女。张良说，不妨把羌女留在项伯府中，与李媛媛同住，一来可受项伯保护，二来两个女子在一起，也有个伴。再说，羌女非韩信正配妻室，只是个女友而已，项羽未必会留意她，对她不利。

韩信同意了。说走便走，与羌女洒泪而别。

几天后，张良也离开彭城，游说诸侯去了。他临走再三叮嘱项伯，善待两个弱女子，不能让她们受委屈。项伯满口应承不提，而两位留守女子在彭城的生活，亦不在话下。

深秋时节，韩信到了南郑。南郑与彭城没法比，处处显得简陋。汉王宫和丞相府，设在同一条街上，看上去像是中等人家的住宅。但汉军纪律严明，士气高昂，重返关内、还定三秦的口号随处可闻。韩信感到，这支队伍迟早会打回去，与西楚霸王项羽一较高下。

这一趟，他认为走得不冤枉。

然而，刘邦待他，并不比项羽更热情，只让他做了个连廒官，也就是粮仓管理员。称为官，无非是手下有一群伙计。韩信初到时的热情减去大半。

前面说过，韩信不善言辞，且有恃才傲物的毛病。他不愿出示张良的荐书，而宁愿自己推荐自己。到南郑不久，刘邦倒是召见过他一次。作为项羽麾下的军人，不远千里转投刘邦，刘邦自然很高兴，见面的结果，却是双方都不满意。

刘邦问韩信："你说你能带兵打仗，那你能带多少人马？"

韩信回答："先给我十万吧。"

刘邦笑道："我总共才十来万人马，给你十万，岂不是让你做了大将军？"

韩信似乎听不出刘邦话中的揶揄，天真地说道："我投奔汉王，正是想做大将军。"

刘邦怫然不悦：这小子也太狂妄，昨天的执戟郎，今天就想做大将军，简直是欺我军中无人。当即冷冷地对韩信说："其志可嘉。我也希望日后能为你设坛拜将，可眼下你得从基层做起。退下吧，你的职位自有人安排。"

连廒官也叫治粟都尉，手下的一帮伙计叫兵曹，人数大约有几十个。韩信到任上，由于情绪低落，便每日喝酒，不理正事，几个兵曹趁机偷粮食到市中卖掉，买回酒肉，大吃特吃，甚至请来韩信一块儿吃——他们看准了这位醉眼迷离的长官，跟他们是一个道上的人。韩信也不问情由，坐下便吃，吃完便走。兵曹越偷越大胆，终于东窗事发。

刘邦大怒，喝令将几个兵曹斩首，兵曹一急之下乱咬人，一致把责任推到韩信身上，说是长官支使，他们不过是跑腿而已。韩信欲辩无辞——他时常和他们一起吃喝，有目共睹。

刘邦下令，将韩信一并杀掉。

性命攸关，韩信慌了，奉命捉拿他的士卒未及抵达他住的营寨，他先溜进了丞相府。由丞相萧何出面，进宫为韩信求情，才免了他的死罪。

堂堂丞相，何以为一个仓库管理员说情？这中间有个缘故。

韩信曾求见萧何，与萧何有过一席谈。萧何在人前不拿架子，所以韩信见他时，比见刘邦要轻松得多。在放松的状态下，韩信谈了许多，尽量抖露胸中之学，萧何大为叹服，不过，他老于吏事，并不立即向刘邦禀报，他要选择进言的时机。韩信这样的大才，要做就做三军统帅，做个将军也嫌小。

这些话，萧何当然不会说出口，只安慰韩信，暂且委屈一时，以后再说。

韩信死罪免了，而活罪难逃：被重杖五十，打得皮开肉绽。且被解除治粟都尉的职务，降格为兵曹，混同于军中的任何一个大兵。

行刑之后，韩信伤心透了。皮肉之苦倒在其次，当年的胯下之辱他都忍过来了，重杖五十算什么？伤心伤在前途渺茫。萧何赏识他，关于他的将来却语焉不详。这位年过半百的汉丞相，韩信相知不深，不敢相信他真会把自己推上高位。

在一间黑洞洞的屋子里，韩信躺在地上，一动就呻吟：背上和臀部均是血渍。黑暗中，眼泪涌了上来。男儿有泪不轻弹，那是当着别人的面。现在他一人独处，无人照料，吃着军中最差的伙食，眼泪一来就收不住，扑哧扑哧往下掉，如果不是门外有人——那些个幸灾乐祸的兵曹和新上任的连廒官，他真想放声大哭一场。

泪眼迷离中，忽地有个笑脸在空中一闪。

那是羌女，笑靥如花的羌女，伺候他，陪他说话，和他上床的羌女。

他突然感到归心似箭。

回彭城去，继续做他的执戟郎中。什么前程，什么大业，去他妈的！今生今世，唯愿与羌女长相厮守。有了颜如玉，还要什么黄金屋？粗茶淡饭的爱情，更能天长地久。

当初离开彭城时，他向顶头上司撒了个谎，说是回老家服父丧，告假半年。他塞给上司一千钱，上司乐坏了，当即放行，并保证他回来时仍居原职。

一经做出决定，韩信不哭了，他望着空中时隐时现的羌女，心中一阵接一阵感动：男儿的权力意志让位给女性的漫无边际的温柔。

一个月白风清的夜晚，韩信骑马出走，出东门，往寒溪方向疾驰而去。他留下了一封书信，那是写给萧何的，信中只字不提汉王刘邦。对萧何的救命之恩千谢万谢，表示将来一定报答——恩怨分明，是韩信为人的一大准则。

书信送到丞相府时，已是后半夜。受韩信委托的士卒原想等到第二天早上再送——若如此，韩信出走的计划就成功了，他本人的命运和汉朝的历史都可能改写。对他来说，那未必是坏事：选择情人的角色和平庸的人生要比做几年大将军幸福得多。至于千秋万载名，不过是身后事，与他本人不相干。他的出走，对刘邦、萧何一班人，则绝对是一件坏事。

士卒改变了主意，大概是担心信中有什么要事，呈送晚了，自己担当不起。

萧何看罢书信，大吃一惊，急忙披衣下床，跳上一匹快马，出城追赶。守城门的士卒报告说，韩信已走了一个多时辰，萧何叫声晚了，仍然纵马向前。

四野笼罩在月色中，蜿蜒的山道清晰可辨，空气中绝无半点尘埃。一轮圆月挂在蓝色的天幕上，像是舞台上的布景道具，月下，一个身穿灰白官衣的男人单骑飞奔。

萧何月夜追韩信。这是一幅画，一出戏，一本小说和一首诗。当代，则是电视剧一再重复的镜头。虚构的场面太多，事件本身就仿佛变成了虚构。

追出五十余里，仍不见韩信的踪影。

道路却越来越难走，马行的速度大为减慢。

萧何很清楚，如果韩信及时渡过了寒溪，他就万难追上，只得由他去了。

寒溪，实际上是一条宽约数丈的河，因由山间的几道溪流汇集而成，一年四季寒彻骨，故名寒溪。溪上有渡船，但不知夜里开不开船。

开船就糟了。萧何想。

再行十余里，寒溪到了。萧何一眼看见溪边有个人影在徘徊，不禁大喜：

那人不是韩信是谁？

确实是韩信。

韩信在溪边已徘徊许久，苦于无船渡河。对岸倒是有一只渡船，他喊了几声，不见回应，船家大概回家睡觉去了，看来须等到天明。

初冬天气，山中已然冷气逼人，韩信身上穿得单薄，只得不停地走动，寻一些暖意。

溪清月近人。一棵树倒映在水中，婀娜多姿，令他想到羌女。羌女此时正睡得香甜，她梦见了谁？韩信相信多半是他自己，羌女不可能梦见别的男人。

重逢在即，韩信心中涌出一股暖意，加上不停地走动，身上竟然暖洋洋的。

远处，一人一骑向他驰来。

难道还有人夜渡？他想。他没想到这人是来追他的，更没想到追他的人是萧何。

认出来者时，他惊得说不出话，急忙迎上去，紧紧抓住对方的大手。

堂堂汉丞相，连夜追他到寒溪，他感动得不能再感动了。许多年后，当他中了萧何的圈套，落入汉高祖刘邦手中，回想这一幕，真是感慨万千。后人流传有一句话："成也萧何，败也萧何。"

二人在溪边坐下，望着月光下的溪水。

"韩信，你此去欲投何处？"

"回彭城。"

"项羽能容你去而复回么？"

"项羽并不知道我投了汉王，我回去，他不会责怪的。"

"可他也不会重用你。在他手下，你仅仅是个执戟郎。"

"可我现在仅仅是个兵曹。"

"以后不会了。请相信，以后决不会这样。"

"丞相想让我做什么？"

"我想让你做大将军。"

韩信一震，眼中的兴奋持续了几秒钟，又黯淡下来。"恐汉王不允，众将不服。"

"汉王面前，我将竭力保举。至于众将，他们迟早会被你的才华所折服。"

"如果保举不成呢？"

"那就暂居丞相府，我总会说服汉王的。汉王爱才，只是对你不够了解。"

"丞相，你如此重看我，不怕看走眼么？"

"我年逾半百，阅人可谓多矣。若是看走了眼，那只能证明我是个老糊涂，不堪当丞相重任。"

"既如此，我有样东西给丞相看。"

韩信从怀中掏出一块绢帛，递给萧何。萧何借着明亮的月光展开一看，喜道：

"原来你有子房的荐书，何不早拿出来，呈与汉王？"

韩信轻描淡写地说："我没有靠别人推荐的习惯。再说，我也不知道张良先生的一封书信有这么重要。"

"你有所不知。汉王对张良，向来言听计从，他一封信，胜过我磨破嘴皮子。大将军的位置看来非你莫属。咱们往回走吧，天都快亮了。我这一趟总算没白跑。"

萧何站起身来，打了个呵欠。他跑了半个夜晚，这时才感觉到疲倦，二人上马往南郑方向走。东方泛白，远近的村落鸡鸣不已。不多时，太阳出来了，霞光万道。路边的一家酒肆已开门迎客，远远就看见酒旗在晨风中飞飘。韩信说，肚子饿得厉害，想吃点东西再走。于是下马，进入酒肆。萧何抖擞精神，将睡意驱开。店家端来几样野味并一罐村酿，韩信一阵狼吞虎咽，连称味道好，喝酒也用大碗，一口就是半碗。萧何瞧着直摇头，叫他慢慢吃，别撑坏了肚子。

韩信放慢了吞咽的速度，却提到羌女——这叫做饱暖思淫欲。淫欲不恰当，就当下而言，应该叫爱情：肚子填饱了，爱情便在胸中激荡。韩信把羌女的故事从头到尾讲给萧何听，讲他是如何思念她：这次离开南郑，小半是受委屈，大半都是为了羌女。萧何笑道：

"这还不好办？派人将她接到南郑便是。"

韩信又提到李媛媛——张良先生的红颜知己，亦在彭城的项伯府中。萧何大笑：

"我还以为子房不近女色哩，哈哈，原来如此！怪不得一去音信杳无。"

说到女人，萧何倦意全消，亦换成大碗喝酒。看这架势，用不了多久，丞相府中也会添几位姿色靓丽的女孩——此系题外话，按下不表。

再说刘邦，未及天明，便被人叫醒，他心里很不痛快，厉声喝问发生了什么事。门外的军士禀报说，萧丞相昨夜骑马出城，至今未归，或许是投项羽去了。

刘邦大骂："放你娘的狗屁！丞相是什么人，会去投项羽？尔等不可胡说八道！"

但萧何单骑出走，却是事实，并且没有任何交待。到上午，太阳升得老高了，仍不见萧何回来，刘邦心里不免有些发毛：萧何转投别处，似乎也有可能。所谓良禽择木而栖，萧何有王佐之才，不愿老待在穷乡僻壤，并非说不过去。前途比交情更重要，所以才不辞而别。

不想则已，一想，可能性就无端增大。刘邦疑虑重重，不断派人外出寻找，派出去的人又灰溜溜地返回，都说不见丞相的踪影。

刘邦垂头丧气，茶饭不思。萧何这一走，关系重大，身居丞相高位，尚且要走，别的人更难留住——势必人心浮动，军心动摇，甚至一哄而散！

这事想不得，越想越可怕。午后，刘邦在城里坐不住了，换了便装，带上几个随从，径出东门，驰往寒溪——这是出汉中，通向陈仓的唯一一条路。萧何真要走，舍此别无他途。

但愿别在这条路上碰上他。刘邦想。多年的老交情，翻脸可不易。

沿途但见带锄的农夫，提篮的农妇。随从下马打听，问他们是否见过一个五十岁左右的干瘦的男人，官衣官帽，腰间还挎着一把剑。农夫茫然，农妇亦摇头。刘邦想，萧何出走时，天光尚早，难怪这些人未曾看见，要知端的，须问寒溪摆渡的艄公。

刘邦继续走，视野中闪出一家酒肆，也就是萧何与韩信喝酒的那家酒肆。此刻，二人在肆中呼呼大睡。一来是酒喝多了，二来是昨夜几乎没睡觉，狂饮之后，趴在桌上便响起了鼾声，店家也不相扰，兀自坐到门外晒太阳。刘邦一行从他面前经过时，他向他们打招呼：

"客官赶路呵。"

刘邦停马问："此去寒溪，还有多远？"

"不远，只是路不大好走。客官喝口酒再走吧。"

"我们带着酒哩。"一个随从晃了晃挂在腰间的酒葫芦。

"我这儿的酒可是上等好酒，又醇又香哩。"店家打起了广告。

"我们有事。"刘邦说，"我们要寻一个人，回头再来喝你的上等好酒。"

"寻什么样的人？"店家问。他想起肆中那二位酣睡的客人。

刘邦把萧何的外貌形容了一番，店家笑道："客官，看来你我有缘。"

刘邦忙问："此话怎讲？"

"你要找的人，不在别处，只在我这小店中。他喝了我的上等好酒，正趴在桌上大睡哩。"

刘邦闻言，急忙下马，奔入肆中。迎面就看见萧何，果然趴在桌上，头歪在一边，嘴角流着涎水。另有一个年轻人，脸朝下，看不清面容。跟在身后的店家犹自贫舌：

"我没说错吧。这二位客人，喝了我的酒，足足睡了两个时辰。你说醉人不醉人？我这酒呵，方圆几十里，没人不说好！客官，来两碗如何？"

萧何被说话声吵醒，抬头一看是刘邦，忙拜伏于地，口称汉王恕罪。

店家一时呆了：原来是汉王，我的妈呀！两膝一软，跟着跪下了。柜台边上的店家老婆，连同随刘邦而来的几个随从，也都伏地而拜，唯有韩信，身子动了动，依旧鼾声如雷。

刘邦把萧何拉到门外说话。

"你是怎么搞的？不辞而别，连声招呼也不打，有人说你投项羽去了。"

"汉王莫怪，我有急事，所以才走得匆忙——我要追一个人。"

"什么人值得你这个大丞相半夜去追？就是桌上趴着的那位？"

"是呵。汉王没认出他是谁？"

"有点眼熟，但想不起是谁。他是你的什么人，对你如此重要？"

"他对汉王很重要，极其重要。"

"是么？他是谁？"

"韩信。"

"韩信？就是刚刚被削了职的那个治粟都尉？"

"正是。"

234

"我道是谁呢，原来是他！当年钻别人裤裆的家伙。在项羽手下不得志，跑到汉中来，自以为了不起，却每日喝酒，害我杀掉了几个兵曹。萧丞相，你是不是得了病，脑袋发烧？这种不三不四的人，竟然说对我极其重要，还连夜去追他，累我跑这一趟！"

"我有一句话，汉王可能不信：此人有元戎之才。如果没有他，我们就别想打回关内！"

萧何加强了语气，一脸严肃。刘邦有点被镇住了，他仔细瞧了瞧萧何的脸，又伸手摸他的额头，他发现萧何的额头和自己的额头温度差不多。

"我没说胡话，汉王。我清醒得很哩。"

刘邦吸了一口长气，视线停在萧何脸上。看样子，他开始认真对待这个问题了。

"萧何，我先问你一句。这个人，我是说韩信，他没向你行贿吧？"

"他一个穷光蛋，行什么贿！再说，汉王看我像一个受贿的人么？"

"我看也不大像。那么，你是对他很了解？"

"长谈过几次。凭我多年的经验，我敢保证：韩信绝不是泛泛之辈。"

"那好吧，我相信你。我提他做校尉，同时免了他私自逃跑的罪。"

"这不行。汉王得拜他为大将。"

"拜为大将？这未免操之过急了吧？他年纪轻轻，寸功未取，还刚犯过错误，拜大将恐怕不成，让他做校尉已经不错了，比樊哙、曹参等人只差一级。"

"若如此，韩信还会逃跑。"

"他敢！我立刻抓他回来，严加惩治！"

萧何一笑："汉王杀了他也不管用。杀了他，吃亏的将是汉王，是我们大家。唉，汉王既然不信，我这个做臣下的也不便多言，从今往后，只铁了这颗心：随汉王老死在汉中罢了。"

刘邦笑道："你能随我刘邦老死汉中，我感激不尽。不过，请放心，我一定会打回去，跟项羽争个高下。这韩信嘛，你把他说得太神，超过管仲、乐毅，简直就是孙膑、姜子牙。我并非不信，只是拜将之事，事关重大，我不能单凭你一人之辞做出决定。"

"我一人之辞分量固然有限，但如果还有人举荐韩信做大将军呢？"

"那要看是什么人举荐。"

"张子房。"

"别说笑话了。子房烧绝栈道之后，便一去不返，连我都没他的一点消息。咱们走吧，叫醒你追回的那位人才，回南郑，我再找几个人商议商议。"

刘邦说着，转身欲走。萧何说："汉王且慢。"随即拿出了那块绢帛。

刘邦接过一看，失声叫道："果然是子房的手迹！"

看完了，叹一口气，对萧何说道："这个韩信，看来还非得拜他为大将不可。昔日胯下小儿，今日汉大将军，传出去，我刘邦不被天下人耻笑才怪。罢，罢，罢，张子房之书，萧丞相之言，我不听也得听，不从也得从！且看他日后造化，能不能证明你二人所言非虚。"

回南郑后，刘邦和韩信谈了一次。张良与萧何的一致推崇，对刘邦不可能不产生影响。刘邦这人的特点，就是容易受人影响，当然，是受那些比较优秀的人的影响，例如受张良和萧何的影响。而从现在起，他又开始受韩信的影响，尽管后者比他小得多，不到三十岁。

谈话之前，刘邦心里老想着韩信，想着他对韩信的印象，不言而喻，这印象不算好。首先，韩信表现欠佳；其次，韩信过去有污点，钻过别人的胯。这些都是事实，事实是不会改变的，但人对事实的看法会改变。现在，刘邦受了张良和萧何的影响，对韩信的看法就开始改变了。

韩信在治粟都尉的任上不好好干，每天喝酒，纵容贪污，那是因为心里有委屈。大材小用的人，通常都会这么着，不然引不起上面的注意。如果认真干，一级一级往上升，那要等到什么时候！再者，能忍受胯下之辱的有两种人：一种是真正的懦夫，甘愿受辱；另一种则是真正的好汉，能屈能伸，修炼功夫炉火纯青，视奇耻大辱为寻常小事。刘邦相信，韩信属于后者，是一条好汉。

这两件事，刘邦想通了，对韩信的印象便发生了根本性的逆转。及至与韩信促膝相谈，他已经换了新的眼光看待这个年轻人。

刘邦果然被折服了。韩信谈古论今，大论滔滔，尤其对军事，既谙兵法，又对当前各诸侯的强项弱势了如指掌，剖析项羽，更是入木三分，刘邦不禁为之拍案叫绝。说到具体的战略战术，如何还定三秦，韩信的想法与张良不谋而合：明修栈道，暗度陈仓，打它个措手不及，一举击破章邯等人的联手布防。

韩信确是天才！这样的天才，险些让他给跑了。刘邦几乎不能宽恕自己，拍脑袋，捶胸脯，一刻三叹。韩信不明所以，问他这些个动作的具体含义时，他又仰面一笑，状如疯子。

第二天，刘邦召见萧何，宣布自己的决定：择日设坛，拜韩信为大将军。

坛筑郊外，数日而成。汉王刘邦斋戒三日，静候佳期到来。

吉期清晨，丞相萧何早早将文武百官汇集宫内，专候汉王出宫。不多一会，衣冠修整的刘邦步出宫门，登车而行，萧何率百官紧随其后，直抵坛下。

坛高数丈，前面竖一面大旗，上写一斗大的"汉"字，坛被彩旗所绕，旗随风动，呼呼作响。坛下，环列着队队武士，静寂无哗。不久，一轮红日，从东方升起，光照全坛。

如此壮观的场面，刘邦见了，不禁面呈喜色。他下车登坛，徐徐而上。

丞相萧何，手捧符印，也拾级而上，向刘邦行礼，并将手捧之物交与刘邦。

斗大的金印在刘邦手上,刘邦会交给谁呢?谁将成为指挥三军的大将?

金盔铁甲的将官们,个个翘首伫望,眼睛都睁圆了。

此前,刘邦与萧何合谋,耍了一个小花招:宣布了拜将的消息,却不告知具体人选。这样一来,不少人都抱了点希望,以为那金灿灿的将军印可能会落到自己头上。樊哙、曹参、周勃、灌婴、夏侯婴,堪称五员虎将,而这五个人当中,樊哙的呼声最高,谁都知道他和刘邦的特殊关系:他娶了吕公的小女儿,也就是吕雉的妹妹,他一直担任刘邦的贴身侍卫,武功高强,屡立战功,鸿门宴上,又挺身而出,力挫项羽的威风,救下刘邦一命。樊哙拜将,人们不会感到意外。

樊哙呼声既高,对自己的期望值也就不小,以至兴奋得睡不好觉。夜里反复盘算,算来算去,军中确实只有他最有资格,大将印绶,非他莫属。

眼下,他盯着将军印,只等刘邦念出他的名字。

坛上,刘邦清了清嗓子,环顾了一下四周,然后朗声道:"请韩信登坛!"

全场哗然。樊哙呆若木鸡。一个个将官交头接耳。唯曹参不语,却也摇了摇头。

韩信出列,从容登坛,一时鼓乐齐鸣,惊天动地。

樊哙满是胡须的脸渐渐变得苍白。旁边有人明知故问:"韩信是谁?我怎么没听说过这个名字?"

樊哙答道:"那个曾受胯下之辱的淮阴人,难道你真没听说过?鼎鼎大名哩。"

樊哙一腔怒气,因而说话不避左右。恰好韩信从他面前走过,他越发提高了音量,故意让对方听到。韩信只作未闻,昂然而过。

韩信登上将坛,面北而立。礼官宣仪之后,汉王刘邦亲授印绶。授毕,刘邦对韩信说道:

"今后，内外军事，皆归将军节制，愿将军勿负我意，严格治军，以匡扶王业。"

随后，刘邦又向众将下令：

"自此，如有藐视大将军，不听军令者，尽可军法从事，先斩后奏！"

韩信听罢，跪拜谢恩。

众将听罢，面皆变色。

樊哙猛地将脖子一扭，望着一边，仿佛遭受了平生之奇耻大辱。

仪式结束后，刘邦登车还宫。樊哙环顾众将，愤然道：

"我等千辛万苦，随主上到此，却反听饿夫节制，真是岂有此理！我欲向汉王进言，尔等且来附和，不能让那钻裤裆的小子得意！"

众将默然，显然是慑于刘邦刚才发布的命令。樊哙见状，越发恼怒，趋近刘邦车驾，叩首大呼：

"汉王车驾稍停，臣有一言上告。韩信乃淮阴饿夫，乞食漂母，受辱胯下，在楚为执戟郎。弃楚归汉，空钓唇舌，未见有尺寸之功。汉王今日屈驾，拜为大将，若项羽闻之，一定耻笑！天下诸侯，以为我汉中无人，却用这等饿夫兼懦夫，不待对敌交兵，人已知我虚实也！阻三军踊跃之心，长敌人敢战之气，三秦决不能下，强楚决不能破！事关重大，还望大王三思！"

这番话，在场的人都听见了，包括刚刚接受了印绶的韩信。韩信不语，只望着刘邦，刘邦气得胡子乱抖：太不像话了！岂止是藐视韩信，简直是藐视他本人。他立即传令：

"将樊哙拿下，押于朝门，听候发落！"

樊哙这才明白自己闯了祸：当着三军将士的面，给刘邦难堪。此时的刘邦不是当年的哥们儿，而是堂堂汉王，汉王得有汉王的威仪，岂能由着部下乱来？

樊哙后悔，却已迟了。当天，刘邦下令，按军令从事，将樊哙斩首。

命令一经下达，樊哙魂飞魄散，急忙求人在汉王座前说情。其实不用求，说情的人已不请自来，萧何、郦生并一干武将，齐刷刷跪倒在刘邦面前，历数樊哙功劳苦劳，求刘邦免他一死。其时韩信在侧，刘邦目视韩信，韩信知趣：樊哙不比阿猫阿狗，轻易杀不得的，刘邦不过是做做样子而已。于是加入求情者的行列。刘邦这才发话，说看在丞相及大将军面上，免了樊哙的死罪，但倘若再犯，定不轻饶。

樊哙之后，又有人来惹韩信，惹得这位新上任的大将军动了杀机。

此人叫殷盖。

韩信上任后，第一件事是演练人马。汉军的战斗力原本平平，入汉中以来，政治口号多，阵法训练少，故虽有十万之众，却称不上一支骁勇的队伍。此外，一部分军官散漫惯了，不把军令当回事。鉴于此，韩信首先强调纪律，禁令一列就是十七条，条条都要杀人。

其一，闻鼓不进，闻金不止，旗举不起，旗按不伏，此谓悖军，犯者斩。

其二，呼名不应，点视不到，违期不至，此谓慢军，犯者斩。

其三，夜传刁斗，急而不报，更违筹度，声号不明，此谓懈军，犯者斩。

其四，多出犯言，怒其主将，不听约束，梗教难治，此谓横军，犯者斩。

其五，扬声笑语，蔑视禁约，驰突军门，此谓轻军，犯者斩。

其六，所用兵器，弓弩绝弦，箭无羽镞，剑戟不利，此谓欺军，犯者斩。

其七，谣言诡语，造捏鬼神，假托梦寐，大肆邪说，此谓妖军，犯者斩。

其八，奸舌利齿，妄为是非，调废吏士，令其不和，此谓谤军，犯者斩。

其九，所到之地，凌侮其民，逼淫妇女，掠夺百姓，此谓奸军，犯者斩。

其十，窃人财产，以为己利；夺人首级，以为己功，此谓盗军，犯者斩。

其十一，军中聚众议事，私近帐下，探听军机，此谓探军，犯者斩。

其十二，军中谋略号令，漏泄于外，使敌人知之，此谓背军，犯者斩。

其十三，调用之际，结舌不应，低眉徇首，面有难色，此谓浪军，犯者斩。

其十四，出越行伍，搀前越后，言语喧哗，不遵禁训，此谓乱军，犯者斩。

其十五，托伤诈病，以避征伐，扶伤假死，因而逃避，此谓诈军，犯者斩。

其十六，主掌钱粮给赏之时，阿私所亲，使士卒结怨，此谓弊军，犯者斩。

其十七，观冠不审，探贼不详，到不言到，多则言少，少则言多，此谓误军，犯者斩。

韩信治军之严，从这十七条禁令中可略见一斑。在今天看，未免太严了，动不动就犯者斩，谁还敢去当兵？不过古人治军，大约就是如此。

禁令一出，三军为之震动。当然，也有不怕事的，视之为纸上条款，偏要往韩信的刀口上撞。而韩信正需要这种人试刀，杀一做百。

这天五更时分，韩信来到教军场。诸将升帐，司辰者报时之后，韩信点视诸将，发现监军殷盖未到，他也不加追问，吩咐各队人马照常演练。

午后，喝得半醉的殷盖摇摇晃晃地来了。这人生得高大，在战场上亦是一员猛将，官居监军，仅在曹参、灌婴之下。他跟随刘邦已有多年，和樊哙一样，从心眼里看不起韩信。他要试试韩信的锋芒，有意姗姗来迟。这一试，却把性命试掉了。

到辕门，殷盖即被拦下。守门的牙将说，没有大将军的命令，不得进入。殷盖很不耐烦，以不屑的口吻说了几句话，大意是小人得志便猖狂，牙将只不理会。不多时，韩信传令，让殷盖入军营。殷盖对牙将道：

"这不是多事么？我殷盖是什么人？堂堂监军，他韩信怎敢不让进？"

牙将冷笑。殷盖入中军帐，立时傻了眼。韩信面若冰霜，两旁的刀斧手一律虎视着。殷盖强作镇静，解释说，今日有亲戚来访，留坐饮酒，故而来迟。韩信毫无表情地听着，等他说完了，却转向执掌禁令的有司：殷盖犯了哪一条？有司随口说道：

"监军殷盖犯了第二条慢军之罪，当斩。"

"既如此，那就推出去吧。"韩信轻描淡写地说。杀殷盖如杀一小卒。

樊哙、曹参等人皆来求情，韩信拂袖而去。殷盖被绑在辕门外的行刑台上，只待未时一到，即当问斩。这时殷盖方涕泪交流，大呼饶命。樊哙平日与殷盖交好，急得像热锅上的蚂蚁，他自己出不得军营，只得派人火速前往汉宫，向汉王刘邦报告。

刘邦一听也急了，连声叫道："殷盖杀不得，殷盖杀不得！"即令郦食其持他的手谕，驰往军营救人。郦生飞骑入辕门，却又犯了"驰突军门"的轻军之罪，被军士拿下，同样五花大绑，置于殷盖之旁，一同问斩，这高阳酒徒吓得脸如死灰。未时，韩信到了，下令开刀。一刀下去，殷盖身首异处，脑袋滚出几米远，咬住了地上的青草。郦生魂都不在了，闭目等死。过了一会，不见动静，忽听一声悲鸣，睁眼看时，却是刀斧手砍死了他的坐骑。韩信传下令来：

郦大夫持汉王手谕，故不得死。但所犯第五条轻军之罪，须以坐骑抵罪。

郦生捡了一条命，回报汉王。刘邦怫然不悦。问萧何：韩信杀殷盖是何意？

萧何道："此正所谓杀权贵以威众心，使三军只知有主将，而不知有敌国。兵法云：内惧主将者必胜，外惧强敌者必危。汉王得韩信，何愁强秦不灭？"

韩信是萧何推荐的，萧何的话，刘邦半信半疑，于是转问郦生。郦生笑道：

"韩信治军有方，杀殷盖是为了明禁令、正军威。臣被他吓得半死，但毫无怨言。"

刘邦这才回嗔作喜。

四月，春暖花开的日子，韩信有了一件喜事：萧何暗中派人把羌女接到了南郑。情侣重逢，亲密得不得了，夜夜同房，如胶似漆。以韩信现在的身份，三妻四妾不在话下，但韩信看重旧情，只知有羌女，不知有别的女人。他未得意时，羌女和他爱得如火如荼，如今他得意了，尊为汉军之帅，羌女更爱他，他也没有理由降低情感的温度。他总是记着几个月前的那一幕：他吃了五十军棍，独自躺在黑洞洞的小屋时，是何等思念羌女。

韩信问到张良的行踪，羌女说，不久前，张良回彭城，将李媛媛接到魏国的都城平阳（今山西临汾县南），打算过些日子，再把李媛媛送往韩国的都城阳翟，与其家人住在一起。张良如此安排，看来有两层意思：一是正式接纳李媛媛为妾。二是从男欢女爱中脱出身来，一心游说诸侯，向汉背楚，助刘邦一臂之力。张良待在魏都平阳，极有可能是意在魏王豹，欲劝其归到刘邦麾下。

韩信对羌女说，过不了多久，汉军将向三秦之地发起攻击。战事一起，他俩就得分开，少则数月，多则一两年。如果战事不利，还可能是永别——男儿效命沙场，永别的可能随时都存在。

说到永别，羌女顿感伤心，眼泪涌了上来。韩信笑道：

"你看你，真是应了别人的一句话：女人的眼泪说流就流。我不过是说说而已，哪会轻易就死？打三秦易如反掌，项羽实力强，比较难打，但我最终将把他打得一败涂地。咱俩的好日子还在后头：那时相聚，就再也不分开了。"

羌女说："我不能随你去打仗么？我为你弄好吃的。打了胜仗，为你唱歌跳舞。"

"那可不行。"

"为何不行？大将军不可以带女人打仗么？"

"不是不可以，而是不方便。打仗是一件苦差事，并非游山玩水。一次急行军，往往就是几百里，你受得了那个折腾？我打胜仗，你唱歌跳舞，这倒不坏。但倘若吃了败仗呢？我要逃跑，又舍不得扔下你，所以说不方便。"

"你吃了败仗，我跟你一起逃跑。跑不动时，咱俩死在一块儿——那才叫天长地久！"

"我死了，汉军咋办？"

"不是已经被敌人打败了吗？"

"可还有东山再起的机会，只要不是全军覆灭。"

"那你就尽管逃吧，不用管我，反正我这条命也不值钱。"

"对我来说，你的命非常值钱。"

"说来说去，咱俩还得死在一块儿，你一剑刺死我，然后挥剑自刎。"

"真够悲壮的。可汉军咋办？"

"又回到老问题上来了。大将军，你说咋办就咋办吧。我是你的女人，我听你的。"

"办法十分简单。我在前方行军打仗，你在后方静候佳音。"

"不嘛。我禀告汉王，求他恩准我。"

"汉王不会同意的。汉王自己就不带女人打仗——夫人至今还留在老家沛县哩。"

"我试试看。"

"你最好别试。我这个大将军寸功未取，不该在军中搞特殊。

我带女人，别的将军也带女人，那岂不乱了套？听话，留在南郑，
等我的好消息。打下三秦之后，汉王可能迁都咸阳，那时候，我们
在你熟悉的咸阳相见。"

"好吧，我不跟你去。"

羌女的声音低到几乎听不见，她那带了点儿忧伤的侧影看上去
异常动人。

韩信揽过羌女，移向床榻。

一个多月后，韩信开始部署进攻事宜。他召来樊哙，命他带一
万人马，在一个月之内修复被张良烧毁的栈道。樊哙一听便咧嘴
笑了：

"大将军，你大概没走过栈道吧？你知道它有多长？地势有多
么复杂？"

"我没走过栈道，但并不等于不了解栈道的情况。樊将军，执
行命令吧。"

韩信提到命令，樊哙不敢做声了。弄不好，又犯下他的哪一
条，要砍你的脑袋。这小子，不知是真糊涂呢，还是故意找我的
碴——樊哙心想。

樊哙进宫见汉王，备言修栈道将是如何艰难：别说一个月，就
是一年也未必能修好。韩信让他干这件事，不是明摆着要给他难堪
么？甚至更糟糕：他完不成任务，便以军法从事——咔嚓一声，脑
袋没了。汉王从此少了一位心腹爱将，很不划算哩。

一席话，把刘邦逗笑了。刘邦道：

"你想得太多了，这可不是你平素的风格。大将军既已下令，
我不便更改，照他的话去做吧。"

"命令可以执行，哪怕这是一个狗屁命令！一个月修复栈道，
简直异想天开。"

"去吧。"刘邦拍着樊哙的肩膀说，"我只能向你保证一点：你
不会被砍头。"

脑袋保住了，樊哙便去修栈道。这自然是一项荒诞的工程，比

十七条杀人军规更不可思议。三百里栈道，接连云汉，杂木丛生，三军几无立足之地。樊哙同周勃、陈武登上孤云山顶，举目一望，不禁倒抽一口冷气：如此险峻的工程，虽十万壮夫，一年也修不完。

然而，军令如山，不修也得修。樊哙向部属下令：有条件要修，没有条件，创造条件也要修。士卒不得已，只得硬着头皮上。高崖插木，巅峰搭桥，半个月下来，一个个面目全非，筋疲力尽。时间过半，而栈道只修了十余里，照此进度，足足需要两年。樊哙咬紧牙关不作声，士卒则怨声载道，不敢骂韩信，却骂张良：狼心狗肺张子房，走便走了，何苦烧毁栈道！

韩信每天都派人催促工程进度，派来的使者是个细皮嫩肉的太中大夫，对樊哙也打着官腔，只问进展，不管困难，樊哙恨不得撕碎那张从不日晒雨淋的小白脸。

工期一天天逼近了，栈道又延伸了几百米，士卒却垮掉了一半：有人受伤，有人掉下山崖，有人开了小差。樊哙心灰意懒，只待在工程指挥部喝闷酒。

韩信遣人修栈道的消息，经由开小差的汉军传入关内，雍王章邯几乎笑掉了下巴。刘邦拜韩信为大将，已经是一个大笑话，而韩信欲从栈道出师，则是更大的笑话。不过，话说回来，刘邦这种人，除了闹笑话，难道还能传出什么佳话？刘邦拜韩信，乃是痞子拜胯夫，正所谓物以类聚，人以群分。胯夫能做什么呢？只能修栈道。

等他修完了，师出蚀谷，我再把他打回去。再放一把火，把栈道烧个精光！——章邯这样想。他曾经是项羽的手下败将，现在对付痞子出身的刘邦，应该说绰绰有余。

七月中旬，韩信限定的日期到了，栈道修复三十余里，这比头几天预想的要好，虽然仅仅是全部工程的十分之一。这天下午，韩信亲自到山中视察，樊哙陪他走了一圈，闷声不响。事实摆在眼前，樊哙也懒得诉苦。他偷眼打量韩信，发现这位大将军同样沉默着，似乎心情沉重。

"你干得不错。"回到营帐，韩信对樊哙说。樊哙吃惊地望着对方。

"我事先估计不足。"韩信继续说，"再给你十天吧，十天之内，务必完工。"

樊哙跳将起来："不可能！十天时间，神仙也做不到！大将军，你这不是逼我么？"

韩信冷冷地说道："你再闹，我只给你三天。"

"姓韩的，你要杀就杀，别跟我来这一套！"樊哙把眼睛瞪圆了，头发上指。当年吓唬项羽，他就是这副模样，有过胯下记录的韩信大概会吓得昏死过去。

不料，韩信笑了笑："樊将军，你这副凶神恶煞像，最好拿去对付项羽，对我没用。我要你三天之内撤出此地，留下几百军士继续修复。这条栈道，以后还是有用的。其余士卒，全部撤回南郑待命。"

"待命？待什么命？"

"命你做先锋，杀回关内。"

樊哙又想笑："杀回关内？可是路在哪儿？你不会让我飞过去吧？"

这时，樊哙在想：这大将军，或许脑袋有问题。

然而韩信一眼看穿他的心思："别担心，我脑袋没问题，比你够用着呢。有一条小路，可通陈仓，我已派人拓宽了，车马亦能过。让你修栈道，使的是障眼法，令章邯那伙人高枕无忧。这条计，叫做明修栈道，暗度陈仓。张良先生早在去年就定下了，你这做将军的，至今蒙在鼓里，差也不差！"

八月的一天，汉兵突然出现在陈仓，陈仓守将惊得六神无主，一面仓促应战，一面派人驰往废丘（今陕西兴平县东南），报告章邯。章邯环顾左右道：

"栈道尚未修好，难道汉兵从天而降？"

一属将道："刘邦一贯狡诈，怕有小路通达陈仓，我们不能不防！请大王派探马再探个究竟。"

探马出发不久，便于路上遇到从陈仓败下来的士卒，只得返回废丘禀报：

"报大王，刘邦、韩信亲统汉军，自山间兽路，暗出汉中，今已攻取陈仓。"

章邯如梦初醒，始知汉军修栈道是假，暗取陈仓为真。这著名秦将，竟为痞子胯夫所算，不禁气冲牛斗，亲提大军，扑向陈仓，欲阻汉军东下。

此时，汉军在离废丘五十里处安营。

两军相遇，二话不说便开始厮杀。章邯愤怒之至，亲自出阵，汉军中夏侯婴拍马相迎。战三十合，夏侯婴不敌章邯神勇，拨马便走。章邯欲挥军掩杀，忽听汉军阵上一声大吼：

"章邯匹夫，休要逞狂！"

话音未落，一红脸大汉跃马挺枪，直取章邯。来人是樊哙，二人正是对手，大战五十合，不分胜负。汉军将多，曹参、周勃、灌婴等一齐出马，章邯的部将抵挡不住，先自乱了阵脚，章邯心神不安，险些挨了樊哙一枪。自知难敌汉军，章邯急令后退，直退入废丘城中，坚守不出。

韩信催动人马，把废丘四门围了，传令诸将，队伍各安下营寨，预备攻城器具，随时发动进攻。这废丘周围都是高山，山麓之下，通白水大江，城池坚固，三五日难以攻下，董翳、司马欣救兵一到，势必对汉军形成威胁。

韩信决定暂不攻城。当晚，他带了周勃、曹参，骑马围着废丘城转了一圈，长时间盯着护城河看，然后再往高处察看地形。忽然他心生一计，吩咐周勃、曹参如此如此。

二将得令，各领一千人，每人扛一具沙袋，潜入废丘城外东南河口边，将沙袋抛入水中，堵住河口。时值秋水泛涨之时，河口受堵，那水不得顺流，直冲入废丘城来，城四边墙垣原是山石垒就，遇水一冲便倒，河水奔入城中，一路咆哮，有如千军万马。

章邯带人夺路而逃。翌日水退，韩信入废丘城。

不久，槐里、柳中、咸阳等地，均已平定。雍已归汉，刘邦转攻翟、塞二王，二王不战而降。自此，三秦之地，尽归汉有。自韩信出陈仓以来，前后仅用了二十来天。

咸阳已被项羽烧得七零八落，萧何建议，暂且以栎阳为都城。

九月底，刘邦进入栎阳。百姓扶老携幼，出城三十里，箪食壶浆，迎接汉王。刘邦进城，一面张榜安抚百姓，一面大摆筵席，赏赐文臣武将，计议东征。

以后的几个月时间，刘邦大抵无战事。魏王豹被张良说动，愿归汉。按张良的说法，这是明智之举。汉王日后东渡黄河，直下河内（泛指黄河以北地区），必将顺便拿下魏都平阳，晚降不如早降，魏王豹向刘邦表示，他手下的军队，愿听从刘邦的调遣。

与此同时，张良又修书一封，呈与项羽。书中说：

"汉王出巴蜀，只在收复三秦，如约即止，本无东进之意。唯齐赵携手，意在攻楚。近闻齐兵已逼近楚境，窃为大王考虑，应挥师向东。"

西向征汉还是东进伐齐，项羽正犹豫着，张良的这封信起了作用，项羽决定伐齐。倒不是因为他信任张良，而是形势迫使他暂且放弃对刘邦的征讨。

张良做完了两个小动作（小动作取得了大效果），便带着红颜知己李媛媛，离开平阳，前往韩都阳翟，一代高人恢复了自信，在享受醇酒妇人的同时，玩历史于掌股之间。其时，韩王成已死于项羽之手，张良不复眷念韩室，打算在阳翟小住之后，即赴栎阳，与刘邦会合。

而在栎阳，韩信与羌女再度重逢。大将军初战大捷，前程无量，羌女自是欢喜，二人的柔情蜜意，不在话下。有谁说过，幸福的生活都是相似的，故事应当起源于波折。

倒是刘邦出了一点儿小问题，所以故事应当回到他身上。

第十二章 刘邦彭城惨败

　　刘邦暂都栎阳，安顿了一段日子。整个冬季，他居于汉宫之中。这座宫殿，为司马欣所建，刚刚建成就易于刘邦之手，好像是专为刘邦修建的。

　　文有萧何，武有韩信，外交方面，还有往返于诸侯之间的张良，刘邦便乐得深居简出，把心思放在冷梅枝身上。刘邦以好色著称，既为汉王，自然不乏佳丽。冷梅枝能使刘邦不对别的女人产生浓厚的兴趣，一靠姿色超群，二靠善解刘邦之意。这两者缺一不可，单靠姿色是不行的，必须在姿色之外再加上性格的魅力。冷梅枝恰好具备这种魅力，因而在刘邦眼中可爱如初。

　　幸福生活总是相似的。刘邦与冷梅枝之间，也就没什么话可讲，大不了白天同吃，夜里同住。五十出头的刘邦和二十出头的冷梅枝，云雨交会，水乳交融，至多再加上一句：出双入对，形影不离。除此之外，实在没别的值得纸上铺陈。

　　还是那句话：故事起源于波折。

　　刘邦既在关内为王，便考虑把刘老太公和吕雉接到栎阳，他派王陵去办这件事。王陵亦系沛人，曾聚兵南阳，独树一帜。刘邦初入关，招降他，他不愿意，因为其时刘邦还在对项羽低三下四。现在刘邦杀回来，情势大变，王陵识时务，立即归汉。所谓势利，原亦是人情之常。

王陵带领五百骑兵，驰往沛县接太公吕雉。所以要带兵前往，是因为项羽可能会派人拘太公，解往彭城。项羽为人，未必对这种下流勾当感兴趣，但范增就很难说。这老头子的信条一向是为了目的不计手段，鸿门宴便是一例。

刘邦所料不差。果然有个叫刘信的楚军将领先到沛县，将刘家老小一网打尽，走丰泽小路，押解彭城。王陵晚到一步，叫声不好，调转马头便追赶刘信。刘信押着囚车，走不快，被王陵追上，在丛林中展开了一场厮杀。王陵骁勇，一刀斩刘信于马下，两千楚军落荒而逃。王陵护送太公，担心途中生变，日夜兼程。到洛阳附近，却被九江王英布截住，王陵独战英布，全无惧色，但楚军势大，形势十分危急，幸亏河南王申阳领兵赶来，接住英布厮杀，王陵得以护着太公车驾，脱身而走。车驾速度慢，两天后，杀退申阳的英布又从背后赶来，这回还多了一个钟离昧。这二人均是楚军名将，看来项羽是志在必得。

太公一再受惊，大叫吾命休也！倒是吕雉镇静得很。她相信命运，命运每次都对她格外青睐。身后尘土飞扬，马蹄声越来越近，她依然面色如常。

命运在吕雉身上显示了神奇的力量，追兵一到，救兵也到了：一彪人马迎面而来，旗上大书"汉将周勃""汉将陈武"，他们与王陵合兵一处，让过太公车驾，迎战楚军。双方混战一场，各有死伤，太公吕雉却安全了。

入潼关之后，汉兵又是几起迎接。方至栎阳地面。刘邦率文武出城三十里相迎，见了太公，抱头大哭，继而大笑。吕雉及儿女们与刘邦相见，也各垂泪。太公改乘逍遥车，两边执龙凤日月扇，香风满道，笙簧齐鸣，与泥土打了几十年交道的老农民，仰天长叹，对左右道：

"刘三少不更事，却有今日！"

太公住进了玄德宫，每日逍遥，不是喝酒就是找人神侃，夸他的老三有福气，不得了。

刘邦东征之日，冷梅枝也离开栎阳，前往咸阳，暂且住一些日子。

其时咸阳新辟为郡，被项羽烧掉的地方，已相继建起一座座朴素的民房。豪宅消失了许多，但城市还在，百姓也照样过日子。冷梅枝说，她有个姨妈住在咸阳，她打算投奔姨妈。刘邦说，不用打搅姨妈，他给郡守打个招呼，叫郡守拨一栋房子供她居住，侍女用人，一应俱全。冷梅枝说，何必兴师动众，惹得左邻右舍来猜测她的身份。惊动郡衙，更不得了：今天这个拜访，明天那个送礼，她欲清静而不得，遑论做什么地下情人？

冷梅枝言之有理，刘邦同意了。

短短几天时间，刘邦便分别同身边的两个女人达成了协议，自己感到很满意：他不仅能打天下，而且善于处理家庭矛盾。宫闱中事，看似寻常，实则重大，历代帝王，许多人为它大伤脑筋，刘邦当不在此列。吕雉虽霸悍，他总有办法制伏她。

两个协议都是针对冷梅枝的。吕雉来了，她必须走，事情就这么简单。后来，事情在协议的框架内取得进展。冷梅枝在咸阳隐居了四年，直到刘邦称帝，才迁到长安。须要指出的是，她是自己跑到长安去的，刘邦并没有派人去接她。那时天下方定，一切都乱糟糟的，百废待兴，刘邦忙得昏头转向，忽略她也是情有可原。

冷梅枝在长安找到刘邦，刘邦很高兴，虽然抽不出许多时间来陪她。再说，时过境迁，其时刘邦已有大美人戚姬，将冷梅枝也看得寻常了。高兴见她，多半是由于故人相见。关于地下情人的前约，刘邦倒没忘，他拨给冷梅枝一栋房子，令她在长安的富人区居住。整整过了一年，刘邦才召她进宫，共进晚膳，然后上床，几乎谈了一个晚上的旧事。刘邦喃喃地抚摸她时，像是在抚摸记忆。

这使冷梅枝有些伤心，有一种幻灭感：她的地下情人的美妙构想看来难以实现。

后来，她自己提出并经吕后允许，住进了后宫。她改变了对幸福的看法，觉得应当名正言顺。在吕后的帮助下，她获得贵妃的称号。由于不再是竞争对手，吕后看她也顺眼了，时常召她过去，说些闲话，两人日渐亲密，乃至以姐妹相称。她们共同的话题是刘邦，从日常习惯到性生活，无所不谈。末了，通常是沉默，往事如烟，恍如隔世。

二十八岁那年，冷梅枝为刘邦生下一个女儿，取名刘姣。名字是刘邦取的，用以纪念早年的情人袁姣。十七年后，刘姣嫁给张良的儿子张不疑，为高祖与留侯的友谊续写了一段佳话。

冷梅枝在汉宫一直过得很安稳，吕后专权，及至吕党崩溃，均与她无涉。她不问政治，又是高帝旧人，所以没人来惹她。她活了八十多岁，几乎活到了武帝时代。惠帝、文帝、景帝都待她很好。她一生见识过五个皇帝，算上子婴，就是六个。生前幸福，死后光荣，尽管她过了长达五十年的寡妇生活：锦衣玉食加上独卧空床。

话扯远了，就此打住。

这年年底，张良飘然到栎阳，由于事先没有通报，使刘邦喜出望外。

那是早晨，刘邦刚刚起床，下人禀报说，张良先生求见。刘邦一愣，以为是自己的耳朵出了毛病。下人只得再说一遍：张良张子房先生在宫外恭候汉王接见。

于是，刘邦高兴坏了，忙道："快请，请子房先生入宫！"

于是，张良飘然而入。

一再说张良飘然，主要有两个原因，一是他身子薄，似乎容易飘起来；二是他心境好，心中既有李媛媛的爱情，又有天下事。前些日子，他陶醉在爱情之中，忘乎所以，智慧的大脑变得晕晕乎乎，那时叫做飘飘然。现在，他好多了，大脑恢复了正常运转，所以只是飘然。

当张良告诉刘邦，此后不再离开时，刘邦更是激动得眼中蓄泪，使劲拥抱他最亲密的战友。在刘邦一生中，堪称莫逆之交的，大概只有张良。

这一天，刘邦设盛筵，为张良接风洗尘。

文臣武将都来了，欢喜之余，亦复惭愧：他们当中的绝大多数都曾经在背地里骂过张良，骂张良干缺德事，烧栈道，简直是叛徒、内奸。参与过修复栈道的人，甚至骂过张良的祖宗三代——那些不堪入耳的脏语，幸亏张良当时没听到，不然，肯定火冒三丈。而现在，这些人尽管惭愧，却也不会把骂人的话向张良复述一遍。

樊哙带头向张良谢罪，自罚三杯酒，吞下一块生猪肉。于是，所有骂过张良的人都自罚三杯酒，吞下一块生猪肉。生猪肉很不好吃，还不容易嚼烂，得在嘴里嚼好长时间。樊哙擅长吃生猪肉——鸿门宴上，他就吃过一大块——吃得不甚艰难，其余的人可就惨啦，半天咽不下。事后，他们责备樊哙搞恶作剧，樊哙乐得招认，笑了好几天。

除了刘邦和萧何，人人都在吃生猪肉，包括高阳酒徒郦食其。当初，他也忍不住骂了张良几句，他痛恨自己，所以坚持自罚六杯酒，吞下两块生猪肉。他和张良同属智慧型人物，不同于一干头脑简单的武将，因而特别痛恨自己不识张良妙计。

韩信是局外人，张良烧栈道时，他还在彭城做他的执戟郎。满座之中，唯有他识得张良妙计，并将妙计付诸实践。他也喝下三杯酒，并非自罚，而是感谢张良的举荐。

盛筵持续到深夜。刘邦宣布，明日全体官员放假一天，尽可以在家中搂着妻妾大睡一觉。百官哄笑而退，唯张良走得慢，显得形单影只。

刘邦猛然醒悟：张良身边是没有女人的。于是叫住张良，对张良说：

"先生莫怪。我忘了先生是孤身来栎阳。宫中的女人，你尽管挑吧，挑一个你最满意的。"

张良的回答出乎刘邦的意料之外，张良说，眼下他对女人不是很感兴趣。说罢，他转身走了。单薄的身影渐渐融入夜色。刘邦目送他消失，兀自摇头感叹：

如此高人，高则高也，却何苦跟自己过不去？四十多岁的男人，好时光还有几年？

刘邦决定劝张良及时行乐，后来从韩信口中得知李媛媛的存在，才打消了这个有点愚蠢的念头。

第二年（公元前205年）春，刘邦趁齐楚相持之机，起兵东进。令丞相萧何留守关中，他自带张良、韩信，在临晋关渡过黄河，直指中原。

在殷王司马卬境内，刘邦遇到了抵抗。

司马卬迎战刘邦，首战失利，退守朝歌（今河南淇县东北），任凭汉军叫骂，只坚守不出。刘邦兵多将广，欲强攻这座殷国的都城，被韩信劝止。强攻必损兵折将，韩信要用计取。

这天傍晚，守城殷兵忽见汉营火起，杀声震天，忙报知司马卬。司马卬闻讯，匆忙登城察看，只见汉营多处起火，朦胧中，但见一将率领士卒，正向汉兵冲杀。一杆大旗在风中飞舞，旗上隐约可见一个斗大的"楚"字。

"援军到了！"

司马卬迅速作出判断。几天前，他曾派人向楚军求救。现在，楚军终于杀来了。

他跃马挺枪，杀出朝歌城，汉军四下逃走，他催动人马直赴激战之处。

赶到时，杀声已止。司马卬这才发现，起火之处都是空营，那些楚兵，都是汉兵所扮，那杆带给他无限希望的楚旗，倒在地上，任凭马蹄践踏。

司马卬情知不妙，急令退军，却哪里还有退路？正欲拨马回头，忽听一声炮响，一彪人马直冲过来，为首一将，乃是汉军第一猛将樊哙。樊哙指着司马卬，大叫：

"你这脓包，已中我大将军之计，快快下马受降，免你一死！"

司马卬恼怒，挺枪直取樊哙。战十余合后，却发现敌不住樊唅。周勃又引兵杀来，司马卬被团团围住，若死命抵抗，只能招致全军覆没，不得已，只得下马投降。

殷王既降，朝歌便落入刘邦之手。

汉军继续前进，西向攻取了修武（今河南获嘉县）。这时，美男子陈平来投刘邦。

陈平是一个重要人物，关于他的过去，得简单交代几句。有一个故事在中国民间广为流传，不太雅观，叫做陈平盗嫂。

陈平是阳武（今河南原阳县东南）人，年少时便父母双亡，和兄嫂住在一起。他生得高大英俊，人称美少年。美少年不务农事，专爱读书，贫寒的农家，时常响起朗朗的读书声。兄长厌恶他：成天吃白食，还读得摇头晃脑的。嫂子却支持他，以私蓄相赠，让他去买那些竹片片。陈平于是亲近嫂子，对兄长反倒疏远了。——这是盗嫂的前提。

嫂子有几分姿色，人亦霸悍，俨然一家之主，丈夫在她面前，一向不敢高声说话。丈夫一年四季在田间忙碌，她一年四季在家里待着。除开夜晚，她白天的大部分时间总是和陈平在一起。她围着小叔子打转，煮热茶，煎麦饼，补衣服，她总有事干，即使闲下来，也东一句西一句跟陈平聊天。陈平读书读累了，和嫂子说话，吃着嫂子递过来的热茶和煎麦饼，觉得是一种享受。若是夏天，嫂子还为他打扇，替他驱赶苍蝇和蚊子。

陈平在兄嫂家里很随便，因为这个家是嫂子说了算。兄长像土地一样沉默着，斥责他的时候越来越少。一旦斥责，嫂子便会护着他，反唇相讥，兄长于是沉默下来，至多往上翻一翻眼皮。翻过眼皮之后，兄长扛了锄头，沉默着走出屋子，到他熟悉的土地上自言自语去了。

而陈平兀自在家中高声诵读，嫂子一如既往围着他打转。

天长日久，两人之间出现了暧昧情形：譬如嫂子端茶给陈平，无端失手，脸窘得通红；譬如陈平吃剩的煎饼，嫂子总是毫不犹豫地塞进嘴里，即使刚刚吃过，也吃得津津有味。陈平望着嫂子的那张永远是薄施粉黛的俏脸，不禁心生一念：这倒怪了，兄长吃剩的煎饼她嫌脏，俺吃剩的煎饼她却不嫌……

一念生百念生，陈平这一念，可就差错得太远。

这种事，乡里最为敏感，捕风捉影也会大加渲染，何况还掌握了真凭实据。陈平盗嫂的故事一时广为流传，并且平添了许多细节。谣言一出，真有人潜至窗下，探听室内的动静。妇人察觉后，气得嗷嗷直叫。

兄长忍气吞声，比先前更沉默，沉默如一潭死水。陈平瞧在眼里，心里很不是滋味，因而决定离家出走。晃荡了几天又饿着肚子溜了回来，手捧煎饼，一阵狼吞虎咽。饮食男女，毕竟饮食更重要，为了饮食，陈平不得不付出代价。而妇人已经豁出去了，置广大群众的舆论于不顾，瞅准机会便来骚扰他。

到这分上，陈平唯一的脱身之计是娶老婆，用另一个女人来抵挡如狼似虎的妇人。他找兄长商议此事，兄长立刻两眼放光，积极性无限高涨。对兄长来说，苦日子终于熬到头了。他八方张罗陈平的婚事，媒人一个接一个踏进家门，却又一个接一个被妇人赶走。妇人终日守在门口，横眉怒目，直如横刀立马，一夫当前，万夫莫开！

陈平也豁出去了，自己出门寻找未婚妻。邻村有个财主叫张负，张负的孙女比陈平大三岁，人也生得妩媚，唯一的缺点是克夫，她已经克死了五个丈夫。一般后生为性命计，不得不远离这位漂亮的富家女，但陈平不怕，他已被逼到绝路上了，不被老婆克死，也得被嫂子逼死。

亲事一提就成。陈平虽然穷，虽然名声不好，却是仪表堂堂，仪表堂堂的男人通常会有出息。财主张负坚持这个观点，并把他犹豫不决的儿子教训了一番。张负的孙女见了陈平，很是喜欢。她暗下决心：如果克死了这位美男子丈夫，她自己也不活了！

陈平娶回富家女，另盖新房，另置家什，小日子过得红红火火。妇人一旁瞧着，心中千种滋味，归于难受。她借故闹过两回，两回都在既有钱又有貌的富家女面前败下阵来。她从此不闹了，改为静观其变，希望陈平有个三长两短。倒不是希望陈平死，而是希望他患一场重病之类，以此证明他老婆是个不祥的女人。

几年过去，妇人失望了。陈平非但没病没灾，反而活得十分滋润，越发显得面如冠玉，风度翩翩。老婆有钱，美男子不愁用度，和沛县刘邦一样广交朋友。陈胜起兵，立魏咎为魏王，陈平往投魏王，授为太仆。陈胜败，他转投项羽，受官都尉。他得官容易，一半因为才学，一半因为相貌。初见他的人，往往对他有好印象。

陈平在项羽手下混了两三年，认定项羽不会成大器。他看好刘邦，所以在鸿门宴上帮了刘邦一把，为日后的投奔做些铺垫。由此可见，陈平是个很有心机的人物。

刘邦兵出栎阳，一路打到中原，平定殷王司马印，其时项羽正激战齐鲁，闻讯后，暴跳如雷，深责部属，陈平是其中一个。陈平一来气愤，二来认为出走的时机到了，便封还印绶，只身仗剑，离开了楚营。行至黄河，雇船西渡，却撞上两个图财害命的船夫。

陈平的穿戴像个有钱人，难怪船夫要起歹心。船到河中央，一个摆渡，另一个进舱取刀。陈平暗暗叫苦，虽有宝剑在身，却不会武，且在摇摇晃晃的船上动手，他绝对不是那两个后生的对手。情急之间，心生一计。船夫害他性命，无非是看重他身上的财宝，而他身上除了几两碎银，别无值钱的东西。他索性脱掉衣服，甩到船板上，赤条条走到船头，帮船夫摆渡，船夫见他如此，嘻嘻一笑，收起了杀人之心。船到对岸，赤身裸体的美男子落荒而逃。

陈平走到修武，与汉军相遇，故人魏无知禀知汉王，说陈平来投。刘邦大喜，即令召见。

刘邦始终记着鸿门宴上的那一幕，见陈平如见老友。陈平在楚军中任都尉，刘邦让他在汉军中亦任都尉。都尉相当于高级幕僚，可以随侍刘邦左右。陈平一来就担任这一要职，在军中引起了议论。议论的焦点是陈平盗嫂：有过如此劣迹的人，实在不该做都尉！

但刘邦对这件事有独特的看法：陈平能盗嫂，表明陈平有本事，同时表明陈平敢作敢为。他找陈平谈话，提起盗嫂一事，陈平闹了个大红脸，支吾着说，是嫂子先来勾引他，而并非由他主动。准确地说，是嫂盗陈平，而不是陈平盗嫂。刘邦听罢大笑，对陈平道：

"陈平盗嫂，嫂盗陈平，还不是一回事？谁勾引谁，这事是没法说清的。反正你俩上了床，捉奸拿双，你俩都有份。你放心，我不是怪罪你，更不会撤你的职。我当年在沛县，虽说没盗过嫂，也盗过几回寡妇。生为七尺男儿，干点儿偷鸡摸狗的勾当，无伤大雅。"

刘邦说起当年，一副得意相。他把陈平认作知己，陈平很感动。在霸王面前，陈平不敢开这种玩笑。汉王就不同，平易近人多了。在汉王手下做事，一定会很开心。陈平想：

如此说来，我还可以亲近女人。有机会的话，也学学汉王，盗一回寡妇！

所谓上梁不正下梁歪，刘邦赞成偷鸡摸狗，陈平就把约束自己的心思抛到了脑后。本来，他受到舆论的压力，一直认为自己是个犯过错误的男子。他已经下决心痛改前非，不近女色，树立一个崭新的男子汉形象：勇敢、正直、多谋、非礼勿视，以实际行动洗刷过去的污点。而刘邦简单几句话，把一切都勾销了：陈平又开始蠢蠢欲动。

这美男子日后是否又有绯闻，暂且按下不表。

且说刘邦继续进兵，在洛阳附近的新城，有个老头求见，自称董公，时年八十有二。刘邦念他是长者，准其入帐。董公拄一根拐杖，颤巍巍地走了进来。他斜着眼睛看了看刘邦，忽然冒出一句：

"顺德者昌，逆德者亡！"

他口齿不清，又兼说的是河南土话，刘邦没能听清。让左右问他，刚才讲的是什么话。

董公喘了口气，重复一遍。这次刘邦听清了，心里却很不高兴：这老头专来寻我的晦气，说我是逆德者亡。他妈的，老子千里迢迢，东进伐楚，凡事都要讲求吉利。你一味胡说，我就不认你是老者，照样推你出去，砍下你的白头！

刘邦作色，董公浑无知觉。他埋头咳了几声，抬起头来，又冒出一句：

"师出无名，事故无成！"

站在刘邦左侧的郦食其对刘邦耳语道："这两句话均出自《尚书》，老头似乎并无恶意。"

刘邦点点头，他也察觉董公另有话讲，刚才的两句引言，只是开场白。

刘邦说："项羽无道，今往讨之。"

董公猛地挥起拐杖，上指苍天，声嘶力竭地说道：

"那是个无父无君的乱臣贼子呵，弑义帝于长江之滨，连尸体也扔进了江水。乱臣贼子呵，大逆不道，禽兽不如！大王要为义帝发丧，要传檄诸侯，要把项羽的罪行公之于天下。如此，则是师出有名，天下仰德。大王切记，切记！"

说罢，董公掉头便走。刘邦亲自追出帐外，欲加挽留，随时聆听高论。董公笑道：

"我家里还熬着汤药哩。我这把老骨头，怎禁得起奔波？大王不至于想累死我吧？"

董公既这么说，刘邦便收起挽留的念头，派人驾高车送老人回家，并赠金二十镒，珠宝若干。董公以一席话，转眼间变成大富豪，合家欢喜，不在话下。

刘邦一到洛阳，立即下令：全军将士为义帝服丧三天。同时发下檄文，布告全国。

一纸檄文召来了五路诸侯的人马：常山王张耳、河南王申阳、韩王郑昌、魏王豹、殷王司马卬。四月，刘邦已征集诸侯兵马五十六万，命韩信镇守河南，自领大军浩浩荡荡杀奔彭城。

路过外黄，彭越领三万兵前来归附，刘邦命他为魏相国，将其兵略取梁地。

楚都彭城，守兵寥寥，所有的精兵良将，都随项羽伐齐去了，等于是一座空城，刘邦大军压境，一举击破。四月下旬，刘邦率领的军队入驻彭城。

彭城敌人不多，却有的是女人。项羽从咸阳运回来的美女，成百上千，除了充斥后宫，还分赐诸将，大街上随处可见风格各异的美女。刘邦向来见不得美女，一见美女，他的心就慌了，意就乱了，连吕雉也挡不住他。这次东征，他自度必胜，在洛阳时，就派人从栎阳接来了太公和吕雉，打下彭城后，让他们住进了楚都的宫殿。

刘邦入彭城，直奔楚宫，正如他当初进咸阳，直奔秦宫。他好色几十年，从未因女人吃过亏，而这一次，女人使他吃了大亏。他身后的五十六万大兵，个个都想要女人，他带头扎进温柔乡中，这些个大兵也就各施本领，追香逐玉，捞不到女人的，便抢财物，彭城一片混乱。

只苦了张良。他带着樊哙，四处寻找汉王刘邦。和上次在咸阳时一样，刘邦进入彭城之后，很快消失了踪影。不言而喻，他消失在女人们的粉臂玉腿之间。但城中远不止一座宫殿，张良不知道刘邦身在何处。他赶往某一座宫殿时，士卒告诉他，汉王去了另一座宫殿。他马不停蹄，匆匆赶去，那儿的士卒又说，汉王刚刚离开，至于去了何处，他们也不清楚。张良累得满头大汗，一肚子计谋无处施展。刘邦好像故意跟他捉迷藏，上次，樊哙闯宫，差点惊散了一群粉黛，这次，刘邦学乖了，明知他们要进言，挡他的好事，便不停地变换享乐的地点，与他的部属展开了游击战。

彭城越来越混乱，到处都在庆祝胜利，在胜利的名目之下，狂嫖烂饮、杀人越货都具备了正当理由。各路诸侯各行其是，汉军将领也不便过多地加以干预。而且，汉军自身就很混乱，单凭张良、樊哙等几个人，显然镇不住堂子，除非刘邦出面，而刘邦却不见人影。

几天后，在一个很不起眼的地方，张良终于找到了刘邦。刘邦喝醉了酒，在卧榻上酣睡，旁边坐着七八个妙龄女子。樊哙可不客气，大步上前，分开这些个粉臂玉腿，瓮声瓮气地叫醒刘邦。刘邦睁开醉眼，对张良笑道：

"子房，我已经为你物色了一位……绝色女子。名唤……素桃。我向你保证，没动过她……"

说着，刘邦撑起身子，连声呼唤这个叫做素桃的女人。张良一时哭笑不得，而樊哙以手按剑，恨不得杀掉天下所有的美女。

当刘邦在张良、樊哙的苦谏之下有所醒悟时，已经晚了。西楚霸王项羽率三万精骑，有如出山猛虎，凶悍无比，昼夜兼程地向彭城疾进。

彭城西南不远，有一座小城萧县，那里驻有盟军十万，全部陶醉在胜利的迷梦中，根本没想到楚军会回师反击。当他们感觉到楚军奔袭而来，翻江倒海、天翻地覆时，畏怯、惶乱便油然而生，大军立时溃乱，潮水似的退入彭城。项羽的三万虎狼之师紧紧尾追，彭城也立即陷入无可收拾的混乱之中。这就是所谓兵败如山倒。

"项羽杀回来啦！"

这惊呼声，像瘟疫一样迅速蔓延，五十六万汉军笼罩在恐惧中，个个心惊肉跳，完全丧失了战斗力，只顾四下逃窜。项羽宝驹铁甲，挥舞着长槊，第一个杀入城中，三万楚军骑兵紧随其后，左冲右突，如入无人之境。

这是一场奇怪的战斗，五十六万人被三万人打得全无招架的余地，创下了中国古代战争史上的奇迹。究其原因，主要有三个。首先，刘邦被胜利冲昏了头脑，五十六万联军成了乌合之众。其次，项羽采用轻骑战术，突然杀回彭城，一袭成功。再次，包括刘邦在内的各路诸侯对项羽几乎怀有一种先天的恐惧，一听项羽杀来，先自乱了阵脚，似乎处处都是楚军。

司马迁在《史记》中，以寥寥数语，记录了这场惊心动魄的战斗：

　　日中，大破汉军。汉军皆走，相随入谷、泗水；杀汉卒十
余万人。汉卒皆南走山，楚又追至灵壁东睢水上。汉军却，为
楚所挤，多杀汉卒十余万人，皆入睢水，睢水为之不流。

　　汉军的尸体阻断了睢水，那景象，真令人惨不忍睹。其后数十
天，蜿蜒百里的睢水上漂满了男人们肿胀的尸体，在五月的阳光照
射之下，泛着绿光，奇臭难闻。两岸的百姓纷纷远避，一年半载不
敢回家。睢水上空，成千上万的乌鸦彻夜鸣叫，有如鬼嚎。

　　而汉王刘邦似乎有神人保佑，再次躲过了他平生最大的一次
灾难。

　　刘邦乘车逃出北门，身边有夏侯婴率领的一支数百人的卫队。
汉军多走南门，刘邦北向，以为得计。殊不料走不多远，便被楚军
认出，数千楚卒一拥而上，将汉军团团围困。刘邦仰天长叹："想
不到我刘邦死在彭城！"

　　话音未落，忽见狂风大作，飞沙走石自东南而来，黑雾弥空，
黄尘四塞，周围楚兵皆掩面站立不稳，惊惶迷乱，四散奔走。刘邦
见马头前隐隐有白光引路，于是策马前进，奔出二十余里，黑风黑
雾才渐渐止息。

　　这个奇特的场景，见于所有的正史和野史，可信度大是不成问
题的。问题是：是否真有神人暗助刘邦？这很难说。时为初夏，大
风忽起，天昏地暗的情形也有可能出现。不过，可能性太小，偶然
性太大，令人不得不陷入神秘的冥想，视之为千古之谜。

　　刘邦本能地向丰沛方向逃窜，那儿是他的故乡。想到故乡，他
才突然记起太公和吕雉不在身边，还有儿子刘盈和女儿鲁元。但眼
下逃命要紧，老父妻儿都顾不上了。

　　行至中途，夏侯婴发现路边有一对少年男女，手拉着手，满身
是泥。上前一看，竟然是公子和公主。夏侯婴大喜，忙将他们请到
汉王的车驾之上。刘邦亦喜，问及太公与吕雉的下落时，两个少年

茫然无对。正谈话间，忽见后面旌旗招展，尘土飞扬，似有楚军追来。刘邦大叫：

"追兵来也，打马快走！"

于是，数百汉军护着刘邦的车驾，飞快地向西奔走。后面的楚军紧追不舍，为首一员楚将，乃是季布。季布遥见汉王车马，立功心切，一马当先，猛追上来。

刘邦急了，为了减轻车上的负重，竟将亲生儿女推下车去，这一举动，使刘邦的仁爱之名大打折扣。虎毒不食子，刘邦做得太过分了，活该为此而留下千古骂名。身为帝王者，大约把自己的性命看得极重。反正他有的是女人，儿女死了，可以再生，他自己却千万死不得，他死了，一切都完了，江山社稷，汉军将士，包括他的家族中的所有成员。

刘邦将儿女强行推下车，夏侯婴见状，大叫一声："大王不可如此！"

随着喊声，又飞快地将两个孩子抱回车中。遭到父亲遗弃的儿女大哭不止，刘邦亦复伤感，掉过头去。不多时，追兵又至，刘邦欲再次将儿女推下车，以便自己轻车疾驰，但夏侯婴早有准备，刘邦把儿女推下来，他就把他们抱回去，如是者三，远远看去，似乎在表演着马上绝技。

刘邦终于大怒，叱责夏侯婴道：

"我等万分危急，你要置我于死地不成？"

夏侯婴也急了，敞开嗓子大吼：

"再危急也不可弃儿女！"

刘邦拔剑，欲斩夏侯婴，并趁夏侯婴闪避剑锋之时，又将二子踢到车下。夏侯婴索性跳下马来，一腋一个，将二子挟住，再飞身上马，疾驰而去。

这时，天色已晚，季布怕中伏兵，停马不追，刘邦这才得以逃脱。

又奔出几十里，感到离楚军远了，刘邦才下令在一片树林中歇息。

刘盈和鲁元公主仍在饮泣，显然是惊异于父王的残酷。夏侯婴好事做到底，一直待在他们身边，加以抚慰。刘邦心中惭愧。他的性命保住了，回过头来，才感到既对不起刘盈、鲁元公主，也对不起夏侯婴。

刘邦嘴上不说，其实心里很感激夏侯婴。夏侯婴亦是沛县人，跟刘邦是老朋友，这条平时很少讲话的汉子，危急关头显露出好汉本色，刘邦从此记下了他的忠诚。而吕雉对他更是万般感激：他救下了她的亲生儿女，等于是她自己的救命恩人。

后来，夏侯婴被封为汝阴侯，食邑7000户，担任高帝、惠帝、吕后和文帝的太仆，一直到死，这在汉代历史上是空前绝后的。瞬间显露的忠诚奠定了长达三十余年的安稳和幸福，夏侯婴为后代的封建臣子树立了一个义薄云天的典型形象。

汉王刘邦在远离彭城的树林中歇息了一夜，第二天早晨，天刚放亮，便向下邑开拔。下邑在砀县以东，且有吕后的哥哥吕泽率领的一支人马。而砀县是他的老巢，斩蛇起义，就是在芒砀山下。项羽若是把他逼得太紧，他还可以把队伍拉上山去，同楚军展开游击战和持久战。

刘邦坐在车上，耷拉着脑袋，显得很沮丧，刘盈和鲁元公主靠着车子的另一侧，互相依偎，看样子仍有些怕他。他们吃不准这位父亲，不定什么时候还会把他们踢下车去。

太阳出来了，照着远远近近的田舍，照着坑坑洼洼的山道。这是五月的太阳，一出来就格外刺眼，将热气弥漫到空中。穿戴过于复杂的刘邦感到很不舒服，他索性摘下冠戴，脱掉衮衣，将半个身子裸露到阳光下，任一头长发在风中飘飞。这使他看上去像个山野狂人，不过，感觉好多了，心情也似乎不再那么沮丧。

抵达下邑，被吕泽接着，刘邦方得以沐浴，洗掉了一身臭汗和污垢。

几天后，汉军的残兵败将陆续聚集下邑，刘邦检点人马，尚不足五万。进军彭城时的五十六万人马，被项羽的三万轻骑打掉了五十万，其中，大约三十万战死（包括落入睢水溺死），二十万逃亡，如此战绩，刘邦不能不垂头丧气。

刘邦又从将士口中得知殷王司马卬阵亡，原塞王司马欣、翟王董翳投降了楚军，赵、魏等败兵均已逃回本国，赵王歇和魏王豹都有背汉降楚的迹象，刘邦以汉王的身份号令诸侯、共伐无道的局面已不复存在。

并且，已得到确切消息：太公与吕雉落入项羽手中，项羽动了杀机，幸好被范增劝止。范增待之如客，每日酒肉奉送，准备以此二人招降刘邦。

老父、妻子暂且无碍，刘邦这才放下心来。

五月中旬，刘邦退守荥阳。荥阳以北，有座小城名曰成皋（又名虎牢关，今河南荥阳县汜水镇），荥阳与成皋连成一片，战略地位十分重要。它依山傍水，进可攻，退可守，它是关东通往关中的咽喉，又是关中威慑关东的重镇，刘邦欲在此阻挡楚军的进攻。

五月下旬，大将军韩信领兵数万到达荥阳，不久，丞相萧何也从关内送来兵员与粮食，汉王刘邦的军威复又大振。张良对刘邦进言道：

"当今天下，有三个人可以破楚军、败项羽，这三人是：韩信，彭越，英布。前二人已归入汉王麾下，只九江王英布，虽与项王有隙，却一直持观望态度，汉王派人说之，陈说种种利害，或可使之来降，为我所用。"

刘邦说："我刚吃了败仗，声威远不如先前，英布肯来降我么？"

张良笑道："胜败乃兵家常事，汉王不必小瞧了自己。汉王除了打仗不如项羽，其余各处均在项羽之上。而我刚才列举的三人，正好能弥补汉王之不足。英布是个聪明人，对时局看得很清楚。前时项羽征齐王田荣，他称病不从。汉王打彭城，他又稳驻九江，拒绝驰援。单凭这两件事，臣可以断定，此人已生外心，汉王遣使往说，正是时候。"

刘邦喜道："先生一席话，真令我拨云雾而见青天。打仗，靠先生列举的韩信、彭越和英布。而审时度势，则非先生莫属也！我有先生，何愁得不到天下！"

谁去游说英布归汉呢？张良说，他愿前往，凭三寸不烂之舌，他有把握说动英布。但刘邦不同意，认为此举太冒险，眼下毕竟是楚强汉弱的时候，张良若一去不返，被砍头或扣下，刘邦可就惨了，刘邦输得起五十万大军，却输不起张良。

挑选使者的工作整整持续了三天，挑来挑去，挑中了一个小人物，名叫随何。

随何时为谒者——一个掌管传达的小官，亦属谋士之列，虽然是最小的谋士。随何在荥阳时，心里一直不痛快，前些日子，在虞地，刘邦召集低级谋士开会，把他们骂了一顿。

刘邦说："你们这群不中用的东西，没有一个为我打天下动过脑筋！"

刘邦骂他们是不中用的东西，还算是好听的词儿。几乎所有的低级谋士都暗自庆幸：汉王没有操他们的祖宗。唯独随何闷闷不乐，不甘心挨骂。

随何认为自己有才，不该混在低级谋士中间，动不动就挨汉王一顿痛骂。当然，他的才华需要被证明，换句话说，他需要时机，以脱颖而出。

汉王挑选使者，往说九江王英布。机会来了，但机会与风险并存：谁都知道，那个受过黥刑的九江王脾气古怪，不大好惹，一句话说错了，就可能死在他的剑下。低级谋士们互相摇头，避之唯恐不及，只有这位谒者随何，在犹豫了两天之后，终于站了出来。

担任考官角色的张良同随何细谈了一个时辰，然后称之为辩士——辩士已经比谒者高了一个等级。张良说过的话无疑是管用的，因为张良是大谋士。

小谋士受到大谋士的夸奖和提拔，心里很高兴。辩士，他一再重复着这个称谓，像是抚摸一件新得的珍宝。但愿此去九江，能在英布座前大逞辩才，说其归汉。彼时，他为汉王立下大功，要地位有地位，要珍宝有珍宝。

六月，辩士随何带了二十个随从（他平生第一次有随从，并且是二十个随从），连同他的升官发财的美梦，出发了。从荥阳到九江（今安徽寿县），走了大约四五天。

随何到了九江，英布派他的太宰出来应付，过了三天也没与随何见面。

随何见不了英布，就无法向英布陈说辞、施展辩才。不过，真有本事的人，可以间接同英布讲话，因为随何与英布中间有一位太宰。看来，随何的确有本事，他采用隔山打牛的办法，对九江王英布施加影响。这天，他对太宰说道：

"我作为汉王的使臣，到这儿已经三天了。九江王拒不见我，其中必有缘故。他认为楚王强，汉王弱，而我此番出使九江，就是想辨明究竟是谁强谁弱。我说得有理，大王不妨采纳；如我错了，那就斩了我和随员，表明大王坚决臣服于西楚霸王。"

太宰把随何的话转达给英布，英布果然召见随何。

随何开口便道："我受汉王之命，前来九江叩问大王起居。有一件事我甚觉奇怪：大王为何跟楚王如此亲近？"

英布道："这有啥好奇怪的？我曾为楚将，当然要以臣下的身份侍奉楚王。"

随何笑道："大王曾为楚将，这点不假，但要说以臣下的身份侍奉楚王，就有点言过其实。楚王伐齐，大王理应亲率部属，为楚先锋，为何只拨了四千人助楚，难道北向称臣，就这样做吗？汉王攻入彭城，大王坐观成败，不派一卒渡淮往救，难道身为楚将，能这样袖手旁观吗？如此看来，大王名为事楚，并无行动。大王这样做，我认为很危险。"

随何所列两件事，正是英布的心病。英布沉默着，显然在考虑随何的话。

随何趁机大逞辩才："大王既不愿依附楚国，又不离开它，这种骑墙态度，我以为很不可取。大王认为汉弱楚强，然而，楚国兵力虽强，天下人却让他背上了不义的名声，他背弃盟约，杀害义帝，一味靠战争来强化自己。汉王能取得诸侯的信赖，退守荥阳，凭借蜀、汉的粮食和兵员，深沟高垒而守边陲。楚人出师，要深入敌国七八百里，攻城没有力量，老弱运粮辗转千里。楚军进攻荥阳、成皋，汉军岿然不动。楚军进而不能得手，退而不能解围，试问，楚军之强强在何处？大王助楚，不能灭汉；大王助汉，则必能灭楚。形势已摆得十分明显，大王不可再犹豫了。恳请大王归汉，汉王必然割地以加封大王，并且保留大王在九江的封地——汉王历来是说话算数的。"

一席皇皇大论，说得英布只有点头的余地，不过，事关重大，他并未作出明确的答复。

英布让随何退下。看样子，他要三思而行。

随何可不能让他犹豫：他夹在两股势力当中，倒向哪一边都是可能的。

其时，楚使亦在九江，天天催英布增援。随何索性一不做二不休，干脆逼英布摊牌。他趁英布正在传舍中会见楚使，径自排门而入，当着英布的面对楚使说：

"九江王已归从汉王，楚王怎能令他发兵？"

英布听了悚然一惊，无言以对。楚使见状，情知不妙，转身要走。随何一声大喝：

"大王不斩楚使，更待何时？"

英布无奈——事已至此，他不得不当机立断，作出选择。他斩了楚使，正式起兵叛楚。

英布归汉，大大分散了项羽的兵力，起到了牵制楚军的作用。项羽抽出两员大将：项声和龙且，领精兵数万，入九江讨伐英布，双方激战数月，一直打到年底。后来，英布由于中计而导致惨败。楚军冲进九江城，将他的妻子也杀了——归降刘邦，他付出了巨大代价。

一败涂地的英布收拾残部，与随何一起，到荥阳投奔汉王刘邦。他满以为会受到刘邦的隆重接待，殊不料刘邦对他冷淡至极：他进入内室参见刘邦时，刘邦正坐于榻上，两个女子一左一右，为他洗脚——这是刘邦怠慢客人的惯用伎俩，先前就对郦食其用过一次。

堂堂九江王可不比那位高阳酒徒：他气得想自杀，从娇妻于地下。

不过，当英布回到刘邦为他安排的住处时，又高兴起来：室内的一切陈设与汉王一模一样，完全是诸侯王的等级。当晚，汉室重臣张良、萧何、韩信先后都来看望他，对他很尊敬，他又觉得挽回了面子。

刘邦这一招，叫做先煞威风，后施恩惠。英布心高气傲，连项羽都不买账，刘邦不这么做，日后也难摆布他。

刘邦这种恩威并施的做法，作为一种长官策略，对后世影响很大。

而且，他完全是自己拿主意，不劳别人来提醒。干这类事，他历来在行——比他的任何一个部属都在行，他是天生的制人者，被制者还大都是高人，轮不到庸碌之辈。

随何功成而返，巴望着升官发财，由低级谋士一变而为高级谋士，但刘邦并未给他加官，只赏了他一些金帛。事后，刘邦似乎把他给忘了，及至打败项羽，开庆功会时，刘邦才记起他。却当了文臣武将的面，骂他是腐儒，干不成一件大事。随何先是莫名其妙，继而明白刘邦的用心所在。他问刘邦，用步兵五万、骑兵五千能不能打败九江王英布。刘邦说，不能！于是，他又说：我随何不费一兵一卒而使英布归汉，功在五万步兵、五千骑兵之上，汉王倒说我是腐儒。难道我随何真是一个腐儒吗？

刘邦大笑，当即论功行赏，升任随何为护军都尉——一个真正的高级谋士。

随何以一席高论说英布归汉，惹动了另一个欲以舌头横行天下的大辩士：这就是郦生。

其时，魏王豹宣布投楚。这又是一个骑墙高手，刘邦还定三秦，他觉得刘邦势大，投了刘邦。刘邦在彭城惨败，他又觉得刘邦势小，转投项羽。他这么投来投去，早晚要激怒某一方。

现在，魏王豹激怒了汉王刘邦，刘邦要兴师问罪，郦食其自告奋勇：凭他的一张嘴，使魏王豹重新归汉。刘邦想，这样也好，以免分散兵力。他对郦食其许愿说：

"先生如能成功，我把魏地给你，封你为万户侯。"

于是，郦食其满怀封侯的希望，星夜赶往魏都平阳，对魏王豹陈说利害，晓谕祸福。不难想象，他那张上了年纪的嘴，是如何唾沫飞溅。然而，凭他磨破嘴，魏王豹始终不为所动。最后，魏王豹感叹似的说道：

"人生在世，有如白驹过隙，我已是年逾半百的人，能自在几年就自在几年。汉王专爱骂人，辱骂诸侯、君臣，动不动就把他们骂得狗血淋头，简直是对待奴仆的态度，哪有什么君臣之礼！我可不愿归附他。今生今世，再也不想见到他。"

郦食其无功而返，并将魏王豹的这番话转达给刘邦。刘邦勃然大怒：

"老子骂你是为你好，不识抬举的杂种，老子不骂你时，就要取你的狗命！"

遂令大将军韩信，率大将曹参、灌婴并汉卒数万，北伐魏王豹。

韩信根本不把魏王豹放在眼里，孤军深入，一口气打到平阳。兵多将广的魏王豹，转眼间便被韩信打得昏头转向，只得下马伏地，投降了汉军。

韩信遣人将魏王豹及其家人押往荥阳，请汉王发落，又修书一封，请兵三万，继续北上伐赵。韩信征讨诸侯，意在为刘邦消除侧翼威胁。刘邦在征求张良的意见之后，立即发兵三万，由张耳率领，前往平阳与韩信会师。

韩信与张耳会师后，迅速翻越太行山，猛扑赵国，以极其高明的战术在井陉大破赵军二十万，斩陈余，俘获赵王歇，占领赵国，置常山、代郡。接着又乘战胜之威，招降燕国，顺利平定河北。韩信开辟的第二战场缓解了刘邦在荥阳的压力，项羽先后数次派兵渡河，在赵地攻击韩信，均被韩信打败。

再说刘邦。

魏王豹被押到荥阳，刘邦一见就拍案大骂，骂够了，喝令左右推出去斩首。魏王豹平时就惧怕刘邦，此时刘邦发怒，什么难听的话都骂了出来。魏王豹缩紧了脑袋（担心它被一刀砍下），一声不哼，心想：凭你怎么骂，不砍脑袋就行，然而刘邦骂到尾声后，突然提高音量，大喝一声："给我推出去，砍了！"

魏王豹立时吓得屁滚尿流，磕头如捣蒜，连呼饶命。刘邦转而笑道：

"我以为你是个硬汉子哩，原来也是胆小鬼。你这副熊样，杀你真不如杀一条狗——你这条命，我暂且记下，如再生异心，定诛你三族！"

魏王豹复又叩头不止。他此刻的心境，等于死过一回了，已经尝到了死亡的滋味。刘邦饶他不死，他心中立刻充满了感激，讨好刘邦的念头油然而生。他说，他有个年轻貌美的姬妾，名唤薄姬，愿献与汉王，侍奉箕帚。

刘邦笑道："你用过的女人，却又来呈献与我，这不是欺我么？"

魏王豹顿时脸色煞白：死亡再次溜回他的身边，用它冰冷的指爪搔他的后脑。献什么女人，他想，真他妈的多此一举，他简直想自己给自己一刀。

还好，这次刘邦没有动怒，只叫他退下。

魏豹一走，刘邦立即让人把那个名叫薄姬的女子带上来，刚才的话，不过是说着玩儿的。不用别人用过的女人，他可不那么清高。当年在沛县，他就是勾引寡妇的好手。

其时樊哙在侧，见刘邦又动色欲，便劝道：

"汉王，眼下楚军逼得紧，荥阳并不是固若金汤，这女色嘛，还是不近为好。"

刘邦瞪他一眼，"楚军逼得紧，就不要女人了么？冷梅枝不在身边，我老婆又在项羽手上，你要让我独卧空床？传令薄姬上殿，我要看看她是如何年轻貌美。"

樊哙觉得自己有责任提醒刘邦，又道：

"彭城之败，汉王宜吸取教训。"

这句话把刘邦惹毛了，立即加以训斥：

"彭城是彭城，荥阳是荥阳！你这屠狗出身的家伙，再敢说一句晦气的话，本王照样推你出去，砍下你的狗头！"

樊哙顿时血往上涌，因为他的头竟被称作狗头。大丈夫惜头如金，宁愿砍下而不愿受辱。如果不是旁边的萧何拉住他，他会跳将起来，为自己的脑袋辩护：这是一颗聪明的、忠诚的、粗中有细的好头。尽管有时失之鲁莽，但无论如何不是一颗狗头！刘邦必须作出解释，必须收回刚才的这句话，否则，他将自杀。

正吵闹间，一个通身洁白的女孩悄然上殿，所有的人都把目光转向她。

这便是薄姬。她确实很美，在男人们的目光中，含羞低眉，翻弄着衣襟。

不用说，刘邦当即决定，把薄姬留在身边。没人再来饶舌，劝刘邦远离女色，不知是慑于这位汉王之威，还是觉得薄姬这样漂亮的女孩确实有留下的必要。

薄姬被献给刘邦，就不再是魏王豹的女人。她悉心侍奉刘邦，除了奉献姿色，也奉献生育功能。不久，她为刘邦怀上了一个儿子，即是后来的汉文帝。大概由于她天性温顺，无意在宫中惹是非，所以逃过了吕后的毒手。吕后一死，吕党被刘党清洗，她安然坐上了太后宝座。

此系后话。

刘邦在荥阳期间，一面与楚军相持，一面大享艳福。上苍接连赐给他姿色超群的大美女，薄姬之外，还有一位戚姬。戚姬与薄姬不同，她是自己找上门来的。

成为刘邦的女人之前，戚姬叫戚姑。

刘邦逃出彭城后，曾经路过一个叫戚家庄的地方。当时，天色已晚，刘邦下令休息，几百汉军就横七竖八地倒在路旁——虽遭惨败，但刘邦还是努力做到不扰民。他本人例外，因为他是汉王。

夏侯婴敲开了一户人家的门，这恰好就是戚姑的家。开门的是她父亲，人们叫他戚公。夏侯婴对戚公说，有一位大人想借宿一夜，明天一早就走。说着，他指了指身后的刘邦。这位戚公想必见过些世面的，认出刘邦头上戴着的王冠，扑通一声跪倒在地，口称拜见汉王。

刘邦当时想：一个山野村夫，居然认得我是汉王。

戚公自然殷勤款待，杀鸡宰鱼，让出最好的卧榻。刘邦很疲乏，吃过之后，倒床便睡。戚公却叫来了他的闺女，要献给汉王。对他来说，这是千载难逢的机会：如果不是在逃亡的途中，堂堂汉王怎么会在他家住上一夜。这个闺女即是我们要讲的戚姑。

刘邦睁开睡眼，瞟了戚姑一眼，由于光线暗，刘邦又太疲倦，戚姑并未给这位汉王留下特别的印象。"身段还可以。"刘邦嘟哝一句，顺便抓起榻旁的一根玉带，向戚公抛过去，接着，翻身向内，又睡着了。戚公本来是让闺女来献身的，见汉王如此，只得把戚姑带走，好在他得了一根作为定礼的玉带。山里人，把定礼看得很严肃的。

第二天，刘邦匆匆上路，把戚姑完全忘了，后来在路上宽衣，发现少了玉带，才隐约记起昨夜的情形。到荥阳后，忙于调兵遣将应付楚军，已把这事忘得一干二净。

如果戚公不把戚姑带到荥阳，向汉王刘邦出示玉带，也就不会有戚姬，同时不会有后来发生的、在中国历史上骇人听闻的人彘故事。

　　戚公带着闺女，辗转几百里来到荥阳，见到刘邦。这一次，由于光线好，戚姑得以完整地呈现在刘邦面前。刘邦一看眼前的戚姬，差点惊叫起来。

　　这无疑是他平生见过的最漂亮的女孩。长身玉立，明眸皓齿，一笑倾城，再笑倾国，总之，所有形容女人的美好词汇都不妨往她身上堆，没有不贴切的。

　　不言而喻，戚姑很快变成了戚姬。

第十三章　乌江逼死项羽

刘邦在荥阳大约待了一年。这一年，他总的说来是处于被动挨打的阶段，或者叫做战略防御阶段。项羽的正面攻势咄咄逼人，楚军主力几乎完全撤离了齐地，把矛头指向汉王刘邦。项羽终于明白，刘季，这个当年的结拜兄弟才是他最大的敌人。

以项羽的几十万虎狼之师，攻下荥阳应该说是轻而易举，然而，正是在这段时期，刘邦采取的战略是非常成功的。大将军韩信领兵北上，开辟第二战场，既摆平了诸侯，又吸引了大量楚军。谒者随何说英布归汉，又在淮南一带对楚军构成威胁。另外，被刘邦封为魏相国的彭越带着两万人马，仍在楚地打游击，声东击西，消耗楚军的力量。霸王项羽同时要应付八方，所以迟迟不能打下荥阳，生擒刘邦。

这时候，项羽显得非常急躁，恨不得立刻踏破荥阳，可是荥阳凭据险要的地势，急切之间，难以攻下。单靠项羽的猛打猛冲，显然不行，范增献计说：

"汉军能固守荥阳，全靠敖仓运来的粮食源源不断，若能断其粮道，荥阳就不能持久。"

项羽从其计，派出大将钟离昧并精兵一万，前往敖仓，截断汉军粮道。

敖仓位于荥阳西北的敖山上，为秦时所建。此前，韩信派人筑起自运河到敖山的运粮甬道，韩信北征后，大将周勃接守敖仓，大约五千汉军驻扎在敖山。

钟离眜对汉军采取突然袭击，周勃措手不及，粮道被攻破好几处。

项羽闻讯，挥师直抵荥阳城下。

粮道被断，项羽又在城下挑战，刘邦便慌了。偏偏这时候张良因事去了栎阳，尚未归来，刘邦只得问计于郦食其。这高阳酒徒前些日子赴平阳，说魏王豹未成，这一次，他要为汉王献上一条妙计，以期封侯。

郦食其说："昔日商汤讨伐夏桀，却依然分封他的后人在杞国。周武王诛杀了殷纣王，也分封了他的后人。暴秦无道，灭六国之后，还把六国国主的后裔搞得很凄惨，因而导致天怒人怨，如果汉王能反其道而行之，效法商汤周武，立六国之后，定能使天下归心。汉王的德行播于天下，就可以南面称霸了。或许项羽也会来俯首称臣。"

应该说，这是一个典型的馊主意，是书呆子的白日梦，可笑的是，刘邦居然视为高招。他立即下令铸造金印，让郦食其带上，授与分散在各地的六国后裔。

郦生颇得意，认为是个大动作，弄得好，就不单是立功封侯的问题，他还将留名青史。

平心而论，郦生说不上腐儒，大概是立功心切，智商降低了，本本主义就冒了出来，白日梦无边无际。

金印刻好了，郦食其踌躇满志，整装待行，恰好这时张良自栎阳返回。

刘邦正在吃午饭，见张良到来，忙道：

"子房来得正好。近日有人劝我，让我立六国之后，以牵制楚军，不知先生怎么看。"

张良吃了一惊。"此计若行，大势去也！谁为大王出此下策？此人该斩！"

刘邦亦惊，说是郦生所谋，并将郦生的话陈述了一遍。张良听说是郦生，不再言斩，却随手拿起桌上的几根筷子，一面比划，一面讲说，指出分封六国后裔有"八不可"，根本不能实行。张良说："当初汤武封桀纣之后，是因为能置其死命，今汉王能制项羽死命吗？古今形势大不相同，岂可妄加效法！眼下楚军尚处于强势，汉王新立六国，若向楚称臣，汉王又怎能制止得了？况且，诸将追随汉王，无非是为了日后事成，能得尺寸分土。汉王分封六国，非但不能使天下归心，反而会使诸将离心，汉王凭什么去夺取天下？"

刘邦猛醒，不禁大骂郦食其，欲治其死罪，张良从旁相劝，刘邦才息怒。

郦生大计不成，却险些丧命，但仔细一想，张良的话确实有道理。高人就是高人，他现在算是心服口服了。若按他的馊主意行事，汉王的大业势必陷于十分危险的境地。

幸好张良回来了，不然，他肯定只有死路一条。

这酒徒倒是个爽快人，当晚就请张良到舍下喝酒。他在饭桌上声泪俱下，自己抽自己的耳光，并以七旬老翁之躯，拜谢张良的点拨和救命之恩。

张良受不了这种场面，眼眶也有点红了，赶紧上前扶起郦生。

是夜，郦生大醉，长歌当哭，在寂静的夜里传出老远，听上去像是鬼哭狼嚎。正与一代佳丽戚姬交颈而眠的刘邦从梦中陡然惊醒，不觉大怒。

"这竖儒，要寻死不成！"

刘邦披衣下床，手提三尺宝剑，意欲直奔郦生住处，一剑斩断他的歌喉。一丝不挂的大美人移下床第，从身后抱住了他。戚姬柔声说：

"半夜三更的，大王这是何苦。不如回到榻上，贱妾与大王再玩一回。"

刘邦依言，复又躺下，将怒气转化为性力，在郦食其的嚎叫声的伴奏下，展示了一轮性事。

刘邦困境依旧。粮道被切断了几处，荥阳城一天比一天吃紧。项羽每日在城下耀武扬威，刘邦不敢出战。他历来惧怕项羽，再说，荥阳的守军也敌不过楚军主力，只能坚守，守一日是一日。韩信的军队正转战齐地，一时又抽不回荥阳。

刘邦愁眉苦脸，无计可施。这天，他不无伤感地对都尉陈平说：

"如此纷扰的局面，何时方能结束？我看是没有什么希望了。"

刘邦说的是真心话。从沛起义至今，十多个年头过去了，他仍在东奔西跑，四处征战或四处挨打。这天下也真难打，打来打去打不到尽头，一不留神，还会被别人打掉脑袋。早知如此，还不如仍做他的泗水亭长，喝酒泡女人，何其逍遥！

刘邦产生了消极情绪，这是他的另一个毛病：当事业转入低潮时，便一脸苦相，整日唉声叹气。两天前，他已经派出使者，向项羽求和，条件是割让荥阳以西的地盘，被项羽断然拒绝，所以刘邦才会对陈平说：我看是没什么希望了。

陈平听了这话，便思考起来。美男子的两道剑眉皱到一起，挺直的鼻子上呈现出了些许细纹。刘邦盯着陈平这张脸，心想：周勃和灌婴都说你像冠上的饰玉，外表光滑好看，里面未必有什么货色。我并不相信他二人的进言，不过，你总得拿出点真才实学，证明自己里外都有货。

陈平投到刘邦麾下一年多了，确实没干过一件大事。他风流潇洒，动不动就满口高论，还效仿刘邦，勾引了荥阳城中的一位漂亮寡妇，双双乘坐轺车，在大街上招摇。大家都忙于打仗：武将忙于厮杀，谋士忙于思考。陈平倒好，把战火弥漫的城市当成温柔富贵乡；当别人都在浴血奋战时，他却在城里恣意施展男性魅力，还官居都尉，拿着丰厚的俸禄。

一帮老将横竖看他不顺眼，他们暗地里观察他，随时准备打他的小报告。陈平勾引漂亮的荥阳寡妇，他们虽然气愤，却没有上告汉王。陈平盗嫂，刘邦尚且视为小事一桩，勾引个把寡妇算什么？

男女作风问题，老将们无计可施，但贪污受贿就另当别论了。陈平受刘邦宠爱，一些下级军官争相趋附，纷纷赠金送物，陈平一概收下，于是老将们欣喜若狂：他们终于拿到了陈平的把柄。按韩信韩大将军定下的条例，陈平犯下了第十条盗军之罪，当斩！

小报告迅速送到刘邦的桌案上，刘邦也很有些不快，召来陈平问话。

刘邦板起面孔，开口就是一句骂人话：

"你这小子，本王信任你，你的尾巴就翘上天了。你他妈的乱搞男女关系，影响极坏，我不责怪你，你倒愈搞愈猖狂，竟敢搜刮将士钱财。今天从实招来，若有半句谎话，你这美男子的脑袋可要搬家了。"

陈平伏地回禀："诸将赠金，确有其事。臣为大王出谋划策，不受赠金何以为资？那些聚集的金银全在，我不曾动过分毫。大王不用我，我辞官回乡好了。"

刘邦派人到陈平家中查找，果然看见许多金银，封得好好的，谁人所赠，赠予何年何月，全都写得清清楚楚，可见陈平早就料到了这一天，刘邦会派人搜查。

刘邦很高兴。陈平是好样的，既廉洁奉公，又为汉室苦心谋划。刘邦对陈平说，诸将赠金，我也来凑一份。赠你二十镒，你留着备用吧。

陈平拜谢，抱着大堆金子走出临时设置的汉王宫，在宫外等候了半天的老将们全都傻了眼。不过，他们互相鼓励：咱们走着瞧，那小子，总有犯错误的一天！

陈平即使不犯错误，也很难长时间充当混混，他必须露一手，表明自己不单是面皮光滑，所以，这次是个关键。刘邦冲着他叹气，多少也有这种意思。

陈平思考了很久，大约二十分钟没说话。他坐着思考，又站起身，像张良那样在屋子里来回走动。刘邦正眼看他，几分钟后又斜眼看他，心想：

这家伙走路的姿势蛮好看，但不知能不能走出什么名堂。我看玄，多半是没名堂。

事实上，陈平有意卖关子，吊吊刘邦的胃口。他来回走动，以滑稽的方式模仿张子房，待刘邦渐渐失望，才突然开口，抖露出一手高招。陈平说：

"臣有一计，未必能解荥阳之围，却能瓦解项羽的军心。项羽善战，但有个大毛病：为人猜疑，喜听谗言。他的心腹重臣不过范增、钟离昧、龙且等人，若用重金买通楚军将士，令其反间项羽和谋臣之间的关系。项羽失掉心腹重臣，凭他如何勇猛，也绝非汉王的对手。"

刘邦沉吟道："计是好计，不过，你有把握买通楚军将士吗？"

陈平笑道："我在楚军中混了多年，人缘极好，这点小事岂在话下？"

"美哉陈平，贤哉陈平！"刘邦喜形于色。时为冬季，屋里烧着火盆。刘邦跳过火盆，使劲摇着美男子的肩膀。这举动倒把陈平吓了一跳。

刘邦下令，拨出黄金四万斤，交给陈平调用，见机行事，反间楚军。而陈平表示，不用拨出这么多，他家里不是有诸将馈赠的金银吗，正好能派上用场。

刘邦道："你家中的那点钱，你自己留着用吧。算我给你的赏赐，如何？"

陈平想，这样也好，我那位风流寡妇花销太大，正愁手头拮据哩。

于是拜谢汉王，躬身而退。

陈平说干就干，当夜便溜出城，潜入楚营。楚军四面围城，溜出几个百姓装束的汉子，也不易察觉。陈平找到老同事、老部下、老朋友，一一分赠重金，这些个楚军将士忽然得了巨款，个个欢喜，激动得语无伦次，纷纷向陈都尉拍胸脯，说一切包在他们身上。

很快，楚军中流言满天飞。流言先是指向钟离昧，说钟离昧身为大将，屡立战功，却始终不能裂土为王，于是很寒心，已决定择时机投靠刘邦云云。

项羽听到流言，满腹狐疑。他向来是听信流言的专家，从此不再重用钟离昧。

这一来，钟离昧真有些寒心了。

第二批流言指向范增。这回更厉害，说范增早已私通汉王，迟迟攻不下荥阳城，便是明证。并且为老不尊，与虞姬有暧昧关系。这流言编得离谱，项羽便不大相信。尤其是后一条，范老头年逾七旬，身体又不大好，背上还生着痈疽，怎么可能同小他五十岁的虞姬有染？

至于范增私通刘邦，项羽虽不信，却存了疑心。而项羽这人一旦存疑，就比较麻烦：疑点会无端长大。由一点长到两点，由两点长到四点……以此类推，直到疑虑重重。

这时，陈平开始实施反间计的关键一步。

有楚使入荥阳，听刘邦谈投降的条件，刘邦待之如上宾，美味珍馐加以款待。楚使入席，正欲举箸，刘邦说：

"你们亚父近来还好吧？"

楚使点头，同时夹了一块熊掌送入口，连称味道好，他平生从未吃过这么好吃的菜。

刘邦又说："你是范老先生派来的吧？范老先生的使者，一向是我们的贵客。一顿饭算什么？我还为你安排了两位绝色女子，吃过饭，且回馆驿享乐去吧。"

楚使一愣，道出实情，他原是项王的使者。

刘邦亦是一愣，却不言语，转身便走。楚使正纳闷间，几个下人上来，撤掉了熊掌燕窝之类，换上萝卜白菜，且是水煮，没盐没味，难吃得要命。楚使勉强咽下几口糙米饭，奔回馆驿，心里还想着那两个绝色女子。也许汉王故意不让他吃饭，以免折腾开来，弄断了肠子。

到馆驿一看，哪有什么美少女？倒是有个老婆子，奇丑无比。老婆子嚷着叫他换房，从上房换到下房，从套间换到大铺，跟一群来自韩国的叫花子似的使者住到一起。

楚使肺都气炸了。

回到楚营，他一一向项羽回禀，不怨刘邦，倒暗示范增通汉。项羽怒不可遏，大骂范增：

"老贼叛我，不得好死！"

项羽立刻下令，削掉范增兵权。

范增也是个急性子，如据理力争，揭穿刘邦的诡计，等项羽冷静下来，多半会收回成命。然而，智谋过人的范增却受不得一口气，一旦火气上来，智力就下降若干。所谓感情用事，讲的就是范增这类人。忍的功夫，他显然不及张良。或许跟年老有关，有些人年纪越大，火气反而越盛。比如两个老头下棋，开始拱手为礼，中盘则怒目相向，到结局时，已经挥起了老拳。范增就像这种下棋的老头。

范增跟随项羽，立下的功劳颇多，受的气亦多，名为项王的亚父，实际上远不如张良之于刘邦。奇计迭出的老头，遇上了一个头脑简单又刚愎自用的霸王，合该吹胡子瞪眼。他曾经两度气得出走，走不多远又折回来，并非舍不下项羽，而是舍不下功名利禄。

这次，老头子豁出去了，对项羽说："大王，你好自为之吧，我这把老骨头扔在沙场上，未免太凄凉，还是归葬乡里的好。老夫去也！"

范增说罢，掉头出帐。项羽也不追赶，君臣一场，连个告别的仪式都没有。

范增离开荥阳地面，往彭城方向走。他是居巢人，但家小都在楚都彭城，他打算到彭城，把儿孙通通接到居巢，闭门静养，远离人间的是是非非。

古道黄昏，西风瘦马，一个孤零零的断肠老头，走一路，咳一路，背上的毒疮又发了，忽而奇痒，忽而奇痛，到彭城，一病不起。据说他有位师尊住在离彭城不远的卧牛山上，道号张真人。这位真人既通兵法又精医术，隐居七十年，行止飘逸已接近神仙的境界。他调教过的唯一一名弟子就是范增，不过，他认为范增太不争气：没去辅佐刘邦（真人对未来世界一目了然），倒去辅佐项羽，因而拒绝下山为范增医治毒疮。真人爱弟子，却更爱真理（或曰上苍的旨意），一任范增辗转病榻，呻吟了几天几夜之后，终于命丧黄泉。

范增的死讯传到卧牛山上，真人掉下了几滴眼泪。但掠过脑海的第一个念头是：

逆天而行的西楚霸王，离死期也不远了！

项羽闻讯，大哭一场。亚父范增的诸般好处浮现眼前，脑袋也有点清醒了，觉得上了刘邦的圈套。悲哀加上悔恨，项羽万丈怒火倾泻到刘邦身上，下令猛攻荥阳，务必在三天之内拿下这座城池，荡平汉军，生擒刘邦。

刘邦闻范增死，仰面大笑，当即重赏陈平。而陈平露了这一手，也摆出了高人派头，对那帮老将爱理不理，且在大庭广众之下，与那风流寡妇出双入对。老将们目送他潇洒的背影，发一会儿呆，然后交头接耳，发表议论说：

"咱们看错了陈都尉：总是瞧他不顺眼，以为他仅仅是个小白脸，原来陈都尉真有两下子，略施小计，就搞掉了范老头。咱们别去惹他了，跟他和好吧。今晚就请他喝酒，表明咱们的不是。"

老将一般都比较耿直，一致赞成向陈平赔不是。当晚的筵席上，争相敬酒，改称陈平为先生，一如他们称呼张良。陈平自然很感动。向来看不起他的老将军对他毕恭毕敬，深埋在心底的委屈得以释放，在几滴清泪中化于无形。而刘邦和张良的突然到来，把宴会推向了高潮。

　　刘邦乐则乐也，而项羽兵临城下，昼夜攻打，喊杀声铺天盖地。荥阳眼看保不住了，如何是好？问计陈平。美男子再作思考状，前后不足两分钟。然后摇头，苦笑，两手一摊。刘邦转问张良，张良亦摇头。高级谋士看来也有计穷之时。

　　荥阳城下，楚军攻势如潮。

　　刘邦茶饭不思，张良也睡不好觉。夜里，张良出门转悠，倒背双手，瘦削的身形在荥阳空荡荡的街上徘徊。天幕上，繁星闪烁，而城外的楚军比繁星还多。此刻他们同样在酣睡着，等蓄足了劲，明晨再发起冲锋。估计荥阳失守，就在明天。

　　暮色中，张良轻轻叹了口气。

　　眼下是硬拼之时，智力几乎派不上用场。同一个张子房，彼时可抵十万精兵，此时恐怕一个也抵不上。他若是披挂上阵，挥刀舞戟，纸一样薄的身子往来奔突，楚汉两军都只会笑掉大牙。

　　百无一用是书生，所以张良要叹气。他此刻的心境，跟二十世纪六十年代一个叫萨特的法国人不无相似：萨特说，他最得意的一本小说《恶心》，抵不上工人们穿在脚上的一双廉价皮鞋。

　　当然，萨特是过于自责了。同理，张良的自责也没有必要。他应该想想，火烧栈道的时候，他是何等风光！

　　张良信步走着，索性停止无用的思考。眼下唯一的出路是逃跑，打不赢就跑嘛。而能否跑掉，还是个问题，项羽的乌骓马一日千里，谁跑得过他？

　　不知不觉，张良已走到汉军驻扎的营地。作为汉军第一谋士，他一般不住帐篷，除非在野外作战。值勤的武士向他问好，他点点头，继续往前走。这是夏季的夜晚，有风拂来，挟带阵阵凉意，营地空旷，看得见天边的星星。天地相接之处，有个高大的人影亦在徘徊，晃眼看，像是刘邦。

　　张良走过去，认出是大将纪信。

　　张良说："纪将军深夜徘徊，莫非有什么心事？"

　　纪信叹了口气。与张良的轻叹不同，纪信叹得比较沉重。他想着一件事，已经想了很长时间了，这件事非同小可，事关汉王或是他本人的生死。

决心难下，委实太难了。他一旦做出决定，这个五月的夜晚就将是他生命中的最后一个夜晚。

张良盯着纪信酷似刘邦的脸，忽地心中一动。他已猜到了几分，却沉默着。

一句话定别人生死，这种话，张良说不出口。张良想：让他自己选择吧。

不过，沉默已构成某种特殊的语言。纪信明白，他的心事瞒不过张良，于是开口道：

"先生已知道我为何事徘徊？"

"你想代汉王去死。"张良平静地说。他非常清楚，纪信一言既出，便靠近了死亡边缘。

"先生认为此计可行？"

"将军形貌均酷似汉王，哄项羽不成问题。"

"那么，先生认为我该去顶替汉王？"

"生死事大，请将军自行定夺，我不会告诉任何人的。纪将军，就此别过！"

张良对纪信深施一礼，转身走了。走出百步之外，忽然被身后的纪信叫住。

十来分钟后，满含热泪的刘邦向纪信跪下了。

刘邦派人出城，向霸王呈上一封降书，措辞诚恳，字里行间夹杂着惶恐。这降书乃是郦生手笔，把汉王既欲降楚又担心被杀的心情表现得恰到好处。项羽看不出任何破绽，便问刘邦何时出降。汉使说，汉王准备五更出城，永远归降西楚霸王，决不反叛。求霸王看在昔日结拜兄弟的分上，饶汉王及众臣一死。

项羽大笑："这刘季真他妈的胆小如鼠。死算什么，一抹脖子不就完事了？早知有今日，何必又跟我项籍对抗！哈哈哈！罢罢罢，你回去告诉刘季，我不杀他！"

汉使拜谢，返回荥阳。

项羽立即对项庄、项声下令："你二人带五百刀斧手，伏于帐下，待刘季靠近大帐时，便一齐拥上，把他剁成肉酱！刘季一死，本王自有重赏。"

项羽狞笑着。如今的项羽已非鸿门宴上的项羽，他已经学会了耍花招。他追思范增，暗暗地加以仿效。范增在时，他懒得想问题；范增死了，他不得不自己想计谋，耍花招。力能扛鼎的英雄，耍点花招岂在话下！以前，他并不是大脑不够用，只是没用罢了。

项羽哄了刘邦，颇为得意。项庄、项声恭维道："大王刚才的表演真是惟妙惟肖。刘季那小子，这回是死定了！"二将同样得意，或者说更得意：汉王刘邦由他们来杀，这功劳该有多高！而且又不担任何风险，一剑击出，刘邦必血溅当场！

关于首级问题，二人悄声议定：一人一半。

两个姓项的，一个是项羽的胞弟，一个是项羽的表弟，项羽如此安排，用意太明显。

历史学家们曾经一再指出，任人唯亲，是项羽的另一大毛病，是他最终落败的重要因素。

如此看来，项羽的毛病真是太多了。

大将龙且、钟离昧面呈不悦。此二人都是身经百战的虎将，打硬仗总有他们的份。捡便宜的活儿，则与他们不沾边。

不过，在项羽面前，他们做声不得。龙且是个死心眼，不为项羽战，也要为死去的项梁战。项梁起事之初，他就跟随项梁。论武艺，他甚至在英布之上。项梁待他不薄，他认定了一个死理：为项家打天下，不辞犬马之劳。遇上不平事，纵然不悦，也决不会发为言辞——这是一条凶猛而又忠实的走狗。钟离昧不一样。依他的脾气，他很想发几句牢骚。可是他当下正为流言所困，项羽对他的信任度大大降低，所以只能忍气吞声。

话扯远了，回过头来再说刘邦。

时近拂晓，汉军出降，荥阳城东门大开。一支歪歪斜斜的队伍拥出城门，一个个圆臀细腰，一步三摇。扛枪的、佩剑的、背弓的，各呈姿态，不是你撞了我的背，就是我踏了你的脚。有人嬉笑，有人啼哭，有人吵架，有人围观，总之一片混乱。队伍走三步退两步，速度很慢。

全副武装的楚军原是严阵以待，待凑近看时，忽然变得嘻嘻哈哈：

这是一支娘子军。多数是年轻女子，少数是半老徐娘，一律汉军装束。她们在扔掉武器的同时，索性也扔掉盔甲，一时秀发纷飞，酥胸纷呈。其中不乏姿色好的，更是媚笑迭起，秋波横生，仿佛随时可以投怀送抱。

楚军看得呆了。

将军们比较能克制。他们稳住心神，板着脸上前询问：

"汝等降卒，为何全是女人？"

一个俏女子闪出队伍，躬身应答："男卒在后头哩，还有汉王，我等女卒先行一步。"

将军继续板着冷脸发问："什么女卒男卒，乱弹琴！天下哪有女人参军打仗的？简直闻所未闻。"

俏女子飞他一个媚眼，嗔怪地说道：

"男卒几乎被你们打光了，我们女卒不参军打仗，谁来守这荥阳城？"

几个楚军将领一齐发笑。其中一个道："守荥阳城？就凭你们这群粉黛，想跟我们干？哈哈，咱们不如干点别的吧！"

巧妙的双关语再度引起哄笑。俏女子粉脸通红，被火把照着，越发鲜艳欲滴。

这支乱哄哄的粉黛队伍，至少走了半个时辰。夹道站立的楚军为她们点数，竟有两千人之多！然后，刘邦的辇车缓缓驶出。头戴王冠，身穿衮服，不是刘邦是谁？有人持火把登车查看，验证确系汉王刘邦，于是飞报项王。

数万楚军欢声雷动："刘邦投降啦，刘邦投降啦！"

趁他们欢呼之时，丢盔卸甲的娘子军四散开来，纷纷溜走。这时，天快亮了。

霸王项羽高坐中军帐，等候刘邦的到来。他要刘邦先给他下跪，向他忏悔、告饶，一把鼻涕一把泪。等他戏弄够了，然后才举手为号，伏于帐下的项庄项声连同五百刀斧手，将一拥而出，刀剑并举，把活生生的刘邦变成一堆烂肉。刘邦可能会带上樊哙，这也不打紧：项羽准备好了，跟那个屠狗出身的家伙单挑。他倒要比试比试，谁的武功天下第一！

"刘邦"出现了，缓步入帐，身形不乱，还有些挺胸昂首。

项羽纳闷：刘季这小子，何时学会了勇敢？居然也像一条好汉。

"刘邦"走到项羽座前，昂然不拜，而且目视项羽，眼神中不无嘲弄。

项羽喝道："刘季，见了本王，还不快快跪下！"

"刘邦"冷笑："本人乃堂堂汉王，凭什么向你下跪？"

项羽一时摸不着头脑，心想：这刘季搞什么鬼？想了半天，仍想不出刘季的鬼名堂，只得再次喝道：

"你既来投降本王，当然要下跪！"

"刘邦"大笑。"你算老几？一匹夫而已。向你下跪，岂不辱我一世清名？"

项羽怒发冲冠，正欲拔剑，他要亲自手刃这个口吐狂言的刘季，忽然感到不大对头：刘邦不是这样发笑的。莫非此人是假刘邦？

这念头把项羽吓了一跳。

"你他妈的是谁？"项羽大叫："你究竟是不是刘邦？"

"你他妈的客气点儿。"纪信回敬项羽，嘴边挂着讥笑，"本人姓纪名信，绰号灭楚。"

项羽一愣："灭楚？你灭什么楚？"

纪信笑起来，"灭掉楚国啊，你连这个都听不懂？难怪世人都说你像个白痴。喂，白痴先生，实话告诉你吧，汉王已退守成皋，我纪信自动送上门来找死。你动手吧。"

言毕，纪信整理衣冠，一副视死如归的样子。

项羽气昏了，下令把纪信烧死。

火光熊熊，映照着纪信那张颇为英俊的脸。被烧的巨痛袭来之前，他始终微笑着。在生命的最后一刻展露笑容，这才称得上体面。迅速腾起的火焰将他吞没，肉体发出哧哧的声音。在倒下的一刹那，他突然嚎叫起来，听上去极其恐怖。

杀人如麻的西楚霸王惊得倒退两步。

纪信甘愿被烧死，使项羽很不痛快。刘邦手下的一个无名之辈尚且如此，其他将领可想而知。那痞子，不知弄些什么手段来笼络人心，项羽觉得不可思议。

然而，不可思议的还不止纪信。

刘邦退走，纪信出城，荥阳城复又关闭，将楚军拒于城外。刘邦临走时，令御史大夫周苛、禆将枞公、前魏王豹留守荥阳，主要是为刘邦的逃走赢得更多的时间。

项羽烧死纪信后，挟带一腔怒火，催动三军猛攻荥阳。但汉军守将死命守城，飞箭、滚木、巨石、灰瓶，连同城中一切能充作武器的东西，全都用上了，男女老少齐上阵，全都杀红了眼。城中最漂亮的女人也是圆睁怒目，蓬头垢面，状如女鬼，她们挥动着粉臂，将石头源源不断地掷向城下的楚军。

楚军连攻数日，竟然攻不下一座小小的荥阳城。项羽气得哇哇大叫。

这时，偏偏探马来报：彭越在楚地大肆捣乱，破城池，断粮道，甚至逼近楚都彭城。项羽不得不分兵对付彭越，派大将龙且领兵杀回楚地。

回过头来，再攻荥阳。一座小城，粮食和武器都有限，打持久战是不可能的。城破在即，一个年逾半百的男人开始打自己的算盘，这就是魏王豹。

善于骑墙的家伙总会骑墙的。这天深夜，魏王豹溜上城头，飞箭传书，表示愿做楚军内应，对方举火为号，同意他按计行事。他乐得直打哈哈，为自己是个骑墙派而得意，甚至有几分自豪。识时务者为俊杰。谁是俊杰？魏王豹也。这荥阳城满城都是傻子，一味抵抗，自寻死路，为谁辛苦为谁忙？

魏王豹转完这些念头，正欲回家，却猛地被人揪住，转眼间，便被五花大绑起来。

回头看时，竟是周苛和枞公。

"你们……你们……"魏王豹不知所措，不明所以。但有一点是清楚的：他骑墙已经骑到了尽头。

第二天，太阳照样升起，而这太阳已不是魏王豹的太阳。一颗血淋淋的人头悬于城门之上。曾经亲吻过大美人薄姬的那张嘴，向下斜拉着，混合着血污与泥土。

城下的楚军纷纷仰视，各自感慨不已。

感叹之后，发动总攻。二十四小时的连续攻击，荥阳城终于落入敌手。

周苛、枞公被押到项羽面前，和纪信一样，他们昂头不拜。项羽沉吟片刻，然后决定爱才。这两员汉将，守一座破城守了七八天，显然是难得之将才。项羽对周苛说：

"你投降我，我封你为上将军，食邑三万户。这很不错了吧，周大夫？"

项羽以吝啬出名，除了对他的亲戚。此番开口就是上将军，三万户，大约是想学刘邦。因为刘邦正好相反，是以慷慨闻名的，难怪纪信这样的汉子愿意为他去死。

项羽和蔼地笑着。他给出的条件蛮丰厚了，普天之下，大概没人会拒绝。

然而，周苛拒绝了。他宁愿选择死亡，不愿选择三万户。并反劝项羽降汉，说项羽根本不是汉王的对手。

不难想象项羽会气成什么样子，周苛被掷入鼎镬，化成一锅肉羹。

接下来，轮到枞公。居然又是一条硬汉，宁死不屈。理由很简单：他和周苛共守荥阳，周苛遭烹杀，他没有颜面独活于世上，唯求一死！

项羽大摇其头，喝令推出斩首。

楚军入驻荥阳。这一夜，历来不失眠的项羽终于失眠了。他意识到有种东西对他构成了前所未有的威胁，它看似无形，实则存在。它正向他逼近，而反击是毫无用处的，等于挥剑砍虚空。

这东西叫做人心。

破晓时分，项羽方处于似睡非睡的状态，脑中一片空白。他的千军万马荡然无存，倒是死神款款而来，这死神的模样竟有几分像刘邦。

项羽大喝一声，挥退死神，并翻身跃起，传令：即日扑向成皋！

项羽扑成皋，扑了个空。刘邦早已走了。

刘邦还没到跟项羽硬拼的时候。彭越游弋梁楚，韩信的大军转战燕、赵、齐，尽管汉军的总力量已在楚军之上，但兵力分散，尚不足以对楚军形成绝对优势。成皋号称有天险，但单凭刘邦的那点人马跟项羽抗衡，无异于以卵击石，所以要实行战略转移。

这一转，就转到修武（今河南获嘉县），修武是韩信的驻军之地。

韩信自开辟第二战场以来，战无不胜，攻无不取，队伍像滚雪球，越滚越大，他手下的人马已远远超过了刘邦。尾大不掉，历代为君王者，最头痛的就是这个问题。而刘邦比谁都明白，何况身边还有张良提醒。

这天清晨，刘邦带了张良、夏侯婴，突然出现在韩信的营地。

韩信高卧未起。四周静悄悄的。

刘邦入营门，被武士拦住。他和张良都身穿便服，武士自然认他不得。

刘邦说，有事要见大将军。武士横他一眼：

"大将军能随便见么？走开走开。"

刘邦掏出一块金子。"一点小意思，不成敬意。请将军容我等进去吧。"

沉甸甸的金子，至少相当于武士几年的薪水。武士瞟它一瞟，犹豫着，黄澄澄的金子在他的目光中闪烁，但他终于掉过头去，拒绝了这个致命的诱惑物。

刘邦含笑点头，示意张良，张良对那武士说：

"你尽忠职守，这很好。实话告诉你吧，我等是汉王特使，有重大军情禀报大将军。"

说着，张良出示汉王手谕：一块绢帛，上面几个歪歪扭扭的篆字，便是刘邦手迹。武士有点吃不准，却也不敢再加阻拦。刘邦跨进军营，随手将那块金子抛给武士。

"这点钱是赏给你的。放心用吧，小伙子。没人敢来治你的受贿罪。"

武士接过金子，并未欣喜若狂，而是左看右瞧，额头上冒出了冷汗。他知道，有一样东西比金子更值钱，那就是他自己的脑袋。大将军治军极严，性命要紧，他真想把金子扔进野地。

当然，事实上他并没有扔。他很快成为这块金子的问心无愧的主人，欣喜若狂了。

且说刘邦进入营地，直奔中军帐。中军护卫有认识汉王的，急忙伏地行礼。刘邦令其不许声张，直入韩信卧榻旁。韩信仍在睡梦中，拥着衾被，或许梦中正与羌女相会。

榻旁的案几上，放着将印兵符，刘邦取在手中，然后退出室外，传令升帐。

营中诸将以为是韩信点兵，赶来参谒。进大帐，见是汉王，惊愕之余，慌忙下拜。韩信随后进来，衣冠未整，手忙脚乱地参拜汉王。刘邦板着脸训斥道：

"你这副样子，像个大将军么？天已大亮，军士早起床了，你倒舒坦，兀自在床上做美梦。假如我是个刺客，取你的性命岂非易如反掌？还有那兵符，能随随便便到处放么？让人偷去了，你这大将军还做不做？不像话。以后不得如此，听见了吗？"

韩信唯唯，表示听见了，句句铭刻在心，终身不敢忘，并一再伏地请罪。

刘邦话锋一转，夸奖韩信的战绩，赐金帛若干，韩信又叩头谢恩。几分钟之内，韩信已向刘邦叩了三次头。他刚从梦中醒来，不免昏头昏脑，叩头叩重了些，额头几乎红肿，鼻子上又沾着尘土。肃立两旁的诸将个个木着脸，诚惶诚恐。汉王真厉害，真有威仪，他们想。大将军在汉王面前，简直像个被呼来唤去的三岁小儿。

韩信向刘邦叩头叩够了，转向张良，拱手为礼，张良还礼，二人执手相叙。

几天后，韩信带着新近收编的燕赵兵马，东往攻齐。而修武驻军，留归汉王指挥。

刘邦此行，达到了两个目的：催韩信动身荡平齐地，同时砍掉了韩信的一半人马，归自己调度。韩信本事大，一路打过去，队伍自会越打越大。刘邦本事小，打一仗，人马至少折一成，至多折九成，例如彭城那一仗（在中国军事史上，刘邦的彭城之战简直是个特大笑话）。

是年八月，专打游击战的彭越袭取燕西库（今河南延津县东北）。燕西为楚军辎重重地，连绵数十里，除粮草外，还存有兵器、甲胄、战车等物。既为重地，自有重兵把守。彭越自忖力单，无必胜把握，又向汉王请兵二万，夜袭库区。他一袭成功，把楚军杀得四散逃命，库内辎重，能运走的都运走了，不能运走的，一把火烧个精光。

项羽在成皋闻讯，差点当场昏倒：没了辎重，这仗还怎么打？

而刘邦在修武欢天喜地，又想翩翩起舞了。

彭越不断在后方捣乱，烧粮草，夺城池，搞得前方作战的项羽心神不宁。这厮太可恶，项羽决定亲自领兵回剿，留下曹咎和司马欣固守成皋。项羽叮嘱二人说，任凭汉军如何挑战，只坚守不出。不出半月，他将踏平彭越，然后迅速赶回成皋。

二将表示坚决执行命令，项羽放心地走了。

项羽一走，刘邦立刻杀回来，时为十月。还在一个月之前，张良就劝刘邦渡黄河，夺回成皋。刘邦推说时机不成熟，过一阵再说，其实他是惧怕项羽。跟项羽正面为敌，他从未取胜过，他已经被项羽打怕了。单是项羽这个名字就足以让他心惊肉跳；战场上的项羽乃是他的噩梦之源。他甚至打算放弃荥阳、成皋，退守洛阳。因所有的谋臣部将听了都摇头，他才作罢。

项羽离开成皋，刘邦便开始耀武扬威了。挥军渡过黄河，在汜水岸边扎下大营。

汉军连日挑战，几千人在成皋城下放开嗓子呐喊叫骂，城头上的楚军用棉花塞住耳朵，不予理睬。刘邦无计可施，问计于张良。张良一番思考之后，想出了一个挑战的新招。

这天，城下扯出两幅白布幡，一幅画着曹咎，一幅画着司马欣，写上姓名，并写满诅咒语。汉军箭射枪戳，齐声喧哗，乐不可支，却气煞了城头之上的曹咎。

古人把名誉看得重，所谓士可杀而不可辱。司马欣牢记项王的嘱咐，虽然气得要命，却不出战。曹咎可就忍不住了，不顾司马欣的劝阻，召集人马杀出城来。

张良的主意立显奇效。

汜水之畔，曹咎陷入汉军重围。司马欣不能见死不救，带人杀来，同样跌入张良布置的陷阱。司马欣被樊哙枪挑于马下，曹咎挥剑自刎，成皋楚军全军覆没。

这一仗，汉军打得非常漂亮。刘邦首先归功于自己，因为他需要增加勇气。他私下对张良说，从此以后，他再也不惧项羽了，张良一笑置之。他知道，刘邦这话只有一半是真的。

接下来，便是著名的广武山对峙。

刘邦入驻广武山，依险扎营，意在阻挡项羽回军。广武山位于荥阳之东，东连荥泽，西接汜水。山中有一道涧水流过。涧水两旁，各有一座山峰，两峰相距大约百步。

刘邦进军广武时，项羽还在睢阳喝酒。他果然在半个月之内击败彭越，夺回城池十七座。如此盖世神勇，彭越这样的猛将也只能落荒而逃。一齐逃走的，尚有汉将刘贾和卢绾。

秋去冬来，按秦制，又要过年了。项羽打算过几天酒色日子，过了年再西返成皋。他左手抱虞姬，右手持美酒，正自陶醉之时，忽接探马来报，成皋已失，曹咎与司马欣均已身亡。

项羽一声长叹：这年是没法过了。美酒美人，只得暂且放到一边。

项羽回军成皋，却在广武山受阻。汉军占据了西边山峰的有利地势，堡垒坚固，旌旗纷飞。

项羽不得已，率钟离昧在东边山峰上扎营。双方都是易守难攻，所以对峙着。

一山不容二虎，一山也似乎不容二峰。刘邦和项羽各据一峰，具有一种奇特的象征意义，或许是神灵的安排也未可知。刘邦本人堪称一座高峰，而项羽无疑是另一座高峰，两峰对峙，各不相让，不是你削掉我，就是我踏平你，断无回旋的余地。

项羽拿刘邦没办法，刘邦就很得意，时常在山顶上摆酒，与张良对饮，而项羽只能在对面山上干瞪眼。刘邦哼小调，唱山歌，舞醉剑，兴趣来时，指着项羽笑骂几句，项羽真是气不打一处来。力拔山兮气盖世，项羽能扛鼎，拔山是说着玩儿的，乌骓马一跃丈余，却跃不过百步深涧。无法可想，只能对刘邦干瞪眼。

刘邦日日喝酒，项羽也日日喝酒。论酒量，项羽当然要大得多。醉酒之后，他的大脑反倒比平时管用，念头飘忽，来去无影，一不留神，一条好计就冒了出来。

当然，这所谓好计，只是对项羽而言。

项羽想到他手上的人质：刘老太公。此刻，人质正好派上用场。当初他打算干掉人质，被范增拦住了，项羽想到人质，自然就想到范增，不觉掉下了几滴眼泪。如果亚父仍在，他断不会有今日的窘境：眼睁睁看刘邦喝酒唱歌，却擒他不得！

这一年多来，太公食量不错，身子显得硬朗，体重还有所增加。他待在彭城，完全不像俘虏，倒像是项羽的贵客，如今被请到广武山上，劝他的儿子归降项王，他觉得这件事并不难办：凭你是什么王，儿子总该听老子的。他颤巍巍地站到悬崖边上，向对面的儿子喊话。

刘邦见是父亲，大吃一惊。

太公要儿子归楚，在项王手下做个什么官就可以了，总比种地强，何苦大动干戈，你争我夺，非要跟项王见个高低。太公此言，或许真有道理，但刘邦哪里肯听？刘邦直摇头，连比带画，反劝太公别上项羽的当。

太公劝儿子不成，有些丧气。不过，他认为自己的任务业已完成。儿子不听老子的话，他有啥办法？他赌气要走，却被几个楚卒拦住。项羽一挥手，他立刻被捆绑起来。

太公先是一愣，继而嚷叫起来，霸王不是一向待他如宾客吗，怎么说翻脸就翻脸？

太公不明白，刘邦倒是明白得很。他立时变得脸色煞白。张良等人也紧张地注视着。项羽指定刘邦，厉声呼道：

"刘季听着！你老爹在我手中，如不快快投降，我立即将你老爹煮成一锅羹！"

项羽杀人如麻，说得出就做得出。他两手叉腰，两条腿分成一个八字，站在对面的绝顶之上，俨然一座凶神。太公已被吓昏了，瘫倒在地上，又被楚卒强行架起来，脑袋耷拉着，口中流着涎水，像个即将问斩的囚犯。

汉军这边，一片死寂。所有的将士都把目光投向汉王。

刘邦呆若木鸡。

刘邦或许称不上孝子，但老父将烹，无论如何是一个巨大的刺激，而且当着这么多部属的面。听凭项羽烹食太公，他的脸面往哪儿摆？日后何以以德服人？

投降项羽？断不可能。撇开大业不谈，一旦投过去，不只是刘邦性命难保，太公也多半活不成。这次可不比鸿门宴，项羽吸取了教训，一定会斩草除根，诛刘邦九族。

时间很短，前后不过几十秒钟，呆立着的刘邦已转了许多念头。然而，没有一个念头能改变目前的局面。

项羽又在高叫，限刘邦在三声鼓响之内做出答复，否则，他就要动手了。

一声鼓响，刘邦吓一跳。鼓声与鼓声之间的间隔大约只有十来秒钟。第二声鼓响，刘邦又吓一跳，急得团团转。只剩下最后十秒钟，要命的十秒钟啊！老天帮帮忙吧！然而老天不帮忙，漠然观望着。

刘邦转了两圈之后，竟然转出了一个破解项羽的绝妙招数。他突然大笑三声，像项羽那样昂首挺立，指定对方，大声说道：

"项羽听着！你和我曾在彭城结为兄弟，我的老父即是你的老父。你要烹食你老父，那好啊，且分我一杯羹吧！"

这大抵是《史记》的原话，除刘邦外，一般人是说不出口的，甚至连想都想不到。刘邦想到了，而且说出了口，他的秉性或曰特异之处，从中得到淋漓尽致的表现。尤其是末一句，他居然想分食他老爹。有点耍无赖，但这无赖本性在关键时刻反弹出来，发挥了不可估量的作用。

项羽闻言，顿时语塞。这位贵族出身的霸王，耍无赖，哪是刘邦的对手？

从道理上讲，刘太公确实可以算作项羽的父亲。刘项今日势不两立，而当年结拜时的仪式何其庄重，所以兄弟仍是兄弟，尽管是反目成仇的兄弟。古人爱面子，项羽更是死爱面子的。他杀人不眨眼，动不动就屠城，一夜坑杀降卒二十万，却对一个行将就木的老头下不了手。

楚汉两军的士卒都窃笑不已。项羽愣了片刻，索性也哈哈大笑，称刘邦言之有理。

太公终于未能被熬成一锅汤，项羽还亲自为他松绑，令人扶下山去，照例软禁起来。

转眼已是夏季，两军仍在对峙着，谁都希望对方来攻，以便后发制人。每隔几天，双方便派人挑战，侮辱谩骂的功夫登峰造极，只不动手，好像双方都是君子。

这一天，刘邦和项羽双双出面，各自为部将所簇拥，显示其威风，"汉"字大旗与"楚"字大旗漫卷东风，猎猎作响。汉王和楚王异口同声地要对方出来说话。

项羽说："天下大乱，皆因我俩之故。你我不如单打独斗，一决雌雄，免得百姓受苦！"

刘邦说："打仗我自然打不过你。大丈夫不逞匹夫之勇，咱们斗智，如何？"

项羽说："你是懦夫！不敢与我独斗三合。大家听到了吗？刘季是懦夫！"

身后的楚军一齐喊："刘季是懦夫！"

刘邦说："你才是懦夫！因为你不敢跟我斗智。大家听到了吗？项羽是懦夫！"

身后的汉军一齐喊："项羽是懦夫！懦夫懦夫懦夫！"

刘邦模仿项羽的腔调，一副嬉皮相。项羽气得面皮发紫，恨不得猛抽乌骓马，跃过百步深涧，直取刘邦性命。

两人继续斗口舌。项羽本来不善言辞，结结巴巴，有点前言不搭后语。所言之事，又大都属于鸡毛蒜皮。他甚至指责刘邦乱搞女人、当年吃酒不付钱。

刘邦洗耳恭听，笑得前仰后合。

轮到刘邦，可就大不一样。宣称斗智者，毕竟比斗力者高出一筹。

但见刘邦跨前一步，清了清嗓子，开始宣布项羽的十大罪状。

其一：背彭城之约。刘邦先入关，却做不成关中王，远走巴蜀罪地；

其二：矫杀宋义，目无主上，令楚怀王君臣切齿；

其三：屠咸阳城，烧阿房宫，掘始皇陵墓，为天理所不容；

其四：奉命救赵，胜不报还，强迫诸侯入关；

其五：擅自杀害业已投降的秦王子婴；

其六：于新安境内，一夜之间，坑杀秦卒二十万。秦地百姓恨之入骨；

其七：戏下封王，极端自私。近我者拣肥缺，逆我者走罪地，全无王者之风；

其八：弑义帝于江南，还把义帝的尸体扔进长江，真是罪不容诛；

其九：自都彭城，又将韩梁故地据为己有；

其十：主持政事不公平，订立盟约不遵守。罪恶滔滔，大逆无道，神人共诛，看你项羽往哪儿逃！

刘邦凑了这十条罪状，其中半数以上是有分量的，至少有两三条击中项羽的心病。项羽焚宫、屠城、坑卒、弑义帝，未必干得心安理得。这些千夫所指的勾当，想必难逃良知的拷问。而刘邦当着楚汉将卒的面，揭他的短，数落他的罪行，他当然恼羞成怒，暴跳如雷。

项羽一挥手，三名在楚军中以善射著称的壮士冲到涧边，张弓搭箭，一齐劲射。两峰相距百步之遥，射出的箭准头太偏，只一名汉卒被射中大腿。

刘邦亦挥手，汉军中一人闪出，连发三箭，将三名楚军壮士射杀于涧前。

汉军欢声雷动。

此人是谁？姓楼名烦。楼烦才是真正的善射者，百步穿杨。在汉军的一片欢呼声中，楼烦搭上第四支箭，直接瞄准西楚霸王项羽。霸王此番休也！大家都这么想。楚军人人为项羽捏一把汗。然而，项羽动也不动，重瞳欲裂，目光如电，直射楼烦。他大喝一声，有如虎啸狮吼，楼烦竟不敢发箭，手一软，强弓掉到地上，翻身便逃。据说他从此得了恐惧症，再也不射箭了。

这一回，轮到楚军欢声雷动。

项羽再度挥手，楚军忽然推出一台古里古怪的战器。那是弩机。

弩机是一座铜制的台座，座上刻有深深的轨道。把长弩安置座上，沿着深沟向右移动，然后把弩的尾钩，扣于弓弦之上，用力拉弦，即可射出强弩，比用人手拉弓强多了。

刘邦不识这玩意儿，正自手舞足蹈，忽听一声簧响，接着是飞箭的破空之声。刘邦不当回事，他立在战车上，与楚军至少相距两百步。强弩直直地朝他飞来，左右大叫汉王留意时，已经晚了，这一箭射中他的胸部。

刘邦身形一晃，差点倒下。

楚军用弩机一击成功，兴奋得满山跳跃。项羽也捋须而笑，以为刘邦必死无疑。

刘邦忍痛拔箭，血如泉涌。左右欲扶他躺下，被他一把推开。这时，两边山上都安静下来，只有风声和涧水的流动声，所有的视线都集中在刘邦身上。楚军希望他倒下，一命呜呼；汉军紧张地关注着他受伤的部位和程度：汉王死了，他们或许会一哄而散；汉王重伤，他们将垂头丧气。总之，这是个重要时刻。

这样的时刻，刘邦总能显示男儿风度。这有点奇怪，因为他时常胆怯得要命。

且看刘邦仰天大笑，对项羽大声道：

"你那破玩意儿不管用，准头太差，只射中我的脚指头。项羽，你命中注定，非我敌手！"

楚军哑然。项羽立刻显得很沮丧。由于距离远，他看不清刘邦的胸部滴答滴答地流着鲜血，却对刘邦的提醒十分在意：命中注定，他不是刘邦的对手。平生第一次，他感到刘邦的强大和不可毁灭，虽然这中间夹杂着天意。

项羽掉转马头，回营去了。

刘邦当天被送往成皋养伤。

刘邦在广武山与项羽对峙的同时，韩信的三十万大军正深入齐地，一路所向披靡。

韩信伐齐，功勋卓著，显示了非凡的军事才能，却也葬送了一位老人——高阳酒徒郦食其。

刘邦对齐王田广的战略是双管齐下：一方面，令韩信大军压境；另一面，让郦食其到齐都临淄（今山东临淄市）劝田广归汉。军事威慑和外交手段同时实施，不失为一着高招。

韩信东渡黄河，越过赵地，郦生也从成皋上路了。去年劝魏王豹不成，今年向汉王献馊主意，封六国之后，被清醒后的刘邦骂了一通。这两件事，他一直耿耿于怀。有人说他老糊涂，老不中用了，他气不过，很喝了些闷酒。大名鼎鼎的高阳酒徒岂是无用之辈？他一面给自己打气，一面等待时机。他要立功封侯，荫及子子孙孙。

这次，机会正好。

郦生到了临淄，求见齐王田广。田广明知他的来意，却不敢不见他。他昂然上殿，摆出了上国使臣的派头，田广倒也不怪，因为田广惹不起刘邦。郦生劈头一句便问：

"王知天下所归吗？"

田广表示不知。郦生的第二句来得更陡：

"天下归汉！"

这叫自问自答式，为郦生所首创，后来的辩士纷纷加以效仿，并且公认郦食其是这种辩术的老祖宗。自问自答式的好处是先声夺人，在气势上压倒对方。郦生果然压倒了齐王田广，田广沉默着，等他往下说。而沉默通常表示不反对，郦生来劲了，接下来，大展辩才。

按照当时的惯例，他要从头说起，说暴秦无道，引起天下大乱。然后说诸侯纷争，楚汉称雄。说项羽从势大变为势小，说刘邦由劣势转为优势，而韩信的军队又是如何威不可挡。总之，他要说的很多很多，其间还须妙语连珠，具有幽默感，逗人发笑，并在话语中暗藏机锋。

郦生足足说了一个时辰，如果换成书面语言，一定不下十万字。他整整说了一本书。说到中途，照例要休息一次，时间不长，大约一刻钟。郦生唾沫飞溅，口说干了，这时就喝几口水，喘一口气，同齐王齐相齐臣说几句不相干的话，通常是扯家事、年庚生辰之类。这是个微妙的时刻，看似无关紧要，实则不可小瞧。若是双方气氛融洽，那就表明第一阶段的说辞取得了预期效果。倘若彼此客气，仅限于今天天气哈哈哈，则意味着情况不妙。

不言而喻，郦生的情形属于前者：他业已取得阶段性的成果。下个阶段，不会太难了。

小憩毕，郦生重新上场，抖擞精神，连比带画，动作优美，嗓音高亢，像个优秀的话剧演员。如此老迈之人，如此精彩的表演，已经令人叹服了，且不说他句句在理。末了，郦生把演说推向高潮，同时也是推向结局。但见他跨前一步，向齐王田广深施一礼，然后道：

"识时务者为俊杰。大王现在归汉，齐国江山社稷尚可保存，齐国百姓也会免遭涂炭。不然，恐遭灭顶之灾！我为大王计，还是归降汉王了吧！"

郦生说完了。大殿一片静寂，只等田广的一句话。

田广点头。郦生大功告成！

田广降汉的附加条件是：韩信退兵，不复扫荡齐地。郦生当即表示，这不成问题，他只需修书一封，派人呈送韩信，韩信的三十万大军便会立刻撤退。

作为刘邦的特使，郦生可不是说大话。

于是，主客皆喜。田广对郦生的高论佩服得五体投地，留他住在宫中，以便时时和他倾谈。郦生眼看封侯有望，高兴得无以复加，一日三醉，被漂亮的齐国少女所簇拥。她们为他斟酒，为他夹菜，为他擦嘴，为他展露媚态和翩翩起舞。既醉，还扶他上厕所，回卧室，侍候到每个细节，直至宽衣解带。

遗憾的是，郦生这把年纪，在女人们身上已没有多大作为了。

可悲的是，郦生最快乐的日子没能持续几天。

锦衣玉食，美酒佳人，仿佛来自天赐。上苍怜悯他，在他被扔进油鼎之前，过一段好时光。悲剧以喜剧作为铺垫，便越发显得悲哀了。

其时，韩信大军已抵达平原（今山东原县西南）。阅罢郦生派人送来的书信，他喜形于色。齐国和平解决，就不用动刀兵了。韩信亲笔写好回信，让来人带回临淄。齐国君相再无疑虑，殷勤款待郦生不提。

韩信欲移兵南下，与刘邦会师，合力击楚。岂料有个叫蒯彻的辩士节外生枝。

辩士都是吃口舌饭的，郦生向刘邦邀功，蒯彻为韩信献计。辩士与辩士在同一件事情上相遇，就比较麻烦。郦生立下大功，蒯彻心里很不是滋味。他精心准备了一篇说辞，看准时机，向大将军进言：

"将军率几十万大军，花了一年多时间，才攻下赵国五十余城，而郦食其凭他三寸不烂之舌，坐着马车到处游说，就得到齐国七十余城。难道身经百战的大将军，功劳反不如一个书呆子吗？况且，将军奉汉王之命伐齐，郦食其虽说动了齐王，但汉王并未让将军退兵。不如趁机灭齐，别让那狂生抢了头功。"

韩信沉吟道："这样一来，郦生性命难保。"

蒯彻笑道："大将军宁为一腐儒而舍大功乎？"

韩信一声长叹，终为所动。大军直扑历下（今济南市东），斩齐将田解，擒历下郡守华无伤，以迅雷之势，进逼临淄城下。

田广闻报，大惊失色，以为郦生与韩信串通一气，使齐国无备受攻。

郦生闻讯，立刻明白自己的死期到了。凭他如何辩解，也辩不过韩信背信攻齐的事实。舌头再也不管用了，因为连脑袋都保不住了。他最后大骂韩信，可惜临死之前，他并不知道世间有一个叫蒯彻的家伙。

郦生被扔进滚沸的油鼎。七旬之躯，发出噼噼啪啪的油爆之声。

对恨得咬牙切齿的齐王来说，这声音不失为一种音乐。

郦生炸焦的躯体，当天被抛下临淄城。韩信怒不可遏，下令全力攻城。两天后，齐国的都城临淄落入汉军之手，齐王田广逃往高密（今山东高密县），齐相田横逃往博阳（今山东泰安市东南）。

田广派人疾驰广武山，向项羽求援。项羽派出他手下的第一猛将龙且，领兵二十万，战将数十员，浩浩荡荡杀奔千里之外的齐国。大约两个月后，项羽得到了回报，龙且被韩信计杀于潍水（今山东东部）东岸，二十万楚军大半死于突然暴涨的潍水；韩信计杀龙且的同时，放水淹没楚军，为两年前死于睢水的十多万汉军报了仇。韩信进驻临淄，杀了齐王田广，派出部将四处略地。齐地遂定。

项羽气得暴跳，大骂韩信胯夫，几欲亲往齐地，找韩信单挑。若论单挑，韩信自非项羽敌手，但韩信的军事才能，岂止十倍于项羽？无敌于天下的，并非项羽，而是韩信。

不过，当韩信自认为盖世无双的时候，毛病就出来了。他在齐地按兵不动，却遣使到成皋，要刘邦封他为齐王。这显然很不得体，有胁迫刘邦的味道，尽管韩信声称是做假王，意在镇抚伪诈多变的齐人。天下未定，先自邀功，况且是在刘邦与项羽艰难相持的时候。刘邦怎不火冒三丈？当即对韩信派来的人骂道：

"韩信真他妈的不是东西……"

话未说完，两人同时踩他的脚。张良踩右脚，陈平踩左脚。刘邦"哎哟"一声，扭过头去。张良附到他耳边，悄声说道：

"禁止他称王，恐于汉军不利。不如暂且答应他，封他为王，日后再作计较。"

刘邦猛然醒悟，改口骂道："韩信这小子，要称王就来真格的，要什么假王？"

于是厚赏韩信使者，派张良亲赴齐地，宣布封韩信为齐王。

韩信此举，为自己种下了祸根。

回头说项羽。项羽没去齐地找韩信单挑，仍在广武跟刘邦讲和。

这时的项羽已过而立之年，火气想必有所减退，纵横天下的气概被打上了若干折扣。暴跳之余，不得已要学学冷静。楚军损兵折将，粮草又不济，眼下唯一的出路便是求和，好在刘邦亦有讲和的意思。

经过几天时间的谈判，楚汉签订了和平条约：以荥阳东南二十里外的鸿沟（今河南开封至淮阳的一条人工河）为界，沟东属楚，沟西属汉。这实际上是一个中分天下的方案。刘邦虽然在军事上占据上风，却始终对项羽心存畏惧，中分天下也不坏，做半个皇帝总比做一个汉王强。

项羽引兵东返彭城，并按照协议，送还太公。又从彭城迎来吕后、审食其等人，一并送还。刘邦父子、夫妇重逢，自是悲喜交集。

刘邦大大松了口气。

他觉得自己该休息了，该享一享福。这一年，他大约已经五十三岁，以当时对生命的普遍预期，这个年龄无疑已接近生命的尾声。或许他还能活上十年，这十年的时光应当是醇酒妇人，而不该是鞍马劳顿。以一个沛县农夫的儿子能有今天，他应当知足了。

他决定西返栎阳，安坐他的半壁江山。

不难看出，这是个愚蠢的决定，源自农民式的短见，跟陈胜吴广，以及后来的李自成如出一辙。

幸好刘邦身边有张良、陈平。

二人竭力加以劝阻，提醒刘邦说：汉已得天下大半，四方诸侯，皆已归附。更重要的是，项羽已兵疲粮尽，众叛亲离，正是天意亡楚之时。任凭项羽东归，岂不是养虎遗患？

刘邦听后，大悟。刘邦总能及时大悟，这是他的过人之处。若执迷不悟，结果可能就是另一回事：项羽缓过气来，反扑刘邦，置刘邦于死地，让他连半壁江山也坐不成。

大悟之后的刘邦做出相反的决定：穷追项羽，同时派出特使，向齐王韩信、魏相国彭越、淮南王英布发布命令，让他们发兵，会师击楚。

汉五年（前202年）十月，刘邦追项羽追到固陵（今河南太康县西）。他一路上耀武扬威，得意得很。历来都是项羽追他，追得他抱头鼠窜，现在，仿佛时光倒流，仿佛太阳从西边出来：刘邦开始穷追项羽了。

不过，刘邦的得意未免过早。项羽尚未到山穷水尽的地步，他手下尚有十万精锐部队。当项羽得知刘邦从后面追来时，立刻反身杀回。汉军抵挡不住，又倒退几十里，气势汹汹的刘邦再一次落荒而逃。

刘邦恼怒至极。他之所以落败，完全是因为韩信和彭越没有如期赶来会师。如果三军夹击，项羽岂能逞威？他破口大骂，难听的话真难以形诸笔墨。

等刘邦骂够了，张良上前说道："此二人观望不前，盖因大王分封不够。"

刘邦道："韩信现在已是齐王，彭越亦是魏相，他们还想怎样？"

"大王对他们的胃口可能估计不足。魏王豹已死，彭越一定指望封王。至于韩信，也许是对大王有猜疑。依臣之见，索性把韩信的故乡楚地加封给他。如此，二人定会领兵前来。"

刘邦依言（他不得不依言）。于是加封韩信，并封彭越为梁王。不久，二人果然带着人马会师来了。刘邦对他俩殷勤款待，心中却记下了一笔账。

十一月，淮南王英布带兵来助刘邦。这样，汉军的力量就完全集中了。总兵力接近四十万，且有韩信这位从未打过败仗的军事天才负责汉军的全线指挥，专打败仗的刘邦可以放心地退居幕后了。

十二月，项羽退至垓下（今安徽灵璧县南）。他不得不后退，这回比不得彭城之役，尽管双方的兵力悬殊还不如当时，但对手变了，刘邦隐身而去，走上前台的是韩信、英布、彭越，项羽一向对这三人有些忌惮。

此外，还有那个凶神恶煞的樊哙。这家伙在沙场纵横驰骋的英姿，很有几分像项羽自己。汉军之中，唯有樊哙敢跟项羽单打独斗。

当然，还有张良。但项羽对张良的忌惮比较模糊，智与力的较量不如面对面的厮杀来得痛快和清晰。智是种什么玩意儿？他始终不大懂，正如猛虎或雄师搞不懂人会设陷阱。他至死都不明白，行动如弱柳扶风的张子房，对他构成的威胁，并不亚于亲手布置十面埋伏的韩信。

项羽直觉不妙。不过，他不怕死。他天生就是不怕死的，因为他是项羽。

项羽要虞姬离开垓下，回彭城或是回她的故乡，虞姬温柔地加以拒绝。要死就死在一块儿，她的念头十分单纯。项王战死，她也不独活了。

在中国古代，虞姬这样的女人并不少见。女为悦己者容，亦为心爱者死。视爱情为生命，那可不是说说而已，要动真格的。文明、进步的现代人会发出疑问：

这是看重生命还是轻视生命？动不动就抹脖子，是否有点……

看来，古人与今人很难沟通。

至于谁是谁非，那是上帝考虑的问题。

四十万汉军在九里山扎下大营。入夜，中军帐灯火通明，刘邦、韩信、张良、陈平等人凑在一块儿，面对一张军事地图，讨论破楚之策。说话的主要是韩信，张良和陈平不时发表补充意见。刘邦只做一件事：倾听，然后点头。

　　韩信横扫燕、赵、齐，未遇对手。这次却相当谨慎，因为对手是项羽。他为项羽布下十面埋伏的阵法，此阵是他的平生绝学之一，层层相围，回环相应，既坚不可摧又牢不可破。据说此阵法来自《周易》的启示，为韩信所独创，他从未使用过。现在对项羽使用，或许可以称作对这位西楚霸王献上的一份厚礼。除了项羽，没人有资格收受它。

　　一切安排停当，韩信亲自领军三万，到楚军营前挑战。

　　项羽听说韩信挑战，立刻披挂出阵。他看不起刘邦，弄不懂张良，却对韩信极为忌恨。韩信调度三军远胜于他，这点他不会不懂。当年的胯下小儿和帐前小卒，竟敢欺上门来，视西楚霸王为无物，项羽怎能忍气吞声不出战！

　　你来得正好，项羽一面飞身上马，一面心想。我纵使杀不得刘邦，也定要取你韩信首级。善战的小子，且陪我踏上黄泉路吧！

　　项羽挥槊杀来，韩信挺枪迎上。韩信打仗神出鬼没，枪法却寻常；项羽打仗寻常（与韩信相比寻常，与刘邦相比则大不寻常），枪法却神出鬼没。战十余合，韩信便只有招架之功。不过，能与项羽战十余合而不被一枪刺于马下，已经表明他不是泛泛之辈。对韩信的军事生涯来说，这次挑战项羽，无疑最危险，也最具刺激性。后来，当项羽成为神话，每个跟项羽战过几回合的汉军将领都有一种永远的自豪感。韩信亦不例外。

　　项羽越战越勇，嚎叫着，恨不得生吞韩信。英布拍马上来，双战项羽。项羽全无惧色，力敌二将。这两个人都曾是他的部下，他要把他们打翻，碎尸万段。英布也渐渐招架不住了，韩信叫声不好，二人拨马便走。

　　项羽紧追韩信，撇开英布不管：杀十个英布也不如杀一个韩信。身后的钟离昧、季布大叫别上圈套，项羽哪里肯听？他已经杀红眼了。韩信的背影像一块磁石，吸牢了他的目光。他唯有一个念头：杀韩信，杀！

　　韩信转入一片小树林，忽然不见。

项羽正四顾间，忽听一声炮响，伏兵四起，为首的汉军仍是周勃、灌婴。项羽奋力杀退二将，冲出包围，扭头对身边的楚军道：

"韩信的什么鸟阵，不过如此……"

话音未落，又是一声炮响，两路汉军从左右袭来。左边曹参，右边樊哙。曹参直取楚军大将季布。樊哙独斗项羽，竟缠斗五十合，不分胜负。项羽逢对手，战得兴起，樊哙虚晃一枪，溜了……

如此一而再，再而三，三而四……汉军如蜂如蚁，绵绵不绝地冲杀过来，饶是项羽神勇，也是多处受伤，血染战袍，十万楚军阵亡过半。天色将晚，项羽才杀开一条血路，逃回垓下大营。汉军渐停攻击，只将楚营团团围定。

项羽跌跌撞撞地走进大帐，虞姬迎上来。她第一次看见她神勇盖世的男儿如此仓皇，不觉泪流满面。项羽擦掉她的眼泪，笑道：

"胜败乃兵家之常。你不用悲伤，明天我一定把那些个汉兵杀退。"

项羽哄虞姬，虞姬如何不知？越发泪如雨下……

案上摆满美味佳肴，虞姬无心动箸，只痴望着项羽。项羽拼杀一整天，腹空如洗，埋头大嚼起来。虞姬默默地为他斟酒。

帐外，冬季的寒风往来奔突，听上去像是刘邦的千军万马。

项羽躺到榻上，转眼入梦。他太疲倦了，第二天还要接着厮杀……

虞姬坐于榻旁，像一尊玉雕。

夜半，忽听空中飘来洞箫之声。悠长的箫声中，楚歌四起。歌云：

九月深秋兮四野飞霜，天高水涸兮寒雁悲伤。最苦戍边兮日夜彷徨，披甲持戟兮孤立沙岗。离家十年兮父母生别，妻子何堪兮独宿空床？白发倚门兮望穿秋水，稚子忆念兮泪断肝肠。家有余田兮谁与执守？邻家酒热兮谁与之尝？一旦交兵兮倒刃而死，骨肉为泥兮裹草蒿凉。魂魄悠悠兮往之所以，壮士寥寥兮付之荒唐。汉王有德兮降军不杀，指日擒羽兮玉石俱伤。我歌岂诞兮天谴告汝，汝其知命兮勿为渺茫！

九里山绝壁之上，一白衣人持箫而立，修长的身材，飘动的衣襟，像是天降玉女。

此人是张良。

张良箫声一起，数百汉卒便依声而歌。这些汉卒，大约经过了精心挑选，个个的嗓音都接近专业水平。这是一支庞大的合唱团，一遍又一遍唱着张良编的楚歌。字字入肺腑，声声进愁肠，楚军几乎全都竖起了耳朵。天寒地冻，战地悲凉。谁不思父母，谁不念故乡？谁愿意娇妻美妾独卧孤床？更不用说倒刃而死、骨肉为泥！"娘啊""爹啊"，楚卒开始呼号，泪眼望泪眼，心中思逃亡。

楚歌唱了十余遍，楚军散了八九成。

张良这支歌，因之而成为千古绝唱。可惜曲谱失传，只剩下这歌词。

不单楚卒逃亡，楚将也纷纷溜走。季布和钟离眜不知去向。这是项羽手下仅存的两员大将，他们带头逃跑，中下级军官随之一哄而散。

项伯也逃了。这倒不让人感到意外，虽然他是项羽的叔父，但明里暗里帮着刘邦，从鸿门宴一直帮到广武山对峙——刘太公免遭烹杀，有他的一份功劳。出卖朋友可耻，出卖亲人可憎。但项伯留给人的印象，更多的是滑稽。他并非存心出卖项羽，而是莫名其妙地一再帮助刘邦，好像刘邦对他有种特殊的魅力，他总是身不由己地偏向对方。

这次不是身不由己，是出自预谋，是生死关头对项羽的背叛。项伯这一走，项氏家族的许多人也跟着出走，这些原本姓项的人后来都被赐姓刘。汉代以前，姓刘的并不比姓项的多。汉代之后，前者就远远超过了后者。时至今日，刘姓之成为大姓，与汉高祖刘邦有很大关系。笔者亦姓刘，谨此向汉高祖呈上一份敬意。

项伯逃入汉营,受刘邦厚待,自不在话下。不久,他被刘邦封为射阳侯,一直过着上等人的日子,高寿,子孙绳绳,叛徒的结局竟是寿终正寝。

被张良的一曲楚歌横扫后的垓下楚营,七零八落,只剩下八百人。

这八百人堪称八百壮士。

包括一位女壮士:虞姬。

楚歌声中,虞姬也掉泪了。女人心肠,毕竟听不得悲伤之曲。但悲伤使她更靠近项羽——她一生中唯一的男人。她默默地掉眼泪,抚摸熟睡中的、孩子般的项羽。大势已去,她不忍心叫醒他:让她的男人做最后一次梦吧。

项羽的嘴角露出一丝笑意。大概正在做美梦。

一再响起的楚歌和帐外的嘈杂声,终于把项羽从美梦中惊醒。项羽茫然四顾,及至明白是怎么回事时,所有的英雄豪气都化为一声长叹。

项羽也开始唱歌了。这是人生末路的慷慨悲歌:

> 力拔山兮气盖世,时不利兮骓不逝,骓不逝兮可奈何,虞兮虞兮奈若何!

虞姬早已泪流满面,和而歌之:

> 汉兵已略地,四面楚歌声。大王意气尽,贱妾何聊生。

项羽悲歌,虞姬泣和,双双涕泪纵横。左右军卒侍女皆痛哭失声。

虞姬歌罢,乘项羽不备,挥剑自刎。一代佳丽,倒在了血泊中。项羽大恸。

今天,虞姬墓仍存于安徽省灵璧县城东十六公里处,灵泗公路之南，唐河之东。怜香惜玉的男人们不妨去凭吊，以寄托千年哀思。清末的一位才子在墓前的石碑上刻下了两行字：

虞兮奈何自古红颜多薄命
姬也安在独留青冢向黄昏

项羽草草收葬虞姬之后，趁天色未明，率残部突围，向南疾走。韩信闻报，急令灌婴引五千骑兵追赶。

项羽渡过淮水，进入阴陵县境（今安徽定远县东南），虽然身边只剩百余人，但总算突出了汉军重围。然而天意容他不下，当他向一个在田间干活的老农问路时，老农顺手一指：

"你向左直走吧。"

项羽向左直奔，奔出十余里，见一大湖挡住去路。情知上了老农的当，又打马而回，老农已从田间消失。原来老农认识项羽，恨其暴虐，所以要欺骗他。

项羽再寻路时，汉军骑兵已追了上来，一阵掩杀。项羽退至一座小山上，身边只有二十八骑。一员汉将紧跟着冲上山，大概想擒项羽，立头功。

项羽对诸将道："你等看我斩杀此将！"

言毕，拍马上前，只一合，挑汉将于马下。二十八骑呐喊着冲下山来，杀入汉军之中。这二十八骑既是勇士，又是亡命之徒，个个奋勇拼命，形如猛兽。汉军一倒一片，五千骑竟对二十八骑没奈何。只听项羽一声召唤，分散开来的二十八骑又会合一处，以雷霆之势，将层层包围的汉军杀出一个缺口，直至乌江边上。

项羽检点人马，二十八骑只少了两骑。而汉军死伤少说也有数百。项羽与二十六个楚军壮士相顾而笑，除了项羽，谁都以为自己已经死里逃生。

乌江边上，一江东老翁正泊船以待。

而项羽拒绝过江东。

理由很简单。下面是《史记》中的一段原话：

> 乃天亡我，何渡为！且籍与江东子弟八千人渡江而西，今亡一人还，纵江东父兄怜而王我，我何面目见之哉？纵彼不言，籍独不愧于心乎？

项羽把乌骓马赠与老翁。他对老翁说：

> 吾知公长者也，吾骑此马五岁，所当亡敌，尝一日千里，吾不忍杀。以赐公。

项羽回身再战，又杀死汉军数十人，自身亦受伤十余处。在生命的最后时刻，这位盖世无双的勇士表现了足够的幽默感，他见汉军中有个熟人叫吕马童，便向吕马童大声呼叫：

"我闻刘季悬赏，得我头者赐千金，封万户侯。你且过来，我卖个人情给你！"

说罢，拔剑自杀。时年三十一岁。

汉军拼命抢尸体，项羽的尸身被分成五块，吕马童得了一条腿，后被刘邦封为中水侯。其他四人：王翳、杨喜、吕胜、杨武，也俱封侯。

项羽死，持续四年的楚汉战争宣告结束，刘邦得以一统天下。

第十四章　布衣终换龙袍

汉五年（公元前 202 年）十二月底，刘邦率领他的谋臣战将离开尚未打扫的战场，向北进发。大路旁、田野中，到处是楚军丢弃的辎重、粮草、兵器，还有那些横七竖八的尸体。时值隆冬，北中国朔风怒号、雪花飘拂，但驱车行进在淮北战场上的刘邦却是热血澎湃，思绪万千。

刘邦知道，经过七年血战的洗礼，他已经是中国大地的主人了。当年在咸阳街头仰望秦始皇作威作福的那个小小的亭长、土得掉渣的乡巴佬，如今正大踏步走向龙椅——人间至尊的象征符号。

不过，刘邦并未得意忘形，称帝之前，他还有些事情要做。

首先是兵权问题，这是至关重要的。枪杆子里面出政权，没有兵权的政权，则形同虚设。而兵权的问题，实际上就是韩信的问题，因为迄今为止，韩信手中拥有的兵权比谁都大。

韩信驻兵定陶，刘邦就前往定陶。他故伎重施，突然出现在韩信的大帐中。韩信慌忙迎驾，仓促之间，刘邦顺手拿掉了他的兵符。

刘邦要韩信择日返齐。仗打完了，韩信应当回到自己的封地。

韩信唯唯，他只能唯唯。汉王既是他感激的对象，又是他畏惧的对象。没有刘邦就不会有他的今天，他始终记着这一点，而知恩图报是他做人的一大原则。不过，刘邦又有点吓人，对待臣下常常神出鬼没，像韩信打仗。凭韩信的力量，足以横扫千军，摆平不可一世的项羽，而刘邦一旦出现在他面前，这种力量便自动消失了，刘邦说什么是什么，韩信只能照办。

韩信正欲动身返齐，刘邦又下一道令，改封韩信为楚王，理由是，韩信是楚人，楚地由楚人来治理，比较合适。韩信没说什么，依旧遵命。

齐地连城七十，地广人众，且有鱼盐之利，自古以来就是东方大国，韩信为齐王，刘邦自然不放心。相反，淮北地方地瘠民贫，四面又无险可守，由韩信经营其地，即使他日后反叛，也比较容易对付。刘邦这一着，可谓十分高明，不管韩信想没想到刘邦真正的目的所在，总之，他必须前往楚地。

韩信默然启程，心里不大痛快，却也只能自己安慰自己：称王故乡也不坏。

到楚都下邳，韩信派人寻来了两个老相识：漂母和王二，并对前者赠以千金。所谓得人滴水之恩，当涌泉相报。漂母认出了当年的潦倒少年，自是老泪纵横，欢喜无状。王二却吓得屁滚尿流：我的妈呀，这可不得了，昔日的胯下之辈，如今竟高坐王位！他叩头叩得山响，只求韩信免他一死。如果韩信允许的话，他宁愿钻韩信的胯！但话到嘴边没能说出口，他担心自己不配：楚王的胯乃是金胯，岂是他王二能钻的？

韩信不杀王二，反而封王二做了个小官。臣僚不解，韩信解释说，是王二教他学会了什么叫做忍。王二亦复欢喜无状，从此四处宣讲楚王博大的胸怀。

韩信在自己的封地待了个把月，又接到汉王诏令，匆匆返回定陶。

刘邦打算在定陶称帝。

但此事不能由刘邦自己开口，刘邦如果对群臣说：我想做皇帝，你们择个吉日让我登基吧。那就不大好，缺少风度。于是，由韩信牵头，七个诸侯王联名上书，恭请刘邦做皇帝。书中把刘邦大大称颂了一番，刘邦看后很高兴，召集群臣开会时，还要谦虚一下。他对韩信等人说：

"我听说帝位是贤明之人所有的，虚名无实者，殊不足取。这个皇帝，我还是不做为好。"

群臣齐声道：

"大王从微小的职位上起兵，迅速诛灭暴秦，平定天下。又以汉中僻陋之地，行威德，诛不义，立有功，使有功之臣为王或为侯，可见大王决无一己私意。大王不称帝，受封赏的人反而于心不安。大王称帝，则天下幸甚，国家幸甚！"

刘邦还想推辞，群臣干脆跪请不起，大殿中黑压压跪了一片。这景象使刘邦极其满意，他抑制住兴奋，对群臣说道：

"诸位一定让我称帝，那么，为了国家的利益，我就听从大家的议定吧。"

二月初三，刘邦在氾水北岸的一个土台上举行了登基大典。

今天，当年清清亮亮的氾水已被数度决口的黄河水淤成了一马平川。在定陶县城之北的田野上，还孤零零地矗立着一座土台，它就是当年刘邦登基的地方，从当时的情况推断，刘邦登基的仪式必定是十分简单，甚至有点寒碜。大战甫毕，百业凋零，经济残破，人口锐减，物资匮乏，而刘邦登基的地点，既不是秦都咸阳，亦不是洛阳之类古老的名城，而是屡经战乱的定陶，当时的定陶，差不多是一片废墟。

这位早年以嬉皮著称的皇帝，看重的不是仪式本身，而是它的象征意义。名正言顺，这点很重要。从此以后，中国这个偌大的国家将归入他的掌心。

登基仪式上，汉高祖刘邦封吕雉为皇后，立刘盈为太子。曾与神龙交合而生下刘邦的刘媪，被追封为昭灵夫人。刘媪死得太早，无福享受太后的尊荣。

大汉皇朝的国都定在洛阳。

五月，刘邦迁往粗具规模的洛阳城。这座历史名城，始建于西周，至汉初已有八百余年。刘邦派人修缮了宫室，加固了城垣，打算在这儿长住。

这天，刘邦设宴南宫，召群臣共饮，群臣频频举杯，气氛十分融洽。博士叔孙通一再提醒刘邦注意形象，意思是让他板起面孔，不苟言笑，但刘邦随便惯了，哪能受许多约束。酒至半酣，他心血来潮，让大家给他提意见，必须说真话，不能说假话。群臣你瞧我，我瞧你，没人站出来，包括樊哙这样的提意见的专家。群臣不提意见，倒不是怕刘邦降罪，而是担心刘邦骂人。刘邦骂人，总是骂得你狗血淋头。举座之中，大约只有张良没挨过骂。张良的情况不同，他是帝王师，刘邦向来以先生事之。学生骂老师，那就太不像话。

百官不开口，刘邦不高兴了。他要搞群言堂，而不是一言堂。百官不提意见，似乎是怕他，他又想骂人了，不是骂某一个，而是骂全体，自然也就包括张良。张良可不愿自己的一世清名一朝受损，于是推了推恰好站在他身旁的王陵说：

"你去说几句吧，你是陛下的老乡，又救过太上皇，即使说错了，陛下也不会责怪你。"

王陵就站了出来。另一个叫高起的将军也跟着站出来。两人时常一块儿打仗，现在又一块儿向高祖提意见，准备要挨骂也一块儿挨骂。

王陵、高起向刘邦说道：

"陛下某些方面不如项羽。比如陛下平日待人，常常粗傲欠礼，而项羽就不是这样……"

说到这儿，两人顿了顿，察看刘邦的脸色。刘邦好像无异色，也不加鼓励。两人赶紧来一个转折词：不过……

"不过，"两人说，"陛下派人攻城夺地，每取一城，即作为封赏，能与天下共利，所以人人都愿意为陛下卖命。项羽妒贤忌能，有功者害之，贤者疑之，战胜了不给记功，大家得到土地也不给分利，这种人，不失掉天下才怪哩。"

项羽被说成"这种人"，刘邦脸上有了笑意。他对二人笑道：

"你们只知其一，未知其二。我与项羽不同，主要表现在用人上：运筹帷幄之中，决胜千里之外，我不如张子房；镇国家，抚百姓，供粮饷，我不如萧何；统百万之众，战无不胜，攻无不取，我不如韩信。此三人乃当世奇才，我能任用他们，所以能取得天下。而项羽，只有一个范增，还将其赶走，不被我打败才怪哩。"

刘邦一通高论，群臣心悦诚服，山呼万岁，又一齐喝酒。大家把赞赏的目光转向张良，因为张良被高祖列为三大奇才之首，还因为张良不居功自傲，刘邦要他自择齐地三万户，他拒绝了，只受了个小小的留侯，食邑不到三千户。

张良不居功，不等于群臣不居功。张良的举动，有一种说法叫做功成身退，但知道这种说法或理解这个词的人并不多。大丈夫活在世上，但求有功，好不容易有了功，却要身退，凭什么呢？倒不如功成身进。

于是，群臣吵吵嚷嚷，都说自己的功劳大。武将说武将不得了，文臣说文臣不得了，武将和文臣之间发生了严重分歧，各自推出自己的代表，上朝之时，请刘邦裁决。武将推出曹参，文臣推出萧何，让这两人比试比试，谁的功劳当居第一。

曹参和萧何被推了出来，彼此笑笑，都有点儿尴尬。他们是二十年的老友，此刻各自代表一个利益集团，不得不摆出对手的架势。曹参当众展示身上的伤痕，大大小小七十多处，每一处都令人感慨万千，联想到刀光剑影，战场上的血腥。萧何却没啥好展示的，他身上找不出一个伤疤，脸上还堆着肥肉，表明他在后方一直吃得不错：搞后勤嘛，顺手捞点儿，可以理解。萧何脸红了，和出生入死的曹参相比，他觉得自己似乎无功可言。

这时，一个叫鄂千秋的辩士站出来，诉说萧何的功绩：萧何如何理政，如何保证前方需要的辎重，如何制定法度，等等。鄂千秋竭力表明，没受过一处伤的萧何功在受过七十多处伤的曹参之上。

鄂千秋属文臣集团，文臣为文臣说话，不足为凭。武将们仍在展示着伤疤，樊哙、灌婴、夏侯婴、王陵、高起等人纷纷撩起衣衫，专司礼仪的叔孙通气得面皮发紫。

高坐龙椅的刘邦一声大喝，乱哄哄的大殿才安静下来，许多人又忙着系衣带……

刘邦生气了，肯定又要骂人。骂谁呢？骂文臣还是武将？

百官全都屏气静息。

但这次刘邦没骂人，他打了一个比方，把萧何比作猎人，把曹参比作猎狗。他说，猎狗总是跑在前面，看起来比猎人更为辛苦，却不能因此就说，猎狗比猎人功劳大。

对武将们来说，刘邦的这个比喻，比骂人的话难听多了：他们推出的代表曹参竟然被说成一条狗，这意味着他们全都是狗，是一个狗集团，被人集团呼来呼去，指向哪儿他们就冲向哪儿。

武将们一个个脸色难看，做声不得，没人敢站出来，声称他不是一条狗。

刘邦裁决的结果是：萧何功居第一，封酂侯，食邑八千户。文臣集团欢声雷动。

武将们尽管沮丧，但刘邦待他们并不薄，就封侯的数量而言，武将仍比文臣多，万户侯就有好几个。而微妙的是，曹参被定为功居第二，但食邑超过萧何两千六百户。这意味着什么呢？武将们沮丧之后，又纷纷窃喜。

最终的结果是：两个集团的人皆大欢喜。

不言而喻，这是刘邦搞的平衡战略。这种领导艺术，值得领导者好好学习。

论功行赏，是一件很令人伤脑筋的事，刘邦称帝后，花了一年多时间，开了无数次会，才把这件事大致办妥。封赏部属的同时，他又致力于清洗敌对势力的余党。

刘邦除了以强力胁迫原六国贵族后裔服从自己的意志之外，对于逃匿民间的楚军及其盟军将领也发出了追捕令。两个楚军名将：季布和钟离眜都藏在民间，刘邦悬赏千金买他俩的人头，并布告说："敢有舍匿，罪及三族。"

彭城之战，季布领兵紧追刘邦，使刘邦差点丧命，现在刘邦千金买他的人头，亦在情理之中。季布四处藏匿，最后躲进鲁国一个姓朱的大侠家中。朱大侠不重千金，只重义气，他亲自跑到洛阳，找到汝阳侯夏侯婴，为季布求情，还讲了一通道理，大意是各为其主，季布当年紧追刘邦并没有错。

夏侯婴觉得朱大侠言之有理，便转达给刘邦。刘邦听后一笑，立即宣布赦免季布的死罪，又亲自召见季布，好言慰藉一番，拜他为郎中。季布对刘邦感恩戴德，从此死心塌地效忠汉廷，其忠心，超过刘邦的许多老部下。文帝时期他还担任过河东（今山西夏县）郡守，勤政安民，甚有政声。楚人谚曰：

"得黄金百斤，不如得季布一诺。"

季布被刘邦赦免，并得到重用，一个叫丁公的人在民间耐不住了。此人亦系楚军将领，季布在彭城之战时逼刘邦甚紧，而丁公曾在与刘邦短兵激战时放过刘邦一马。一逼一放，区别就大了，季布官拜郎中，丁公岂不是要封侯！

这丁公兴冲冲赶到洛阳，殊不料刘邦二话不说，喝令推出斩首。

丁公傻了眼。行刑之前宣读罪状，原来他没有"各为其主"。

刘邦这种有悖常理的举动，司马光在《资治通鉴》中大加赞赏：

"戮一人而千万人惧，其虑事岂不深且远哉！"

丁公有罪，但罪不当斩，否则项伯卖主求荣、受刘邦厚待又作何解释？关于这点，刘邦自己说得很明白："朕斩丁公，为使后为人臣无效丁公也！"

丁公死得莫名其妙，而田横五百壮士之死，则死得明明白白。

刘邦称帝不久，有司来报，说故齐王田横藏匿于一海岛上，有党徒五百余人。原来，自韩信平齐后，田横投奔了彭越，彭越被封为梁王，田横为避祸，逃到海岛上。

刘邦遣使到岛上招安，使臣无功而返。田横曾与其兄田广烹杀郦食其，担心刘邦治罪。刘邦知道了这一层，唤来郦生的弟弟郦商，当面告诫说：

"田横即将来朝，你如为兄报仇，私下陷害于他，我就灭你的三族！"

国家利益高于个人恩怨，郦商不从亦得从，除非他不想活了。

刘邦再次遣使持节往召田横，并令使者传谕：

"田横所虑，朕已为除。如来，大可封王，小则封侯。倘若违诏不至，朕将发兵加诛！"

刘邦语气强硬，田横不得已，方带了门客二人，随使臣登岸，前往洛阳。

这一日，一行四人到距洛阳三十里的尸乡住下，田横让汉使先回洛阳复命，他要住一夜，洗头洗澡，第二天再整衣入见汉皇。使者便不相疑，先自入城。

汉使一走，田横即对二门客说：

"我田横和汉王当初都南面称孤，今天汉王做了天子，我沦为亡虏，这耻辱已经够难忍受了。况且，我烹了人家的哥哥，再跟其弟同朝事君，纵使他们畏惧天子的诏令，不敢动我，我心里就不感到惭愧吗？汉帝所以要见我，不过是想看看我的容貌罢了。现在我自杀，你们砍下我的头，驰往洛阳，我的形状容貌大约还不至于改变，汉皇还可以看到我的本来面目！"

言毕，拔剑，刎颈身亡。

二门客阻拦不及，抚尸大哭一场，然后依言割下田横的头，携往洛阳。

刘邦闻报，急令召入。他细看田横首级，容貌如生，尚有刚毅之气，不觉叹道："田横兄弟三人，起自布衣，相继为王，真乃当今贤士。可惜，可惜！"

刘邦以王者礼仪厚葬田横，那两位门客却在田横墓前双双自杀。

消息传到岛上，田横手下的五百壮士全部自杀。

在中国历史上，这无疑是最壮烈的事件之一。

天下轰动，刘邦震惊。不管后人对忠义的评价如何，此事千古流传。

田横墓至今存于河南偃师县境内，古往今来，凭吊者从未断绝。

汉高祖刘邦在洛阳住了不久，一个叫娄敬的人劝他迁都关中。这是个小得不能再小的陇西戍卒，身材矮小，衣服破烂得不像样，脚下穿一双草鞋。娄敬专程从陇西赶到洛阳，向刘邦献策。凭他这种小人物，见刘邦谈何容易。他找到一位同乡虞将军，请求引见。虞将军答应引见，却劝他换一身好看点的衣服，然而娄敬坚决不换。下面这句话，出自《史记·刘敬叔孙通列传》：

臣衣帛，衣帛见；衣褐，衣褐见。终不敢易衣！

可见娄敬的倔脾气，很有几分像高阳酒徒郦食其：高人的风度，大抵有相似之处。娄敬入朝，当着文武百官的面，说关中好，洛阳不好。他衣着寒伧，形容猥琐，口音又难听，居然开口就让高祖迁都，百官只把他当成笑料，唯有刘邦静静地听着。

娄敬站在金殿上，一口气说了许多，照例从古代说起，从周朝说到当今汉朝。这是辩士的通用文本，非旁征博引，不能显示博学。

娄敬显示了博学，一些人便开始竖起耳朵听高论，虽然他们仍然看他不顺眼。

娄敬建议迁都，主要是基于对地理形势的分析。他指出，洛阳虽处天下之中，却是争战之地，而连年战乱，洛阳所在的关东地区遭到的破坏非常严重。与洛阳相比，关中的有利条件要多得多。关中土地肥沃，人口众多，周秦以来所受战乱远较洛阳为轻。关中北接黄土高原，西靠陇西丘陵，南界秦岭，东凭黄河，形成一道天然屏障，进可攻，退可守，不失为建立国都最理想的地区。

刘邦边听边点头，他很佩服娄敬的识见，不过迁都事大，他需要广泛征求意见。征询的结果使刘邦颇为吃惊：满廷之中，几乎无人同意迁往关中。

刘邦的部下多为中原人，对自己的家乡有特殊的感情。但他们不说这一层，只说秦朝二世亡于关中，关中非吉祥之地，建都关中，岂不是要步秦朝的后尘？

百官坚决反对迁都，刘邦踌躇了。娄敬的意见遭到众臣断然否定，他也显得很沮丧。看来他是白跑了一趟，着实倒霉。原指望从此脱颖而出，做大事，顺便升官发财，却被大家斥责一通，他转而怀疑自己的建议是否真有道理。真理有时在少数人手中，可惜当时远未流行这句话。娄敬一向崇拜丞相萧何，可是连萧何也反对他，他还有什么话说？只能沮丧。

在百官的一致反对下，刘邦大致同意不迁都，不过，他还想问问张良。

张良身体不大好，被刘邦特许，一般情况下不上朝。迁都之事，非同小可，刘邦召他入朝，把娄敬所言和百官的否决都讲了一遍。娄敬亦在殿上，眼中掠过一丝希望。

娄敬的希望没有落空：张良赞成迁都关中，刘邦的眼睛也为之一亮。

百官哗然。不下十个人站出来，同张良争辩，但他们哪能辩得过这位天下第一辩士？张良力排众议，把灰头土脸、缩到了人群之后的娄敬重新推到前台。

娄敬又容光焕发了。

刘邦对张良向来言听计从，于是下决心迁都。

娄敬献策有功，被封为郎中，赐姓刘，号奉春君。娄敬一变而为刘敬，并从此开始衣帛了。满朝文武对他刮目相看，张良高看他，他们也就高看他。因为在他们眼中，深居简出、一味练吐纳之术的张良已接近神仙的境界。

七月，刘邦迁栎阳暂住，命萧何西入咸阳，监修被项羽毁掉的宫殿。

新建的都城，命名为长安。

刘邦在栎阳坐等长安建成一座宏伟壮丽的新国都，却等来了燕王臧荼造反的消息，这对他不啻是当头泼下一盆冷水。燕王造反的原因不明，大概以为关中距燕地遥远，刘邦不会劳师远征。然而刘邦偏要远征，且是亲征。

在蓟城（今北京市西南）外，汉军与燕军相遇，一仗而决胜负：燕军大败，退守蓟城。几天后，蓟城被攻破。刘邦生擒臧荼，恨其无端造反，下令斩首。

这燕王据说一向胆小，忽然扯旗反叛，很可能是受了某些辩士的怂恿，一时昏了头。辩士闯下大祸，溜之大吉，燕王及其家族却遭受灭顶之灾，只一个弟弟逃脱，往北投了匈奴。刘邦抓住这件事，传檄各地，大做文章：这就是叛国者的下场！

新立的燕王是卢绾。

卢绾与刘邦同年同月同日生于同一个小村：中阳里。这很不容易，刘邦有理由对他格外看待。这是个面皮白净的、文静的男人，既不善文，也不善武，立功的机会太少。刘邦能让他随便出入自己的卧室，却不能随便封他为王。这次平乱，机会正好：燕王本不堪一击，刘邦有意让卢绾为三军统帅，燕地一定，便封他为燕王。刘邦此举，大家也不说什么，毕竟卢绾与刘邦的关系过于特殊，普天之下，再无第二人。

刘邦班师回栎阳，萧何兴冲冲地入宫禀报，说长安第一宫——未央宫已粗具规模，请刘邦到长安视察。

未央宫富丽堂皇，单是门观就高达三十丈，前殿、武库、大仓廪，也都巍峨壮观。不失布衣本色的刘邦看后有些恼怒，对萧何说，天下战乱多年，百姓的生活还那么苦，为什么要修如此豪华的宫殿?

萧何解释说，天子以天下为家，没个壮丽宫殿，就显得不够气势。未央宫是一座永久性的宫殿，所以才搞得如此堂皇，别的宫殿并不都是这样的。

刘邦这才没说什么。况且，盖起的宫殿就得有人住，刘邦不住，谁去住? 后来，未央宫正式落成，刘邦在宫中大宴群臣和诸侯王，把太公也请来了。其时不叫太公，叫太上皇。刘邦亲捧玉杯，向父亲祝酒。他的祝酒辞却是一句俏皮话："当初父亲大人一直认为我是个无赖，成天东游西荡，不治产业，比哥哥刘仲差远了。父亲不妨说说看，今天我和刘仲比，谁治的产业大呢?"

殿上一片哄笑。许多人笑得东倒西歪，笑得淌出了眼泪。他们深知笑得越欢，高祖和太上皇就越高兴。这叫做君臣一堂，其乐融融。

不过，座中少了一位大家都非常熟悉的人：韩信。

刘邦移都长安，设盛筵于未央宫时，韩信尚未死，只是软禁在长安，但一般抛头露面的场合已与他无缘：他的政治生命和军事生涯均已宣告结束，从此，只能老老实实地做人，不能乱说乱动。

韩信搞到这步田地，是因为有人告他谋反。

汉六年（前201年）十月，刘邦至洛阳，在宫中接受群臣新年朝贺。有人上书，说钟离眜躲在韩信家中。刘邦吃了一惊，派人潜至楚都下邳查询，果有其事。

当年同在项羽麾下时，韩信和钟离眜有些交情，但两人在楚军中地位悬殊，这种交情想必不会很深。现在，钟离眜是刘邦通缉的要犯，悬赏千金十分可观，民间暗中查访他的人一定很多。他实在躲不下去，才跑到楚国找韩信。

韩信收留了钟离眜。

韩信既是楚王，在楚国就是他说了算。收留一个钟离眜，他认为问题不大，而刘邦关于私藏要犯灭三族的谕旨，只是针对一般人，不会针对他这种显赫人物。由此观之，韩信在考虑利害关系时显得很天真。

再者，韩信重义。钟离昧来投奔他，前提是信任他，如果他把钟离昧交出去，岂不是出卖朋友？

韩信不愿出卖朋友，然而出卖他的人大有人在。

不断有人跑到洛阳，向刘邦报告钟离昧的消息，他们当中既有官员，亦有寻常百姓。不用说，他们全都是冲着那千金重赏而去的。由于互相不通消息，谁都以为自己是第一个密报者，而邀赏心切，就难免添油加醋，说韩信在楚地招兵买马，时常与钟离昧密谈到深夜。

刘邦相信了，认为韩信已有反意。

燕王无端造反，使刘邦对所有的异姓诸侯王有了戒备。而对韩信，他原本就不大放心，这位马上得天下的皇帝，对战无不胜的韩信不放心，应该说不难理解。

韩信造反，问题就非常严重。刘邦欲发兵征讨，但自忖根本不是韩信的对手。问部将，部将个个摇头，谁都害怕做先锋：武艺一般的韩信比项羽更可怕，且不说他身边又多了一个钟离昧。

刘邦发脾气，大骂武将。然而骂归骂，问题还需要解决，武将不能解决的问题，只能靠文臣来解决。

张良已不问世事，陈平现在是首屈一指的谋臣，他向刘邦献上一条计。

"如此如此……"陈平说。这美男子已步入中年，仍然是个美男子。

刘邦笑了。当即对陈平表示，事成之后，赏他十个美女，并金帛若干。

奇计迭出的美男子拜谢而退。

当天，刘邦遣使四出，说他欲游云梦（今潜江县西南），诏令诸侯会集陈地。

韩信在下邳接到皇诏，顿生疑虑。时下他已得知有人将钟离昧之事密报高祖刘邦，刘邦此行，多半与他有关，而陈楚交界，不去又不好。

属下献计说，高祖所忌者，无非是楚王收留钟离昧。将钟离昧斩首，人头献与皇上，则可免去灾祸。

韩信不得已，唤来钟离昧议论此事。几句话之后，钟离昧已知其意，不禁大骂韩信背信弃义。韩信任他骂，只垂首不言。你死我活的时刻，韩信顾不了许多。钟离昧骂够了，一声长叹，拔剑自刎。

韩信携了钟离昧首级，满怀希望地前往陈地，进门即被武士拿下。

现在，轮到韩信仰天长叹了：

"古人有言：'狡兔死，走狗烹，飞鸟尽，良弓藏，敌国破，谋臣亡。'现强楚已破，天下已定，我韩信这种人，当然应被烹杀。"

刘邦大笑。

韩信被押到洛阳。刘邦移都长安，身为囚犯的韩信也随之前往长安。时间长了，刘邦不免想起韩信的好处来，于是下诏，只将韩信降为淮阴侯。

韩信在长安过了几年清闲日子，他不能离开京城，不能在某些场合抛头露面，但在京城之内，他大抵是自由的，过着上等人的生活，锦衣玉食，娇妻美妾，样样不缺，缺的是展示才华和重返仕途的机会。

刘邦有时召他进宫闲谈。一次，刘邦问他：

"依你看，朕能领多少人马？"

韩信老老实实地回答：

"陛下至多能领十万人马。"

刘邦又问：

"你能领多少？"

韩信道："多多益善。"

刘邦笑道：

"那你为何被朕所擒？"

韩信愣了片刻，方答道：

"陛下虽不善于领重兵作战，却善于领导将领，为此臣才被陛下所擒。"

韩信在长安闲待着，待闷了也串串门。这天，他敲响了舞阳侯樊哙的门。樊哙见是韩信，立刻受宠若惊，仍像军中一样，向当年的大将军行跪拜之礼。韩信在樊哙家中坐了坐，实在没什么可谈的，便辞别而出。

到门外，韩信不禁失笑：

"我韩信居然跟樊哙为伍！"

韩信老是觉得闷，想改变处境，这个想法终于导致他真的生出反意。

汉十年（前197年），韩信串通代相陈豨谋反。陈豨由于对付匈奴，手上有许多人马，他在代地起兵，而韩信在长安作内应。

刘邦北征陈豨，韩信称病不从，准备趁高祖不在，发兵围攻吕后，但这女人耳目众多，韩信的密谋败露了。

吕后毕竟是吕后，惊而不乱，她急召丞相萧何入宫商议。事关重大，萧何没有选择的余地，只能站在吕后一边。他亲自去见韩信，说高祖遣使报捷，诸将皆贺，而韩信处于特别时期，也应入宫道贺，以释前嫌。

韩信糊里糊涂地跟随萧何入长乐宫，即被吕后拿下。

当初，萧何月夜追韩信，使韩信登上大将军宝座；如今又向吕后献计，诱韩信入宫受擒，所以后人说：成也萧何，败也萧何。

韩信落入吕后手中，自然不会有好下场。他立即被问斩，并诛三族，包括那位漂亮的羌女。一代军事天才，死于一妇人之手。

刘邦平代地，返回长安，听说韩信受诛，心中一时千般滋味，说不清是喜还是悲。他问吕后，韩信死前说过什么话？吕后说，韩信后悔当初没有听从蒯彻之言，起兵反汉。

刘邦迁怒于齐人蒯彻，将其捉拿到京城，亲自审讯，但蒯彻很能辩，又讲了一通各为其主的道理，竟被刘邦释放，仍回齐地去了。

刘邦称帝之后，一直忙于剿灭诸侯王。这些谋反的诸侯王，有一个共同的特征就是都不姓刘。刘邦剿灭异姓诸侯王，然后换上刘姓诸侯王。异性诸侯王当中，只有长沙王吴芮例外。吴芮很安分守己，勤于朝拜，所以免受剿灭。

韩信受诛之后，梁王彭越、淮南王英布、赵王张敖、韩王信、燕王卢绾也相继受诛。最令人不解的是燕王卢绾，他同刘邦同年同月同日生，情同手足，却也在暗中做手脚，想造刘邦的反。他自非刘邦对手，大败之后，转投匈奴，做了匈奴的东胡王。

最惨的是梁王彭越。

彭越受诛，亦跟故燕王臧荼有关。

刘邦亲征臧荼时，命彭越带兵合击，当时彭越在病中，不能带兵打仗，只派了个副将前往。刘邦大怒（对这种事，刘邦一向大怒），遣使严加斥责，病榻上的彭越于是大为惊恐，担心自己成为第二个韩信。有部下劝他造反，另有部下却向刘邦密告他已经造反，这使他终于从病榻上被抓起来，押解洛阳。

不过，刘邦并不打算杀掉彭越，就像他此前并不打算杀掉韩信。

彭越鬼使神差地死于吕后之手，和韩信的下场相同。

彭越被刘邦流放到偏远的蜀地，从洛阳往西行，在郑县，撞上了从长安东赴洛阳的吕后。彭越向吕后哭诉，说他十分冤枉，吕后好言劝慰，并说一切包在她身上，不用远走巴蜀罪地，彭越欢天喜地随吕后回转洛阳。

吕后一到洛阳，即对刘邦说：

"彭越是一员虎将，不能放虎归山。趁这机会杀了他，以除后患。"

刘邦略为犹豫之后，同意让吕后去处置。

吕后把彭越剁成肉酱，并灭其宗族。

刘邦称帝后的几年间，花了大量的精力来做两件事：摆平男人和摆平女人。前者已如前述，而后者主要是针对吕后。

吕后是刘邦的结发妻子，虽与审食其长期通奸，但此事似乎一直没能传进刘邦的耳朵。刘邦即位，封她为皇后，表明刘邦一直视她为身边的第一夫人。吕后开始干预朝政，为刘邦出主意，消除异己分子。她自己也有对手，这就是戚姬，天姿国色的戚姬对她构成了最大的威胁。

刘邦晚年一味宠着戚姬。吕后老了，姿色消失殆尽，她不能和丈夫同床共枕，失去了枕边耳语的机会，这使她对戚姬恨得咬牙切齿。

而刘邦在，吕后无计可施，一切只能等到以后再说。

女人最了解女人。戚姬深知吕后对她怀着仇恨，出于本能，她需要自保。她为刘邦生了个儿子如意，封为代王，这是她的资本。加上她自己的姿色，她就拥有两个资本。前一个资本使她有可能做上皇后，而后一个资本又加大了她做皇后的可能。她几乎和刘邦夜夜同床，说悄悄话、体己话的机会太多太多。

数不清的夜晚和数不清的话语，终于使刘邦心动了。

刘邦决定废长立幼：废吕后的儿子刘盈，立戚姬的儿子如意为太子。

然而，朝中大臣几乎一致反对，理由是：废立太子，会引起朝野震动，且为将来埋下动乱隐患。御史大夫周昌反对得最激烈，他是死在荥阳的周苛的弟弟，哥哥不怕死，他同样不怕死。不过他患有口吃的毛病，说话很艰难，早朝时，一再对刘邦说：

"臣期……期以为不可。陛……陛下欲……欲废太子，臣期……期不奉诏。"

刘邦脑中掠过一幕：

不久前的一天，刘邦正与戚姬调情，周昌蒙头蒙脑地闯进门，见状，反身就走。刘邦追上去，惩罚他。将其按倒在地，并骑上去，笑问：

"周昌，你说朕像谁？"

憋红了脸的周昌回答："陛下像……像……像桀纣！"

高祖一笑，众人随之，变成了哄堂大笑。

笑过之后，刘邦答应周昌，此事容后再议。

刘邦返回内宫，将朝议具告戚姬。戚姬大失所望，眼泪又顺腮而下。

刘邦说："群臣无一赞成，若强立如意为太子，恐日后也难安宁。"

戚姬说："臣妾并非定要废长立幼，但妾母子性命，悬于皇后手中，望陛下设法保全，不然，陛下千秋之后，妾母子二人……"

说着，泪如雨下。

刘邦亦悲从中来，指天发誓，要保住戚姬母子的性命。此事发誓容易，做起来难，尽管刘邦是至高无上的皇帝。皇帝也会死，而死后的事就很难说了。

刘邦永远也不会知道，在他死后不久，他最心爱的女人戚姬就被吕后砍掉四肢，挖去双目，扔进厕所，变成了一只人彘。一代佳丽竟在粪便之中爬来爬去，连惠帝刘盈看了都痛哭失声。而戚姬唯一的儿子赵王如意亦死于吕后之手。

"做人要狠。"几十年前吕后就说过这句话，就这个标准而言，她的确做得十分出色。

刘邦更不会知道，他死后，江山易手，刘氏集团臣服于吕氏集团长达十余年，经过周勃、陈平、曹参等一批老将的殊死拼搏，天下才重归在刘氏名下。

汉十一年（前196年）的初夏，年届六十的刘邦回到阔别已久的故乡沛县。一如当年项羽回彭城，刘邦亦是"衣锦昼行"，而且比项羽气派多了。沛县百姓迎出县城几十里。中阳里的父老最为得意，逢人就宣称他们来自龙的故乡。这使邻村的人有些生气，因为沛县中人，谁都以高祖的同乡自居。高祖即位之初，便宣布沛地乃是他的汤沐之邑，世世代代豁免赋役，这岂不是对家乡人一视同仁？

当然，邻村的人不得不佩服中阳里的人，后者无论男女老幼，都能说一段高祖早年的故事。老者是亲见亲历，后生姑娘虽源自听闻，却早已背得滚瓜烂熟，与亲历亲见一般无二。

两相对照，高下立判。

中阳里父老骄傲得如同刘邦本人。

四十年前的后生刘邦堪称无赖之首，成天斗鸡走狗，呼朋引类；三十年前的亭长刘邦练就了一身嬉皮本领，吕公府第，空口万钱得娇妻；二十年前的亡命徒刘邦躲进了芒砀山，撞上老虎的同时也撞上佳人，绝顶之上，夜夜缠绵，竟达半年之久；十年前的汉王刘邦正值彭城之战，五十六万汉军被项羽的三万精骑打得七零八落……

往事如烟，又历历在目，真令人感慨良多。

刘邦起义时，他身边的三教九流大多数蜂拥而去，也有些本分人家的子弟不敢造反，固守穷日子。如今，三教九流变成了王侯将相，这些人自是后悔不迭，早知如此，不如当初也起来造反，一生富贵不说，且能荫及子孙，那该是何等不同的景象呵。可惜呵可惜，可叹呵可叹。叹惜之后，悲哀上来了，一个个胡子一大把的人，捶胸顿足，老泪横流。

高祖回沛县，设盛筵于行宫，凡为中阳里人，皆可与宴。这些穷哥们儿，既兴奋又惴惴不安。他们身穿褐衣（穷人的象征），三五成群，徘徊于行宫外。及至被传唤进宫，又长时间伏地不起。刘邦顿生怜意，遍赐金帛，引来了一片语无伦次的感激和欢呼。

刘邦召来当年的几个寡妇：曹女、武负、王媪，或许还有李媪和赵媪。一群头发斑白、面皮打皱的老女人站在刘邦面前，笑眯眯地望着这位四十年前的英俊青年。英俊青年向来善于勾搭风流寡妇，她们当中，半数跟他有过一手，剩下的一半曾和他眉来眼去。不过，逝者如江河，当年的风流韵事恍如隔世，刘邦唯一能清楚地记起的是曹女。

某个炎热的夏季，年轻的曹女赤裸裸地站在井边上，刘邦往她身上连泼了两桶冷水。刘邦不知道，自他走后，曹女便悄悄养成了往自己身上泼冷水的习惯（地点不变）。这习惯至少有两个好处：一旦冷水上身，她就会想起刘邦，想起那些疯狂而又缠绵的日日夜夜。再者，冷水从头浇到脚，的确非常舒服。何以如此？曹女自是茫然。

几位老女人一再伏地，一再笑眯眯地望着龙座之上的刘邦。唯有曹女残存着一点韵味，大概泼冷水收到了意外的养颜效果。另外，她可能最年轻，不到五十岁。她盈盈下拜时，竭力重现当年的媚态，引得刘邦仰面大笑，紧挨着刘邦的绝代佳人戚姬亦娇笑个不停。

曹女代表几位老姐妹，向高祖请求：能否随驾到长安，享一回荣华富贵？

高祖刘邦慨然应允。

地方长官和沛县父老轮番向刘邦敬酒，刘邦每人喝一小口，其余由臣子代饮。敬酒的人太多，排起了长队，刘邦高兴，一概不拒，于是大醉。

醉酒之后的刘邦仿佛回到了过去，不复像个皇帝。他下座，翩然起舞。这原是他的业余爱好，跳起来有板有眼，依然接近专业水平。他好久没跳过了，今天要过一回瘾。谁也拦不住他，包括一头白发、满脸严谨的叔孙通。这老太傅渐渐受到气氛感染，跟着打节拍，摇晃脑袋，任凭白发在风中飞舞……

六十岁的刘邦且舞且歌：

> 大风起兮云飞扬，威加海内兮归故乡，安得猛士兮守四方！

歌词简单，唱来唱去就这么一句。大家很快学会了，跟着刘邦一齐高唱……

快活的气氛臻于极致。

　　而刘邦的寿限也快到了，上苍似乎有意安排了这次重归故地的盛大聚会。眼下的刘邦身子硬朗，他本人万万想不到这一点。

　　生命的极乐同极限往往携手而来。有人断言，古今中外概无例外。

　　以笔者观之，这话有点玄。

　　也是在这一年，淮南王英布谋反，这个受过黥刑的汉子亦想当皇帝。刘邦御驾亲征，两人于阵前面对面互相叫骂，然后双方交战，结果各有损伤：

　　淮南军被汉军踏平，淮南王英布被割下脑袋，而刘邦亦遭一支飞箭射中。

　　刘邦当时觉得奇痛难忍，经御医医治，有了好转。回长安，眼看箭伤渐愈，复闻燕王卢绾谋反。同年同月同日生、长期受照顾、无功亦封王的卢绾竟然扯起了叛旗，刘邦这一气非同小可，旧疮复发，病转沉重，终于不起。

　　这时候，吕后正加紧培植吕党势力。刘邦的死对她有好处：刘邦再活几年甚或几月，太子刘盈很可能变成太子如意。对她来说，这可是你死我活的斗争。

　　刘邦快死了，吕后悲从中来。毕竟几十年夫妻，不流几次眼泪也显得不近情理。

　　吕后召来最好的御医，到了刘邦的病榻前。

　　刘邦问："朕伤势如何？还可以医治么？"

　　御医小心翼翼地回答："陛下伤势虽重，但赖天子洪福，尚可一试。"

　　刘邦忽然来劲，欠身骂道："朕提三尺剑取天下，一病如此，岂非天命。命悬于天，天叫我死，哪怕扁鹊重生，料他也只能干瞪眼。你这家伙，还谈什么'一试'！"

　　这就是刘邦，死到临头了还要骂人。

　　刘邦让御医退出去，赐金五十斤，然后，让吕后也退下，召来萧何、张良、叔孙通等重臣入宫，安排后事，他关心的是刘氏天下能否持久。他对诸臣道：

"此后非刘氏不得封王，非有功不得封侯。如违此言，天下共诛之！"

这段话，无疑是针对吕后。

几天后，刘邦病危，吕后坐于榻旁，俯身问道：

"陛下百岁后，萧丞相若死，谁能代之？"

这时汉高祖微启双目，答道：

"曹参可代。"

"曹参以后呢？"

高祖转动念头，说出了一个名字：王陵。

而周勃是刘邦一生中想到的最后一个人，高祖曾预言：安刘氏天下者必是周勃。而恰恰是这位身居太尉的周勃，十多年后为重振刘氏集团雄风立下了汗马功劳。

这大概就是所谓天意。

汉十二年（前195年）四月二十五日，以布衣取天下的汉高祖刘邦崩于长乐宫，享年六十一岁。

当天，吕后召来辟阳侯审食其，策划秘不发丧，这情形跟十五年前秦始皇死于沙丘之时大抵相似。

后　记

这本书终于写完了。

以刘邦为首，几十个男人连同几个女人走马灯似的在我脑子里转悠，一转就是半年之久。对我来说，这些人虽然生活在两千年前，却比左邻右舍来得更实在：他们不单占据着我的白天，有时还闯入我的梦境。好像他们的喜怒哀乐、他们的成功与失败同我有着极大关联。不用说，这段时间我有点神经兮兮的。年仅十岁的儿子嘲笑我，说我进入了时空隧道。

刘邦用人然后杀人，性格随和，爱开玩笑，出手大方，满口脏话，勾引女人堪称一流好手，讨厌知识分子又尊重知识分子，不信鬼神却相信命运……所有这些，太接近现代了，人们想必还会对他津津乐道。

但对于我，这一切该结束了。从今天起，这位汉高帝应当从我的笔下和视野中同时消失。

说几句题外话。

写古代题材，我不是第一次，大约也不会是最后一次。我想在营造古代氛围的同时，掺入一些现代的东西，这样做，弄得好不失新颖，弄得不好，则显得不伦不类。日前就有个朋友打电话提醒我，不要老是从书中跳出来，对书中的人物品头论足，而应当有所收敛。我想，这位朋友的建议值得考虑。

书要写得好看，这是我写历史人物的首要原则。当然，史实也很重要，乱来不得。大处不能杜撰，小处则不妨虚构，历代的野史和演义都是这么做的。我这本书，当划入此列，供和我一样的寻常百姓翻翻而已，不敢呈上专家学者的案头。

本书得以出版，谢艺波女士付出了辛勤的劳动，并提出了许多宝贵意见，谨此深表谢意。

刘小川

于眉山忘言斋